Manfred Engeli

Gottes Angebote

Manfred Engeli

Gottes Angebote

Final ausgerichtete Seelsorge

NEUFELD VERLAG

Die Deutsche Bibliothek verzeichnet diese Publikation in der Deutschen Nationalbibliografie; detaillierte bibliografische Daten sind im Internet über www.d-nb.de abrufbar

Lektorat: Roland Nickel, Altdorf/Böblingen
Umschlaggestaltung: spoon design, Olaf Johannson
Umschlagbild: © monami/ShutterStock.com
Satz: Neufeld Media, Weißenburg in Bayern
Printed in the EU

ISBN 978-3-86256-020-2, Bestell-Nummer 588 719

www.neufeld-verlag.de

Folgen Sie dem Neufeld Verlag auf Facebook®
und in unserem Blog: www.neufeld-verlag.de/blog

Inhaltsverzeichnis

Vorwort

Vor einigen Jahren fiel mir in einer psychologischen Fachzeitschrift der Titel eines Artikels auf: *Lösungen erfinden statt Probleme lösen – Lösungsorientierte Kurzzeittherapie*[1]. Er löste bei mir ein Aha-Erlebnis aus: „Das ist es! Der Titel umschreibt meine Arbeitsweise!" Was mich damals angesprochen hat, ist der hier indirekt ausgedrückte Wechsel von einer vergangenheitsbezogenen zu einer vorwärtsgerichteten Sicht- und Arbeitsweise, von der Problemorientierung zu einem lösungsorientierten Vorgehen, und das Bestreben, mit einer Kurzzeittherapie nachhaltige Veränderung zu bewirken. Dabei wurde mir aber auch das Privileg meines christlichen Ansatzes bewusst: Ich brauche mit dem Klienten keine Lösungen zu „erfinden"; es geht in einem Gespräch jeweils einfach darum, miteinander zu entdecken, welche einmalige Lösung Gott in seiner liebevollen, schöpferischen Kreativität für mein Gegenüber vorbereitet hat, und ihm zu helfen, Gottes Angebot anzunehmen. Diese Feststellung hat mich tief beglückt. Die „gute Nachricht" von Gottes Angeboten zur Lösung unserer Nöte, die ich in meiner therapeutischen Tätigkeit entdeckt habe, will ich an andere weitergeben. Das ist der Sinn dieses Buches.

Einführung ins Thema

Meine Arbeitsweise hat sich in meiner mehr als zwanzigjährigen vollzeitlichen Tätigkeit als christlicher Psychotherapeut entwickelt und immer klarer herausgebildet. Dabei kam mir die Herausforderung zustatten, meinen ganz in der Praxis entwickelten Ansatz in Seelsorgeaus- und -weiterbildungen immer wieder theoretisch und biblisch klar begründen und einfach, verständlich und praxisbezogen lehren zu müssen. Erst durch die Ausbildungstätigkeit wurde mir bewusst, dass sich in meiner Arbeit ein eigenständiger, kohärenter Ansatz entwickelt hatte, den nicht nur Psychotherapeuten, sondern auch Laienseelsorger aufnehmen und

1 Manfred Vogt/Wolfgang Eberling in: *Psychoscope* 3/2003.

umsetzen können. Was ich hier weitergebe, ist also die Frucht meiner Erfahrung als Psychotherapeut und Ausbilder. Es ist aber auch Ausdruck der Entwicklung meiner Denkweise und meiner Person; das Vermittelte soll in Übereinstimmung mit meinen tiefsten Überzeugungen stehen[2], es soll „Golddeckung"[3] haben in meinem Leben.

Auch für mich gilt die Regel: Wir haben die Meinungen und Theorien, die sich aus unserem Leben ergeben, und vertreten das, wovor wir selber bestehen können. Deshalb will ich Ihnen als Leser zunächst meinen persönlichen Weg und die Hintergründe meiner Überzeugungen offenlegen.

Nach fünfzehn Jahren Lehrtätigkeit in den Fächern Deutsch, Französisch und Geschichte entschloss ich mich mit 38 Jahren, das Psychologiestudium an der Universität Bern aufzunehmen. Als Nebenfächer wählte ich Psychopathologie und Schweizergeschichte. Schon während des Studiums begann ich mit einer Ausbildung in Verhaltens- und in Gesprächspsychotherapie. 1982 promovierte ich mit dem Thema: „Das handlungsbegleitende laute Selbstgespräch". Nach dem Abschluss begann ich, psychotherapeutisch zu arbeiten, und baute die Christliche Beratungsstelle Bern auf. Ausbildungsmäßig bin ich Gesprächspsychotherapeut und Supervisor SGGT, Fachpsychologe FSP für Psychotherapie und habe später noch eine Weiterbildung in Paar- und Familientherapie gemacht. Ich und die wachsende Zahl meiner Mitarbeiter[4] – zuerst eine Psychologin, dann ein Psychiater, eine Psychiaterin und ein Psychologen-Ehepaar – hatten uns zum Ziel gesetzt, unsere ausbildungsspezifische Arbeitsweise mit dem christlichen Glauben zu verbinden. Dies wurde zum Markenzeichen der Christlichen Beratungsstelle. Es zeigte sich sehr rasch, dass dieses Angebot einem großen Bedürfnis gläubiger Menschen entsprach. Trotz der wachsenden Mitarbeiterzahl wurde der Zudrang so stark, dass ich pro Jahr oft bis zu hundert Menschen die ge-

---

2 In meinem Buch *Makarios – Der Weg, ein glücklicher Mensch zu werden*, das ebenfalls im Neufeld Verlag erschienen ist, habe ich diese Überzeugungen ausgeführt. Ich werde sie in diesem Buch nur andeuten, in den Anmerkungen aber darauf verweisen.

3 Vgl. hierzu die Begriffserklärung im Anhang.

4 Um einfach und lesbar zu schreiben, verwende ich meistens nur die kürzere männliche Form (Mitarbeiter, Seelsorger, Helfer usw.), schließe aber die weibliche Form darin ein.

wünschte Therapie versagen musste und ihnen höchstens ein einzelnes Gespräch anbieten konnte. Seit 2002 bin ich nun pensioniert; die anderen Therapeuten führen das Christliche Therapiezentrum im Siloah Gümligen, wie die Beratungsstelle nun heißt, weiter.

Von Anfang an war es mein Ziel gewesen, zuerst die psychologische Sicht des Menschen und die menschlichen Hilfsangebote kennen zu lernen und dann zu entdecken, welche Angebote Gott, der Schöpfer des Menschen, für diesen hat. Zu Beginn meiner Tätigkeit erlebte ich dann die freisetzende und verändernde Kraft des Glaubens an mir selbst: In einer Woche für Gebetsseelsorge erfuhr ich eine befreiende und tief greifende Veränderung meiner Person. Gott hat mich mit dem Geschenk der Freiheit der Kinder Gottes, dem Leben aus der Liebe des Vaters und der Hilfe des Heiligen Geistes so überrascht, dass ich den Entschluss fasste, ihm mein ganzes Wissen und Können abzugeben; er sollte darüber verfügen können und mich durch seinen Geist leiten. Das eigene beglückende Erleben hat den Wunsch geweckt, anderen Menschen die gleiche Erfahrung zu ermöglichen. Es hat die weitere Entwicklung meiner therapeutischen Tätigkeit stark bestimmt und zudem zu einer vertieften Auseinandersetzung mit der Frage nach dem Zusammenspiel von psychologischen Kenntnissen, psychotherapeutischen Vorgehensweisen und der Kraft des Glaubens geführt.[5]

Auch meine Zertifizierung als Gesprächspsychotherapeut wurde zu einer überraschenden Erfahrung. Ich hatte mich mutig entschlossen, den Experten Therapien und Tonbänder vorzulegen, die mein Einbeziehen des Glaubens in klarer Weise dokumentierten. Nun war ich gespannt auf ihre Reaktion. Würden sie mir die Zertifizierung verweigern? Das Gegenteil trat ein. Der eine Experte sagte: „Ich beneide diese Frau um das Veränderungspotential, das in ihrem Glauben liegt." Der andere ging noch weiter: „Was in dieser Therapie geschehen ist, beeindruckt mich so …; eigentlich müsste ich persönliche Schritte tun in dieser Richtung." Dann ermutigten sie mich, über das Thema „Der christliche Glaube als Veränderungspotential" zu schreiben.[6] Diese erstaunlichen Re-

5 Nähere Einzelheiten beschreibe ich in Kapitel 7.1., „Mein Weg".

6 Ihr Wunsch erfüllt sich mit diesem Buch.

aktionen werden verständlicher, wenn man den überzeugungsmäßigen Hintergrund der Gesprächspsychotherapie kennt: Sie geht davon aus, dass das Beziehungsangebot des Therapeuten das eigentliche therapeutische Agens ist. Das Veränderungspotential des Klienten wird durch eine therapeutische Haltung von bedingungsloser Wertschätzung, Empathie (einfühlendes Verstehen) und Kongruenz (Echtheit) freigesetzt. Damit wird Gott zum besten therapeutischen Gegenüber, denn er verkörpert diese Haltung in vollkommener Weise, und die Gottesbeziehung wird zum idealen Raum für tief greifende Veränderung. Für jede Art von christlicher Psychotherapie oder Seelsorge müsste die Arbeit mit dem Klienten an einer durch Liebe geprägten Gottesbeziehung eigentlich zur Priorität Nr. 1 werden.

Die Erfahrungen des Anfangs haben sich in der Folge vertieft und bestätigt. Ich könnte meine Überzeugung heute so zusammenfassen: Gott ist in jeder helfenden Tätigkeit der eigentlich Wirkende; es ist seine Gnade, die dem Menschen Veränderung ermöglicht[7]. Der Ausruf Jesu am Kreuz: „*Es ist vollbracht*“[8] bedeutet, dass alles, was zur Freisetzung, Stillung, Heilung und Veränderung eines Menschen nötig ist, schon für ihn bereitsteht. Wenn ein Mensch im Glauben sich nach Gottes Angeboten ausstreckt, kann seine Kraft viel mächtiger wirksam werden.[9] Dort, wo die Motivation eines Klienten aus dem Glauben kommt und er Gott vertraut, steigern sich die Intensität, die Effizienz, die Kürze und die Nachhaltigkeit des therapeutisch-seelsorgerlichen Prozesses. Je mehr Gott in den Gesprächen direkt zum Zuge kommt, desto effizienter werden sie. Durch das Einbeziehen des Glaubens erhöht sich die Kompetenz des Helfers. Als Gottes Mitarbeiter tätig zu sein, bewirkt viel Entlastung, bringt aber auch große Herausforderungen mit sich und bedingt eine eigene, anspruchsvolle Professionalität. Auf der Basis des Glaubens Hilfe anzubieten, verstehe ich als ein fachkompetentes Handeln in Verant-

---

7 Dies gilt für alle Menschen (vgl. Ps 145,9); auch dann, wenn er nicht bewusst einbezogen wird.

8 In Joh 19,30.

9 Jesus sagt zur blutflüssigen Frau: „*Dein Glaube hat dich geheilt*“ (Mt 9,22).

wortung vor Gott, dem größten therapeutischen Experten, dessen Mitarbeiter wir sind.

Was ist nach meiner Grundentscheidung, mich Gott zur Verfügung zu stellen und ihm all mein Wissen und Können abzugeben, geschehen? Aus dem Neuen, das ich in der Zusammenarbeit mit ihm entdeckte, dem psychologischen Wissen, an das Gott mich von Zeit zu Zeit erinnerte, gewissen therapeutischen Regeln, die sich von ihm her bestätigten, und der wachsenden praktischen Erfahrung hat sich mein Ansatz Schritt um Schritt entwickelt. Er ist für mich ein unteilbares Ganzes geworden. Auf die immer wieder gestellte Frage: „Welches ist der Anteil Ihres Psychologiestudiums und Ihrer psychotherapeutischen Ausbildung in dem, was Sie heute tun?", musste ich immer dieselbe Antwort geben: „Ich kann es nicht mehr auseinander halten".

Da Gott als Schöpfer des Menschen der größte psychologische Experte, als sein Erlöser der kompetenteste Therapeut und in seiner Liebe der immer Wirkende ist, ist es für mich und für den Klienten das Beste, wenn ich mich Gott unterordne und mich seinem Wirken anschließe. Dabei komme ich kaum je in Konflikt mit dem, was ich in meinen Ausbildungen gelernt habe; und wenn dies einmal geschieht, dann erachte ich Gottes Weisheit als höher und dem menschlichen Erkennen weit überlegen. So ist Gott für mich das Modell geworden, von dem ich lerne, der Meister, mit dem ich zusammenarbeite, der Supervisor, vor dem ich mein Tun verantworte, und der Lehrer, den ich frage, wenn ich etwas nicht verstehe. Gott ist die wirkliche Quelle aller therapeutisch-seelsorgerlichen Weisheit und Erkenntnis.[10]

Hinweise für den Leser

Dieses Buch ist einerseits als Sachbuch gedacht: Ich möchte den Leserinnen und Lesern, ob sie nun Laien oder Fachleute sind, meine Arbeitsweise möglichst klar und praktisch umsetzbar darlegen. Ich gehe dabei nicht geradlinig-systematisch, sondern spiralförmig-vertiefend vor. Dies bedeutet, dass gewisse Grundgedanken und wichtige Themen mehrfach

10 Vgl. Kol 2,3: „*In Christus sind verborgen alle Schätze der Weisheit und Erkenntnis.*"

angesprochen werden. Nach einer ersten Erwähnung oder kurzen Einführung taucht das gleiche Thema in einem neuen Zusammenhang erneut auf, wird aus einem anderen Blickwinkel beleuchtet und vertieft; dies kann mehrfach geschehen. Auf diesem Weg kann das menschliche Herz Neues entdecken und die Dinge immer tiefer verstehen.

Zwischen dem Verstehen eines Inhaltes und der eigenen Erfahrung besteht eine Wechselwirkung: Je größer die Erfahrung, desto tiefer das Verstehen. Deshalb habe ich das Buch auch als Erfahrungsbuch konzipiert. Ich möchte meine Leser ermutigen, das Gelesene für ihr eigenes Leben nutzbar zu machen. Wenn Sie, liebe Leserin, lieber Leser, sich beim Lesen für das öffnen, was Sie anspricht, wird Gott Sie anleiten, wie Sie eines seiner Angebote annehmen, wo Sie eine klare Entscheidung treffen und wie Sie Ihren Entschluss nachher umsetzen können. So können Sie das, was Jesus durch seinen Tod am Kreuz für Sie vollbracht hat, portionenweise für sich in Besitz nehmen; Sie begeben sich damit in „Gottes Therapie". Aus eigener Erfahrung kann ich bezeugen, dass es spannend, beglückend und äußerst lehrreich ist, beim „großen Helfer" Klient zu sein. Es lohnt sich, die persönliche Betroffenheit und den inneren Weg beim Lesen des Buches in einem Lese-Tagebuch festzuhalten. Wenn Sie sich darauf einlassen, werden Sie reich gesegnet werden. Dessen bin ich gewiss.

Für Menschen, die anderen helfen wollen, ist die eigene Erfahrung mit dem Ansatz, den sie vertreten, von grundlegender Bedeutung. Von Gott her selber Veränderung zu erfahren, macht uns brauchbarer für ihn; dabei lernen wir unseren Meister besser kennen und mehr lieben. Wenn wir erleben, wie Gottes Kraft an uns wirkt, stärkt das unseren Glauben und erweitert unsere Hoffnungskapazität auch für andere. Wenn wir wahrnehmen, wie Gott mit uns umgeht, können wir von ihm als Modell lernen. Indem wir die Stationen des Veränderungsprozesses selber durchlaufen, können wir andere besser darin begleiten. Die eigene Erfahrung bringt uns mehr Entfaltung, Zurüstung von Gott, wachsende Kompetenz als Helfer und die „Golddeckung" im eigenen Leben. Die knappen Hinweise am Ende eines Kapitels sind als Anregungen zu verstehen, eigene Erfahrungen zu machen. Durch die Lektüre dieses Buches soll nicht nur Wissen vermittelt, sondern auch persönliche Veränderung ermöglicht werden.

Wenn Sie sich auf eine vertiefte Lektüre dieses Buches einlassen, könnte noch etwas anderes geschehen: Sie könnten eine Berufung für eine helfende Tätigkeit empfangen[11]; oder eine bereits empfangene Berufung könnte sich klären oder verändern. Wenn ich von Berufung spreche, so denke ich zuerst einmal an ein Angesprochen-werden durch Gott, wie viele biblische Gestalten im Alten und im Neuen Testament es erlebt haben. Eine helfende Tätigkeit in göttlichem Auftrag auszuüben schafft viel Entlastung und es vermittelt die ermutigende Erfahrung, anderen zum Segen gesetzt zu sein und durch diese Tätigkeit selber gesegnet zu werden.

Ich widme dieses Buch allen, die dadurch gesegnet werden sollen; für sie habe ich es geschrieben!

---

11 Mehr dazu in Abschnitt 1.2.1., „Gott beruft Menschen“.

1. Die Grundlagen

Jede Art von helfender Tätigkeit, ob es nun Psychotherapie, Seelsorge, Coaching, Beratung oder Mediation ist, muss sich einer Reihe von Fragen stellen. Damit werden die Grundannahmen und Überzeugungen offengelegt, die das Handeln des Helfers bestimmen. Viele Helfer haben sich diese Fragen nie gestellt und sind sich ihrer Grundannahmen und deren weitreichenden Auswirkungen auf ihr Tun sowie der Rückwirkungen auf ihr eigenes Leben nicht bewusst. Dass wir in vielen Situationen aus einer unüberlegten Selbstverständlichkeit heraus handeln und uns der zugrundeliegenden Motive und Überzeugungen nicht bewusst sind, gehört zum normalen menschlichen Verhalten. Weil aber mit einer helfenden Tätigkeit eine so hohe Verantwortung verbunden ist, müssen wir uns der Auseinandersetzung mit diesen Grundfragen stellen.

Auf diese Grundannahmen werde ich immer wieder zurückkommen. Um ihre große Bedeutung anzudeuten, möchte ich kurz auf ihre Auswirkungen auf unser helfendes Handeln und auf ihre Rückwirkungen auf die eigene Person eingehen. Diese Grundannahmen bestimmen unsere Arbeitsweise, zum Beispiel: Unsere innere Zielsetzung; das Maß der Hoffnung, das wir für eine Situation haben; welche Rolle wir übernehmen; unsere Gesprächsführung; was wir aus den Äußerungen des Klienten heraushören und aufgreifen; welche therapeutischen Methoden und Wege wir wählen; welchen Stellenwert der Glaube und das Gebet in unserer Arbeit einnehmen. Ebenso groß sind auch die Rückwirkungen auf unsere Person und unser Erleben. Diese Grundannahmen bestimmen das Maß an Verantwortung, das wir zu tragen haben, wie viel Hilflosigkeit, Überforderung und Stress wir erleben, ob und wie weit die Klienten uns vertrauen können, wie kompetent wir uns fühlen und wie „erfolgreich" wir sind. Sie bestimmen unser therapeutisches Selbstwertgefühl. Von ihnen hängt ab, wie viel Kraft die helfende Tätigkeit uns kostet, wie wir regenerieren können und wie viel Psychohygiene für uns nötig ist. Es lohnt sich also, sich diesen Fragen zu stellen.

ÜBERSICHT 1
Grundfragen für helfende Tätigkeiten
• In welcher Art helfender Tätigkeit stehe ich (z.B. Seelsorge, Beratung o.a.)?
• Wie definiere ich diesen Begriff? Welche Ziele werden dabei angestrebt?
• Wie sieht mein Menschenbild aus?
• Ist bleibende Veränderung für Menschen möglich? Wenn ja, wie geschieht sie?
• Welchen Platz hat Gott in meiner helfenden Tätigkeit?
• Wie definiere ich meine Rolle?
• Worin besteht meine Verantwortung, worin die des Klienten?

Bevor Sie weiterlesen, möchte ich Sie bitten, diese Fragen für sich selbst schriftlich zu beantworten. Sie können dies auch dann tun, wenn Sie noch gar keine helfende Tätigkeit ausüben; wir haben alle eine Antwort auf diese Fragen und können uns diese bewusst machen.

1.1. Final ausgerichtete Seelsorge

Es ist Ihnen sicher aufgefallen, dass ich mich bislang nicht darauf festgelegt habe, wozu ich meinen Ansatz zähle: zur Psychotherapie (dies ist mein gelernter Beruf) oder zur Seelsorge (ich beziehe ja den Glauben mit ein)? Da ich bewusst auf Ratschläge verzichte, auch auf „geistliche", handelt es sich bei meinem Ansatz sicher nicht um Beratung; auch Coaching trifft nicht zu, da mir eine tief greifende Hilfestellung am Herzen liegt.[1]

Weder die Begriffe „Psychotherapie" noch „Seelsorge" werden meinem Ansatz ganz gerecht. Weil es mir um tiefe Heilung geht, handelt es sich eigentlich um einen therapeutischen Ansatz. Da dabei aber den

1 Vgl. dazu die Begriffserklärungen im Anhang.

„geistlichen Mitteln", d. h. dem Glauben, weit größere Bedeutung zukommt als den psychotherapeutischen, habe ich mich schließlich für „Seelsorge" entschieden. Es ist mir wichtig, nicht nur Psychotherapeuten, sondern auch Laien mit einer klaren göttlichen Berufung dazu zu ermutigen, gemäß meinem Ansatz anderen Menschen Hilfe zu leisten. Dabei geht es immer um alle Dimensionen des Menschseins, um Geist, Seele und Leib. Gottes Fürsorge richtet sich ja auf die ganze Person. Seine Erlösung betrifft auch unseren Leib (Heilung, leibliche Auferstehung), mit seinen Angeboten kommt er unserer Seele zu Hilfe (Stillung, Vergebung, Frieden[2] usw.) und unseren Geist, dem für unsere Gottesbeziehung eine zentrale Rolle zukommt, will er stärken. Es geht Gott um die Einheit und Entfaltung der ganzen Person.

Das meinem Ansatz gemäße seelsorgerliche Handeln baut ganz auf der biblischen Tatsache des göttlichen Angebotes der Neuschöpfung auf. Es ist vorwärts gerichtet, es soll auf Gottes Ziel hin führen, es ist final ausgerichtet. In der „Finalen Seelsorge", wie ich meinen Ansatz von nun an nenne, lassen wir uns auf Gottes finale Denk- und Handlungsweise ein.

Welches wären nun die Antworten der Finalen Seelsorge auf die Grundfragen in Übersicht 1? Im finalen Ansatz kommt Gott die wichtigste Rolle zu. Er soll im seelsorgerlichen Geschehen den Platz einnehmen, den auch Jesus als Mensch ihm gegeben hat; und als Seelsorger nehmen wir Gott gegenüber die Haltung der Hingabe und Unterordnung ein, die Jesus uns vorgelebt hat. In Johannes 5,17–20 sagt er:

Mein Vater wirkt bis jetzt, und ich wirke. …
Der Sohn kann nichts von sich selbst tun,
außer was er den Vater tun sieht;
denn was der tut, das tut ebenso auch der Sohn.
Denn der Vater hat den Sohn lieb und zeigt ihm alles, was er selbst tut.

Weil Jesus unser Vorbild ist, wollen wir den Inhalt dieser Aussage genau verstehen und die Schlussfolgerungen für die Finale Seelsorge ziehen:

2 In Mt 11,29 verspricht Jesus: „*Ihr werdet Ruhe finden für eure Seelen.*"

- *„Mein Vater wirkt bis jetzt"* gilt auch heute noch. Ich kann also davon ausgehen, dass Gott im hilfesuchenden Gegenüber bereits am Wirken ist.
- Ich erkenne an, dass ich nichts aus mir selber heraus tun kann, was Gottes Willen entspricht[3]. Deshalb vertraue ich darauf, dass Gott mir als seinem Mitarbeiter zeigt, wo und wie er in meinem Gegenüber am Werk ist.
- Dort, wo Gott wirkt, lege auch ich Hand an und versuche, mich dabei ganz von seinem Geist leiten zu lassen.
- Hingabe an Gott und Liebe zu ihm sind die Grundlagen für die Mitarbeit am göttlichen Werk.

Aus der grundsätzlichen Entscheidung, sich in der Finalen Seelsorge nach dem Vorbild Jesu als Gottes Mitarbeiter zu verstehen, ergeben sich alle anderen Antworten auf die oben aufgeführten Fragen. Da sie in den kommenden Kapiteln tiefer bearbeitet werden, genügt hier eine zusammenfassende Übersicht:

ÜBERSICHT 2
Charakteristiken der Finalen Seelsorge
• Die Finale Seelsorge ist ein seelsorgerlicher Ansatz, der ganz von der Neuschöpfung ausgeht, die in Jesus Christus für uns bereitsteht (2Kor 5,17).
• Sie kann als „Geburtshilfe" für den neuen Menschen verstanden werden.
• Das biblische Menschenbild ist die Grundlage: Der Mensch braucht Erlösung, um in die Bestimmung der Gottebenbildlichkeit und der Liebesfähigkeit hinein zu kommen.
• Durch Gottes Kraft ist bleibende Veränderung möglich. Der Beitrag des Menschen besteht darin, Gottes Wege und Angebote anzunehmen. Mittels der „Kunst der kleinen Schritte" kann er lernen, im von Gott geschenkten Neuen zu leben.

3 Vgl. dazu das Gleichnis vom Weinstock und den Reben in Joh 15,1–8.

- Im ganzen seelsorgerlichen Prozess und in jedem Gespräch soll Gott der eigentlich Handelnde sein. Der Seelsorger ordnet sich ihm als Mitarbeiter unter. Er ist bemüht, Gottes Denk-, Sicht- und Handlungsweise zu übernehmen.
- Ohne die Bereitschaft des Klienten, sich auf Gottes Wege einzulassen und in Freiheit seine Angebote anzunehmen, ist keine tiefe Veränderung möglich. Weil Gott den Menschen immer freilässt, verzichtet auch der Seelsorger auf Druck.

Impulse zur Vertiefung:

Welche Grundannahmen prägen meine helfenden Tätigkeiten?

Wie groß ist meine Offenheit für neue Gedanken und Sichtweisen?

Was spricht mich am Ansatz der Finalen Seelsorge an?

1.2. Gott sucht Mitarbeiter

Ist es nicht beeindruckend, dass Gott Menschen als Mitarbeiter sucht? Welche Liebe muss er zu den Menschen empfinden, dass er sie beteiligen möchte an dem, was er tut. Er kennt ja unsere Begrenztheit und geringe Kraft, unseren Mangel an Liebesfähigkeit und Weisheit, unsere Unfähigkeit zum Guten und unsere Versuchbarkeit und Unzuverlässigkeit. Dennoch scheint er sich dazu entschlossen zu haben, durch Menschen an Menschen zu handeln.[4] Dies zeigt sich auch darin, dass er seinen Sohn Mensch werden ließ, damit dieser als „Menschensohn“[5] die Erlösung für alle bewirke und als „zweiter Adam“ einen Neuanfang setze.[6] In seiner Liebe zu uns geht Gott das Risiko ein, sich von uns abhängig zu machen; wir lassen ihn im Stich, wenn er nicht durch uns wirken darf.

4 In Apg 10,3–6 z. B. will Gott sein Werk klar durch einen menschlichen Zeugen tun.

5 So nennt sich Jesus selbst immer wieder (z. B. in Joh 5,27).

6 Vgl. dazu in Röm 8,14–17.29–30; 1Kor 15,45–47 u. a.

1.2.1. Gott beruft Menschen

Wie Gott Menschen in die Mitarbeit beruft, dafür gibt es im Alten und im Neuen Testament viele Beispiele. Er wählt seine Mitarbeiter nicht aufgrund ihrer natürlichen Begabungen oder äußerer Kriterien aus, sondern er sieht auf ihr Herz. Gott sucht nicht *begabte*, sondern *hingabefähige* Menschen; diese kann er dann auch begaben.[7] Die Berufung des Jesaja und was er erlebte, als er in Gottes Gegenwart stand, wollen wir genauer ansehen und daraus die für uns wichtigen Schlüsse ziehen:

Da sprach ich: Wehe mir, denn ich bin verloren.
Denn ein Mann mit unreinen Lippen bin ich, …
Da flog einer der Seraphim zu mir; und in seiner Hand war eine glühende Kohle, die er mit einer Zange vom Altar genommen hatte. Und er berührte damit meinen Mund und sprach: Siehe, dies hat deine Lippen berührt; so ist deine Schuld gewichen und deine Sünde gesühnt. Und ich hörte die Stimme des Herrn, der sprach: Wen soll ich senden, und wer wird für uns gehen? Da sprach ich: Hier bin ich, sende mich![8]

- Gott beruft immer unwürdige Menschen. Sich dessen bewusst zu sein, bewahrt uns vor Stolz und bewirkt den tiefen Wunsch, für den Dienst gereinigt und geheiligt[9] zu werden.
- Auch für den Dienst der Seelsorge brauchen wir gereinigte und geheiligte Lippen.
- Gott sucht Mitarbeiter, um zu den Menschen reden und ihnen das Gute, das er für sie bereithält, anbieten zu können.
- Wir sind frei, auf Gottes Ruf zu antworten oder nicht. Ihn anzunehmen heißt, uns ihm so zur Verfügung zu stellen, dass er in allem Regie führen und seine Werke durch uns tun kann.[10]

---

7 Vgl. als Beispiel Bezalel und Oholiab in 2Mo 31,1–6.

8 Auszüge aus Jes 6,1–8.

9 „Heiligen" bedeutet, dass Gott einen Menschen für seinen Dienst aussondert und zubereitet.

10 Nochmals Jesus: Joh 5,19 und 8,28; zur Grundhaltung siehe Joh 7,18.

- Unsere Hingabe geschieht aus Liebe zu Gott und in ganzer Freiwilligkeit; Gott sucht Söhne und Töchter nach dem Vorbild Jesu, keine Marionetten.

1.2.2. Die doppelte Grundentscheidung

Wenn Gott wirklich Mitarbeiter sucht, stehen wir vor einer doppelten Grundentscheidung:

1) Will ich mit Gott zusammenarbeiten oder will ich versuchen, das Gute in eigener Regie und mit meinen eigenen Mitteln zu vollbringen?
2) Wenn Zusammenarbeit: Will ich *Für-Arbeiter* für Gott oder Gottes *Mit-Arbeiter* sein? Von der ersten Art hat er wohl viele; die zweite, deren Vorbild Jesus ist, ist seltener.[11]

Es ist ein mutiger und folgenreicher Schritt, sich für die Zusammenarbeit mit Gott zu entschließen. Die klarste Art, wie der Entschluss vollzogen werden kann, zeigt uns Paulus:

> *Weil Gott so viel Erbarmen mit uns hatte, rufe ich euch zu: Stellt euer ganzes Leben Gott zur Verfügung! Bringt ihm euch selbst als lebendiges Opfer dar, an dem er Freude hat. So vollzieht ihr den Gottesdienst, der Gott wirklich gemäß ist.*
> *Passt euch nicht den Maßstäben dieser Welt an. Lasst euch vielmehr im Innersten von Gott umwandeln. Lasst euch eine neue Gesinnung schenken. Dann könnt ihr erkennen, was Gott von euch will. Ihr wisst dann, was gut und vollkommen ist und was Gott gefällt.*[12]

Paulus weiß, dass man die Barmherzigkeit Gottes an sich selber erfahren haben muss, bevor man sich ihm so bedingungslos hingeben kann.

Deshalb möchte ich Sie an dieser Stelle dazu einladen, sich auf den durch die weitere Lektüre des Buches in Ihnen ausgelösten persönlichen Prozess einzulassen. Machen Sie selbst möglichst viele eigene Erfahrun-

11 „Gott hat viele Menschen, die für ihn etwas tun wollen, aber nur wenige, die bereit sind, mit ihm etwas zu tun". (Oswald Chambers). Vgl. dazu auch Kapitel 7.2.

12 Röm 12,1–2 (GN).

gen mit Gottes Angeboten und seinem barmherzigen Handeln und setzen Sie sich ehrlich mit den vermittelten Erfahrungen und Schlussfolgerungen auseinander. Gegen Ende des Buches, wenn Sie besser wissen, worum es sich bei der Zusammenarbeit mit Gott und dem Ansatz der Finalen Seelsorge handelt, werde ich auf diese grundsätzliche Entscheidung zurückkommen und Sie ermutigen, den großen Schritt, den ich selber nie bereut habe, auch zu wagen.[13]

1.2.3. Ein Lernprozess beginnt

Mit dieser Grundentscheidung beginnt ein herausfordernder Lernprozess.[14] Er hat damit zu tun, dass unser Verhalten stark durch Gewohnheiten und Automatismen geprägt ist. Man ertappt sich deshalb immer wieder bei Regungen, Gedanken und spontanen Handlungen, die im Gegensatz zum gefällten Entschluss stehen. Hier gilt es dann, um Vergebung zu bitten, umzukehren und unsere getroffene Entscheidung wieder zu bekräftigen. Wenn wir unserem Entschluss in dieser Weise treu bleiben, werden die alten Gewohnheiten und Reaktionsmuster abgebaut und die dem neuen Mitarbeiterstand gemäßen aufgebaut. So wird sich die neue Gesinnung immer klarer in uns ausprägen.

Es gilt aber nicht nur umzulernen. Es gibt auch neue Kompetenzen zu erwerben, die für Gottes Mitarbeiter unverzichtbar sind.[15] Dies hat damit zu tun, dass die Professionalität der Mitarbeiter Gottes andere Anforderungen an uns stellt als die menschliche Professionalität; in der Herausforderung, die sie für uns bedeutet, steht sie dieser aber in keiner Weise nach! Wie und wo können wir diese Kompetenzen erwerben? Hier macht Jesus uns ein Angebot:

> *Nehmt auf euch mein Joch, und lernt von mir! Denn ich bin sanftmütig und von Herzen demütig, und ihr werdet Ruhe finden für eure Seelen; denn mein Joch ist sanft, und meine Last ist leicht.*[16]

---

13 Mehr dazu in Kapitel 7.3.

14 Mehr dazu in den Kapiteln 7.1. und 7.4.

15 Vgl. dazu Übersicht 28 in Kapitel 7.7.

16 Mt 11,29–30.

Jesus ruft uns an seine Seite und bietet sich uns als Modell an. Er ist ein liebevoller, geduldiger und demütiger Lehrer. Er lädt uns ein, die drückenden Joche unserer Verpflichtungen zu verlassen und unter das leichte, sanfte Joch der Sohnschaft und der Freundschaft mit ihm zu treten. Er will die Richtung bestimmen und den Karren ziehen; wir dürfen einfach mitgehen und von ihm lernen, wie er seine Beziehung zum Vater lebt und tut, was er den Vater tun sieht. Unser Alltag ist der Ort, wo wir mit diesem Modellern-Prozess beginnen müssen; er beginnt mit der Treue im Kleinen.[17]

Wie könnte dieser Lernprozess ganz konkret aussehen? In meiner therapeutischen Tätigkeit hat sich erwiesen, dass das innere Zwiegespräch mit Jesus, dem Jochgenossen, so etwas wie ein Geheimtipp ist: Die Menschen, die nach dem Hingabeschritt von Römer 12,1–2 sogleich begonnen haben, durch ihren ganzen Alltag hindurch alles mit Jesus zu besprechen, habe ich erstaunlich schnell wachsen sehen. So wie alle Menschen das innere Selbstgespräch entwickeln können, sind wir grundsätzlich auch zum Zwiegespräch mit Gott befähigt.

Impulse zur Vertiefung:

Gott sucht Mitarbeiter. Was löst diese Feststellung in mir aus?

Worin möchte ich Gottes Barmherzigkeit erfahren?

1.3. Gottes Angebote

Wenn wir Gottes Mitarbeiter sein wollen, ergeben sich weitere Fragen: Wie geht Gott auf die Nöte und Leiden seiner Geschöpfe ein? Welche Angebote und Wege hält er für die Menschen bereit?

Aus meiner langen Erfahrung heraus bin ich davon beeindruckt, wie vollkommen Gott mit seinen Lösungen auf den Menschen eingeht: Er liebt ihn, achtet seine Würde und weiß um seine Schwachheit:

17 Vgl. dazu Übersicht 29 in Kapitel 7.7.

Wie sich ein Vater über Kinder erbarmt,
so erbarmt sich der Herr über die, die ihn fürchten.
Denn er weiß, was für ein Gebilde wir sind;
er gedenkt daran, dass wir Staub sind.
Ein Mensch ist in seinem Leben wie Gras,
er blüht wie eine Blume auf dem Felde;
wenn der Wind darüber geht, so ist sie nimmer da,
und ihre Stätte kennet sie nicht mehr.[18]

Es lassen sich zwei Arten von göttlichen Angeboten und Wegen unterscheiden: einerseits biblisch begründbare und allgemeingültige; andererseits individuelle und einmalige, ganz auf die einzelne Person zugeschnittene göttliche Lösungen.

1.3.1. Die biblischen Angebote

Übersicht 3 vermittelt einen Eindruck vom Reichtum der göttlichen Gaben und Hilfestellungen. Gott macht uns wirkliche Angebote – der Mensch ist nicht dazu verpflichtet, darauf einzugehen. Sie müssen freiwillig beansprucht und in Besitz genommen werden. Im Gegensatz zu vielen menschlichen „Angeboten" verdienen sie diesen Namen, denn vom Anbieter her sind keine eigennützigen Interessen damit verbunden; Gottes einziges Ziel ist, das Schwere stellvertretend für uns zu tun, uns entgegenzukommen, Entlastung zu schaffen und es uns einfach zu machen.

Der folgende Überblick über die biblischen Angebote (vgl. die angegebenen Bibelstellen) ist aus meinen Erfahrungen in der Finalen Seelsorge und meiner täglichen Bibellektüre über die Jahre entstanden. Er entspricht dem heutigen Stand; aber ich bin auf weitere Entdeckungen gespannt.

18 Ps 103,13–16 (LU).

ÜBERSICHT 3
Gottes Angebote
• Versöhnung mit Gott – in die Gottes-Kindschaft eintreten (2Kor 5,18–20; Joh 1,12; Röm 8,14–16)
• Die Freiheit der Kinder Gottes empfangen und bewahren (Joh 8,36; Gal 5,1; Jak 1,25; 1Kor 6,12)
• Nur einen Herrn haben: alles für Gott tun – niemanden sonst zufriedenstellen (Apg 5,29; Mt 23,8–10; 1Kor 4,1–4; Kol 3,17)
• Der Heilige Geist: Beistand, Tröster, Ermutiger, Lehrer, Ausrüster (Gal 4,6; Joh 14,26; 2Tim 1,7; 1Kor 12,4–11)
• Gottes Wort als Brot des Lebens, Wegweiser und zurechtbringende Kraft (Mt 4,3; Ps 119,105; Hebr 4,12–13; Jes 55,10–11)
• Aus der unguten Erblinie austreten – ins göttliche Erbe eintreten (1Petr 1,18–19; Röm 8,17; Kol 1,12; 1Petr 3,9)
• Liebesfähigkeit: Die Frucht des Hl. Geistes – Gottes Kleiderschrank (Mt 22,36–40; Gal 5,22; Kol 3,12–14)
• Versöhnung mit dem Leben: mit der Vergangenheit – dem Heute – der Zukunft (Lk 9,62; Phil 3,12–14; Ps 31,16)
• Versöhnung in den Beziehungen: Vergebung empfangen – Vergebung schenken (2Kor 5,18–19; 1. Joh 1,8–9; Eph 4,32; Mt 6,14–15)
• Stillung: Gottes Liebe empfangen – Defizite Gott zur Stillung übergeben (Röm 5,5; Joel 2,25; Joh 7,37–39)
• Heilung für die Wunden der Seele und des Geistes (Jes 53,2–5; 57,18–19)
• Befreiung von menschlichen Bindungen – von finsteren Mächten (Joh 8,36; Mt 18,18; Kol 1,13–14; Lk 10,17)
• Heilung für den Körper (Jes 53,4–5; Mt 10,1; Mk 16,18; Jak 5,16)
• Gott für uns sorgen lassen – ohne Sorgen leben (Mt 6,34; 1Petr 5,7)

Vielen Menschen fällt es schwer, dies zu glauben und Gottes Gnade auch anzunehmen. Dies zeigt das folgende Beispiel (Beispiel 1):

Die vom Leben enttäuschte, übergewichtige Frau war in einer Klosterschule erzogen worden. Sie litt unendlich unter der Schuld einer Abtreibung, die sie klar als Mord erkannt hatte. Als ich zu ihr von Gottes Angebot der Vergebung sprach, fuhr sie mich an: „Das ist zu billig! Dafür muss ich büßen und leiden!" Trotz allem, was sie in ihrer Jugendzeit gehört hatte, konnte sie es nicht annehmen, dass Jesus die Strafe stellvertretend für sie getragen und einen unvorstellbar hohen Preis dafür bezahlt hatte. Ihre Antwort machte mich hilflos – es gab keine andere Hilfe für sie.

Dieses Beispiel macht deutlich, dass hinter allen göttlichen Angeboten und Lösungen das Werk der Erlösung steht, das Jesus durch seine Menschwerdung und seinen Tod am Kreuz vollbracht hat. Gott hat sich entschieden, die zerstörerischen Auswirkungen des Sündenfalls[19] nicht durch kleine „Reparaturen" zu beheben, sondern schöpferisch zu überwinden: durch eine neue Schöpfung des Menschen in Jesus Christus. Dies ist das Grundangebot Gottes für jeden Menschen.[20] Durch die klare Hinwendung zu Jesus Christus als Erlöser und Herrn, die im Neuen Testament als Umkehr oder Bekehrung umschrieben wird, eröffnet sich für jeden Menschen der Weg in die Gotteskindschaft und in die in Jesus für ihn vorbereitete Neuschöpfung:

Wenn jemand in Christus ist, so ist er eine neue Schöpfung;
das Alte ist vergangen, siehe, Neues ist geworden.[21]

Wir sind sein Gebilde, in Christus Jesus geschaffen zu guten Werken,
die Gott vorher bereitet hat, damit wir in ihnen wandeln sollen.[22]

Gott will uns einen neuen Start ermöglichen, es uns einfach und leicht machen. Dafür hat er alles, bis hin zu den einzelnen Werken, die wir tun sollen, liebevoll für uns vorbereitet.[23] Die Angebote Gottes sind wie einzelne Facetten des Erlösungswerkes Christi; sie ermöglichen es uns, portionenweise in unsere individuelle Neuschöpfung einzutreten. Wenn

---

19 Mehr dazu in Kapitel 2.2., „Die Wurzel aller Not".

20 Vgl. Apg 3,19; Joh 1,12-13.

21 2Kor 5,17.

22 Eph 2,10.

23 Vgl. in *Makarios*: Der Lebensstil der Söhne und Töchter (S. 89f.).

wir ein göttliches Angebot annehmen, tragen wir zum wachstümlichen Umgestaltungsprozess bei, den das Neue Testament „Heiligung“ nennt.

In der Finalen Seelsorge kommt Gottes Angeboten eine solche Schlüsselstellung zu, dass ich einige Hinweise geben möchte, wie sie im seelsorgerlichen Gespräch eingeführt und angenommen werden können. Der Beitrag des Helfers besteht je in drei Dingen:

- Beim Versuch zu erkennen, welches für den Klienten der nächste Schritt in die Neuschöpfung sein könnte, wird dem Helfer auch oft klar, welches Angebot Gott ihm machen möchte.
- Er teilt dem Klienten seine Gedanken mit und macht ihm Gottes Angebot verständlich. Dabei ist es wichtig, dass der Klient Gottes Hilfestellung als Entlastung versteht und sie nicht zu einer „frommen Pflicht“ macht. Gottes Angebote sollten nicht in bitterem Gehorsam angenommen werden.
- Nun lässt er den Klienten frei entscheiden, ob er Gottes Angebot annehmen möchte oder nicht. Falls ja, wird besprochen, wie dies im Gebet geschehen kann.

Im Umgang mit Gottes Angeboten sind viel Sorgfalt und Behutsamkeit nötig, um keinen Druck auszuüben oder den Klienten zu manipulieren. Diese liebevoll freilassende Gesprächsführung gehört zu unserem Auftrag, „die Seele des Klienten einen Weg zu führen“. An drei göttlichen Angeboten – Vergebung, Reinigung der Erblinie und Sorgenfreiheit – möchte ich nun exemplarisch aufzeigen, wie der Weg aussehen kann, den wir die Seele des Klienten führen wollen, damit Gottes Angebot zum Ziel kommt; sein Ziel ist immer Friede.[24]

1.3.2. Vergeben

Dieser biblische Auftrag[25] ist eigentlich ein göttliches Angebot. Dass wir vergeben, ist für uns selber so unverzichtbar wichtig, dass Gott daraus ein Gebot gemacht hat. Wenn Gott uns einen Auftrag gibt, gilt immer:

---

24 Wie wichtig Gott dieses Ziel ist, zeigt sich z. B. darin, dass Jesus als Auferstandener seine Jünger immer so begrüßt: *„Friede sei mit euch!“* (Joh 20,19–20; LU); vgl. auch Joh 14,27.

25 Vgl. etwa Mt 6,12; 18,21–35; Mk 11,25; Eph 4,32.

„Dieu donne ce qu'il ordonne."[26] Er will uns also helfen, diesen Schritt, wie schwierig er auch sein mag, tun zu können.

Weil er die zerstörerischen Folgen des Unversöhntseins kennt, verlangt Gott aus Liebe zu uns, dass wir vergeben sollen. Das Unvergebene zerfrisst den Menschen wie eine Säure; Unversöhntheit macht lebensunfähig. Wer nicht vergibt, hält seinen Schmerz fest, und seine Seele kann nicht gesunden; Vergebung ist der Schlüssel zur inneren Heilung. Wer Menschen nicht aus ihrer Schuld entlässt, lebt in seinem Lebenshaus unaufhörlich mit ihnen zusammen. Deshalb schafft Vergebung eine große Befreiung: Wer andere Menschen entlässt[27], kann in seinem Lebenshaus wieder Ruhe und Frieden finden.

Juristisch gesehen, ist Vergebung ein einfacher Willensakt. „Ich vergebe meinem Vater alles, was er mir Ungutes getan hat", würde genügen; diese Vergebung hat Gültigkeit. Aber Gott geht es um mehr. Der Schritt der Vergebung soll in unserer Person Frieden schaffen. Dafür genügt der Willensakt nicht. Um ans Ziel zu gelangen, muss unsere Seele einen Weg gehen können. Als Seelsorger müssen wir diesen Weg kennen und die Seele des Klienten führen können. Wir sollten aber auch verstehen, worum es beim Vergeben eigentlich geht: Es geht dabei nicht um die Frage der Wahrheit und der Gerechtigkeit – die ist allein Gottes Sache –, sondern um das Ausräumen der Vorwürfe. Überall, wo eine innere Anklage ist – sie möge gerechtfertigt sein oder nicht[28] –, braucht es Vergebung. Übersicht 4 zeigt die wichtigsten Etappen auf dem Weg des Vergebens auf (gegebenenfalls sind nicht alle nötig; es gilt, sich von Gott leiten zu lassen).

---

26 Ein französisches Wortspiel: „Gott gibt, was er verlangt."

27 Das griechische Wort für „vergeben" in Mt 6,14 bedeutet „entlassen, wegschicken".

28 Wir müssen Menschen immer wieder auch Dinge vergeben, für die wir sie ungerechtfertigter Weise anklagen. Dazu und zur „Interpretationsfalle" in unseren Beziehungen siehe in *Makarios*: Was der Entflechtung dient (S. 51ff.).

ÜBERSICHT 4
Vergeben – die Seele einen Weg führen:
• Das Herz ausschütten; Schmerz, Wut, Scham usw. aussprechen und zu Gott hin abfließen lassen (vgl. Ps 62,9).
• Sich der inneren Vorwürfe bewusst werden, die Anklage formulieren; der Helfer fragt nach und ermutigt, bis alles klar beim Namen genannt auf dem Tisch liegt.
• Eintreten in Jesu Vergebungsbereitschaft.
• Im lauten Gebet Punkt um Punkt im Namen Jesu vergeben; der Helfer kann nachfragen und gewisse wichtige Vergebungsschritte im Gebet bestätigen.
• Ist die Bereitschaft zur „2. Meile“ (vgl. unten) vorhanden? Dazu ermutigen.
• Wenn Beziehungen noch weiter bestehen: Annahme des anderen in seinem So-Sein; in die vergebende Grundhaltung gemäß Römer 15,7 eintreten.
• Bitte um innere Heilung, Wiederherstellung, Wiederaufrichtung der Würde usw.; falls nötig auch um Löschung quälender Erinnerungen.
• Von nun an gilt über dem Vergebenen Römer 8,28: alles muss denen, die Gott lieben, zum Guten mitwirken – es gibt keine Ausnahmen. Diese Verheißung im Glauben anzunehmen und an der gewährten Vergebung festzuhalten, bewahrt das Herz im Frieden.

Gewisse Etappen des Weges, den unsere Seele gehen muss, um zu Gottes Ziel zu kommen, fallen uns manchmal schwer. Zu diesen gehört die Notwendigkeit, uns die inneren Anklagen ehrlich einzugestehen. Hierzu ein Beispiel (Beispiel 2):

Als die Diakonisse bei der Bearbeitung ihrer Mutterbeziehung zum Ausdruck brachte, sie möchte ihrer Mutter vergeben, erklärte ich ihr, welchen Weg wir miteinander gehen würden. Da rief sie aus: „Sie anklagen, das werde ich nie tun; das darf man doch nicht!“ Ich erklärte ihr, dass es ja nur darum gehe, die Anklagen, die sie seit Langem in ihrem Herzen trage, klar zu formulieren. Sie blieb bei ihrer Weigerung; und ich beharrte darauf, die Anklage müsse formuliert werden.

Erst im übernächsten Gespräch war sie dazu bereit. Als sie ihre Vorwürfe dann laut auszudrücken begann, verstand ich, weshalb sie sich geweigert hatte: „Mutter, ich hätte dich umbringen können!", brach es aus ihr heraus. Sie erschrak selber über die Tiefe ihrer Wut. Ich half ihr, so gut ich konnte, formulierte gewisse Anklagen klarer, fragte nach, bis alles ausgeräumt war: „Gibt es nicht noch mehr? Ist das alles? Ist der Sack ganz leer?" Mitten in der Anklage wurden ihr ihre eigenen Fehler so stark bewusst, dass sie gleich auch ihre eigene Schuld vor Gott bringen wollte. Sie war dann aber einverstanden, den Weg des Vergebens zuerst zu Ende zu gehen, bevor wir ihre Schuld vor Gott brachten.

Und wenn der Schmerz und das Leiden zu groß sind und die Seele es nicht schafft zu vergeben? Wie kommt Gott diesen Menschen dann zu Hilfe? Dieser Frage bin ich in meiner Arbeit immer wieder begegnet. Ich verstand jeweils so gut, dass sich in der Seele des Opfers alles dagegen sträubte und es ihm menschenunmöglich schien zu vergeben. Andererseits wusste ich zu gut, dass es für die betroffene Person lebenswichtig war, es zu tun. Der erste Schritt bestand oft in der Einsicht, dass sie um ihrer selbst willen vergeben müsste; und so bewirkte Gott dann das Wollen. Aber der Schritt zum Vollbringen war auch dann oft noch groß. Deshalb beteten wir manchmal um die innere Bereitschaft und die Kraft dafür. Und wenn es auch dann zu keinem Durchbruch kam? Durch die unten geschilderte Erfahrung wurde mir zum ersten Mal klar, dass auch Vergeben-Können ein göttliches Angebot ist: Wir dürfen Gott unsere Unfähigkeit bekennen und in die Vergebungsbereitschaft Jesu eintreten. So wird auch das Vergeben zu einem von Gott vorbereiteten Werk. Dies wird hier deutlich (Beispiel 3):

Im ersten Ehejahr hatte das junge Paar eine hilfsbedürftige junge Frau bei sich aufgenommen. Nach Jahren hatte meine Klientin dann erfahren, dass Ihr Mann sie während fünf Jahren mit der jungen Frau betrogen hatte. Nun war die Ehe am Ende, und wir arbeiteten die verletzenden Erfahrungen auf. Heute war schon das dritte Gespräch, in dem die Frau versuchte, ihrem Mann zu vergeben. Und wieder sagte sie unter Tränen: „Ich schaffe es nicht!" Was konnten wir tun? Ich schlug eine Zeit des hörenden Gebets vor: „Herr, wie möchtest du Frau B. zu Hilfe kommen?" Ich hatte einen bildhaften Eindruck: Jesus stand Herrn B. gegenüber und schaute ihn mit seiner ganzen Barmherzigkeit und Liebe an; die von ihm ausgehende Gnade war wie ein Lichtkegel. Ich verstand, dass Jesus Frau B. einlud, sich vor ihn hinzustellen und so in seine Vergebungsbereitschaft einzutreten. Dazu war sie bereit. Im Gebet stellte sie sich vor Jesus hin; so stand sie auch selber im Lichtkegel der Gnade. Als sie ihren Mann dann mit dem Blick der Barmherzigkeit Jesu ansah, brach sie in Tränen aus und sagte: „Der arme Kerl!" Nun war das Tor für sie offen, den Weg des Vergebens zu gehen.

Zuletzt noch etwas zum Geheimnis der „*zweiten Meile*"[29]: Die „erste Meile" des Vergebens ist unverzichtbar, die zweite ist freiwillig. Sie besteht in dem, was Jesus bei der Kreuzigung und Stephanus bei seiner Steinigung getan haben[30]: Sie haben das Maß an Barmherzigkeit und Gnade vollkommen gemacht, indem sie Gott nun auch noch darum baten, ihren Mördern zu vergeben. Ich habe immer wieder erlebt, dass Menschen nach der „ersten Meile" die zweite gerne tun, wenn wir sie auf diese Möglichkeit hinweisen. Und etwas ist mir dabei aufgefallen: Wer zur „zweiten Meile" bereit ist, in dessen Herz kommt das göttliche Angebot des Vergebens wirklich vollkommen zum Ziel: der Friede Gottes kehrt ein in seine Seele.

1.3.3. Erlösung aus dem unguten Erbe

Gott kennt das *Gesetz der Perpetuierung*[31] und weiß, dass jeder Mensch bei seiner Zeugung in die beiden elterlichen Erblinien mit ihren Anteilen an Segen und an Fluch eintritt. Dieses Erbe hat nicht nur eine körperliche Dimension, sondern auch eine seelische und eine geistliche. Nach der Geburt beginnt dann die Prägung durch die elterlichen Lebensweisen: Wir lernen von ihnen, indem wir Reaktionsmuster abgucken und Grundeinstellungen übernehmen – hilfreiche und wenig hilfreiche, denn das kindliche Modelllernen ist nicht selektiv. Gottes Angebot in

29 Vgl. Mt 5,41.

30 Lk 23,34 und Apg 7,60.

31 Siehe hierzu die Erklärung im Anhang und den Abschnitt 2.3.4., „Das Gesetz der Perpetuierung".

1. Petrus 1,18[32] besteht nun darin, dass Jesus uns durch seinen Tod aus der unguten Erblinie und den unbrauchbaren Prägungen *„losgekauft"* hat.[33] Dies bedeutet, dass wir aus diesen belastenden Mustern austreten und in die zur Neuschöpfung gehörenden eintreten können. Sätze wie: „Das *muss* ich einfach tun!" oder „Ich *bin* eben so!" haben dann keine Gültigkeit mehr. Gott bietet uns eine Reinigung der Erblinie an, sodass wir aus den problematischen Bereichen unseres menschlichen Erbes austreten und in das Erbe unserer Gotteskindschaft eintreten können, damit der Segensfluss aus *„tausend Generationen"*[34] ungehindert durch unser Leben fließen kann.

Aber auch hier stellt sich die Frage, ob der Klient Gottes Angebot wirklich annehmen und eigenverantwortlich werden will, oder ob er sein Verhalten weiterhin mit diesen Prägungen entschuldigen möchte. Dieses Angebot kann in fünf Schritten angenommen werden:

- Die Person bekennt die unguten Reaktionsweisen oder Muster vor Gott als Schuld und bittet dafür um Vergebung.
- Sie legt die unguten Prägungen ab und nimmt Gottes Angebot des Loskaufs für sich in Anspruch; der Seelsorger bestätigt die Gültigkeit von Gottes Zusage und setzt die abgelegten Muster außer Kraft.
- Die Person zieht die neuen, gottgemäßen Haltungen und Lebensweisen an; sie tritt in diesem Bereich in das ihr als Gotteskind zustehende Erbe ein. Der Helfer kann diesen Schritt bestätigen (Zeugengebet[35]).
- Fürbitte für die Menschen, die bisher durch diese unguten Reaktionen betroffen worden sind, Gott möge es gemäß Römer 8,28 an ihnen gut machen.
- Falls die Person Kinder hat: Gebet, dass dieser ungute Strang der Erblinie auch für kommende Generationen durchtrennt sein möge.

---

32 *„Ihr wisst, dass ihr aus eurer sinnlosen, von den Vätern ererbten Lebensweise nicht um einen vergänglichen Preis losgekauft wurdet, nicht um Silber oder Gold, sondern mit dem kostbaren Blut Christi, des Lammes ohne Fehl und Makel."* (1Petr 1,18–19; EÜ).

33 In der Antike konnte man einen Sklaven mit einer Geldsumme loskaufen; dann war er wirklich frei und sein eigener Herr. Die Hingabe seines Lebens am Kreuz ist der Preis, den Jesus bezahlt hat.

34 Vgl. 2Mo 34,7. Jesus hat uns aus dem *„Gesetz der Heimsuchung"* losgekauft; die Gnade siegt.

35 Siehe die Begriffserklärung im Anhang.

1.3.4. Sorgen abwerfen

Auch hier ist Gottes liebevolle Absicht wieder klar spürbar. Wenn wir es ihm überlassen, möchte er für uns sorgen; und wenn wir uns keine Sorgen um morgen machen müssen, können wir ganz und voll im Heute leben und Gott zur Verfügung stehen. Das wünscht sich Gott.[36] Deshalb schreibt Petrus:

All eure Sorge werft auf ihn,
denn er kümmert sich um euch (1Ptr 5,7 EÜ).

Wenn wir eine bedrängende Sorge los werden wollen, so sollten wir Gottes Angebot wörtlich ernst nehmen. Solange wir bitten: „Nimm mir meine Sorgen doch ab!", wird wohl kaum etwas geschehen. In 1. Petrus 5,7 steht: „... *werft auf ihn!*" Dies ist eine bewusste, aktive Handlung, hinter der ein klarer Entschluss steht. Um diesen Schritt im Gebet mit Entschiedenheit zu vollziehen, kann man ihn mit einer symbolischen Handlung begleiten. Immer wieder habe ich Klienten ermutigt, sich Zeit zu nehmen, um ihre Sorgen klar zu formulieren und auf ein Blatt Papier zu schreiben. Wenn sie dann bereit waren, sie loszulassen, nahmen sie mit einem letzten Blick auf das Blatt Abschied von ihnen, zerrissen das Blatt dann betend, und ich entsorgte die Fetzen im Papierkorb. Hier die Entdeckung eines Klienten (Beispiel 4):

Welche Kraft in einer symbolischen Handlung liegt, hat ein Klient, mit dem ich über seine Sorgen und die Jakobus-Stelle gesprochen hatte, von sich aus intuitiv erfasst. Beim nächsten Termin berichtete er mir, was er anschließend an unser Gespräch aus eigener Initiative getan hatte: Er hatte sich am Fluss, an dessen Ufer die Christliche Beratungsstelle lag, einen flachen Stein ausgesucht, seine Sorgen darauf geschrieben und diesen dann betend in den Fluss geworfen. Wie befreiend war es, die Sorgenlast versinken zu sehen!

Dieses Angebot anzunehmen ist für manche Menschen gar nicht so einfach. Einige scheinen durch ihre Erziehung einen inneren „Sorgen-Auf-

36 Vgl. Mt 6,25–34. Mehr dazu in *Makarios*: Versöhnt leben (S. 77ff.); Der Lebensstil der Söhne und Töchter (geistlich-seelische Hygiene und Prophylaxe) (S. 89f.).

trag" empfangen zu haben, sodass ihr Gewissen sie dazu drängt. Andere besitzen so etwas wie einen gewohnheitsmäßigen „Sorgen-Rucksack", den sie immer wieder zu füllen wissen. Für andere sind die Sorgen der Fluchtweg aus den schwierigen Fragen des Heute, Ausdruck ihrer Unfähigkeit, im Heute zu leben. Wenn es in der Seelsorge um das Ablegen der Grundhaltung des unguten Sorgens geht, können wir Gott bitten, er möge uns in einer Zeit des gemeinsamen Hörens[37] den nächsten Schritt zeigen; er wird uns gewiss antworten.

Wie wir oben angedeutet haben, geht es Gott immer um unsere ganze Person. Deshalb hat er auch Angebote für unseren Geist und für die Heilung unseres Körpers. So kann es in der Finalen Seelsorge auch dazu kommen, dass Gott den Geist eines Menschen heilen, stärken und für seine Aufgabe innerhalb der Person zurüsten will. Ich habe es auch mehrfach erlebt, dass das Gebet für körperliche Heilung Teil meines seelsorgerlichen Auftrages war.[38]

1.3.5. Gottes individuelle Angebote

Mein Staunen gilt aber nicht nur den für alle Menschen gültigen, biblischen Angeboten Gottes, sondern noch mehr seinen individuellen Angeboten, Wegen und Lösungen, die er für die einzelne Person bereithält. Es ist beeindruckend, die Kreativität Gottes zu entdecken und zu sehen, mit wie viel wohlwollendem Entgegenkommen, Gnade, Weisheit und Feinheit er auf die einzelne Person in ihrer einmaligen Wesensart und Situation eingeht. Hier ein Beispiel dafür aus meiner seelsorgerlichen Praxis (Beispiel 5):

> *Der Mann stand zum vierten Mal in einer außerehelichen Beziehung und lebte getrennt von seiner Frau. Nun wollte er aus dem inneren Hin-und-her-gerissen-Sein herauskommen. Die Gefühle zogen ihn zur Geliebten, die Treue seiner Frau und die Erwartungen der Kinder zogen ihn zurück nach Hause. Gegen Ende eines Gesprächs sagte er: „Wenn ich nur wüsste, was Gott mir raten würde!" Ich war überrascht – das war doch klar. Ich hätte ihn*

37 Mehr zur „Hör-Stille" in Abschnitt 6.6.4., „Hörendes Gebet".

38 Vgl. Abschnitt 5.3.9., „Körperliche Heilung".

an Maleachi 2,15–16 erinnern können. Aber die innere Stimme hielt mich zurück, ihm eine Antwort zu geben. So fragte ich nur: „Wollen Sie es wirklich wissen?" „Ja", sagte er. „Dann bitten wir jetzt Gott, dass er es Ihnen bis zum nächsten Gespräch zeigt." Als wir das getan hatten, entließ ich ihn. Was würde nun geschehen?

Er war ganz beglückt, als er das nächste Mal kam: „Er hat es mir wirklich gezeigt, es ist ganz klar: Ich kehre zu meiner Frau und meiner Familie zurück." „Wie hat er es Ihnen gezeigt?", fragte ich ihn. „Er hat mir die Liebe zu meiner Frau wieder geschenkt." Welch liebevolle, gnädige Antwort von Gott! Darauf wäre ich nie gekommen.

Als Schöpfer-Gott mit unendlicher Kreativität fehlt es ihm nie an Lösungen und Wegen. Auch seine individuellen Angebote sind immer Ausdruck seiner Weisheit und seiner allparteilichen[39] Liebe. Gottes Lösungen machen uns nie von anderen Menschen abhängig; er selber tritt in die Lücke und schenkt uns, was wir brauchen. Sie bewirken zudem den größtmöglichen Segen für alle Beteiligten. Auch dazu ein Beispiel aus der Praxis (Beispiel 6):

In einem Paargespräch ging es um das Chaos, das jeweils losbrach, wenn der Mann abends nach Hause kam und mit den Kindern noch etwas „Freude" haben wollte. Seine Frau fürchtete sich oft vor seiner Heimkehr: In kurzer Zeit brach die sorgfältig bewahrte Atmosphäre von Frieden zusammen; es war häufig kaum mehr möglich, die Kinder vor dem Schlafengehen wieder zur Ruhe zu bringen. Beide waren frustriert: Der Mann, weil ihm seine Frau die Freude mit den Kindern anscheinend „nicht gönnte", und die Frau, weil er die Bemühungen eines ganzen Tages jeweils „in kürzester Zeit zunichtemachte"[40]. Welches konnte hier Gottes Lösung sein? In einer Hör-Stille machte Gott dem Mann ein Angebot: „Ich hänge dir meine *Freude an die Klinke der Haustüre. Wenn du heimkommst, kannst du sie anziehen, bevor du hinein gehst." Dies empfand auch die Frau als Geschenk für sie; sie verstand, dass Gottes Freude nicht Chaos stiftet, sondern den Frieden bewahrt.*[41]

---

39 Gottes Liebe gilt allen Beteiligten gleich. Vgl. hierzu auch die Erläuterung im Anhang.

40 Dies war je die subjektive Interpretation des Verhaltens des Partners. Zur „Interpretationsfalle" vgl. in *Makarios*: Was der Entflechtung dient (S. 51).

41 Mehr zu diesem Beispiel in Abschnitt 3.3.1. unter 5. und 7.

Gottes Lösungen und Angebote sind oft so überraschend und unerwartet, dass sie Erstaunen auslösen. Was mir dabei besonders aufgefallen ist, ist Gottes feiner Humor, der dem Klienten eine hilfreiche Distanz zu seinem Problem ermöglicht. So ist in meinen Gesprächen auch immer wieder ein herzhaftes Lachen ausgebrochen. Selbst mir gegenüber hat Gott seinen Humor schon oft eingesetzt (Beispiel 7):

> *In einer meiner ersten Gebetsseelsorge-Wochen, an der ich teilnahm, erzählte mir ein Seelsorger gegen Ende der Seelsorgezeit ein inneres Bild, das Gott ihm für mich geschenkt hatte: Ich lief kreuz und quer auf einem Hügel umher; über mir schwebte ein kleines Wölkchen, aus dem Segens-Regen auf mich fiel. Dazu kam einfach der Satz: „Könntest du es mir ein bisschen einfacher machen und weniger umher rennen?" Wie liebe- und humorvoll Gott seinen Rat ausgedrückt hatte, brachte uns zum Lachen.*
>
> *Das Bild sprach zu mir und prägte sich mir ein. Wenn ich dann später wieder in der Gefahr stand, überaktiv zu werden, hörte ich in mir nur: „Wölkchen!" Und dann wusste ich, was Gott sich jetzt wünschte.*

Impulse zur Vertiefung:

Wenn ich aus Gottes Angeboten leben will – mit welchem beginne ich?

Wie kann ich Gottes individuelle Angebote und Lösungen persönlich erfahren?

1.4. Gottes Wege

In Gottes Wort können wir nicht nur Angebote, sondern auch Wege entdecken, wie wir zum Ziel kommen können. In den Hinweisen zu den drei Angeboten Gottes habe ich einige wichtige Wege Gottes bereits angedeutet. Was ist aber mit dem Begriff der „göttlichen Wege" gemeint? Darunter verstehe ich die Art, wie das Ziel der Neuschöpfung angestrebt werden kann.

Gottes Wege stehen oft im Gegensatz zu unseren menschlichen Theorien und Wegen, an denen wir trotz aller Misserfolge oft hartnäckig festhalten. Es soll genügen, an einige zu erinnern: „Wenn man etwas begriffen hat, kann man es auch tun“; „Man kann, wenn man will“; „Ohne Fleiß, kein Preis“ usw. In der Realität unseres Lebens bewähren sich diese Theorien aber nicht. Die menschlichen Wege haben viel mit Anstrengung, Mühsal und selbstverdientem Erfolg zu tun. Sie überschätzen die Möglichkeiten des Menschen und überfordern ihn.

Es gibt aber auch christlich-religiöse Handlungsanweisungen, welche an der Realität des Menschen vorbeigehen und ihn überfordern, indem sie das Ziel durch eigene Leistung und Anstrengung erreichen wollen: „Man muss nur tun, was die Bibel sagt“, verbunden mit der Aufforderung zu einem Willensakt, bei dem die Seele nicht mitkommt.[42] „Man muss nur richtig beten, dann ...“, verbunden mit einem Gebets-Programm, durch welches der Erfolg garantiert werden soll.[43] „Reiß dich ein bisschen zusammen; den Rest, den du nicht tun kannst, den tut Gott dann schon“, als ob Jesus nicht alles für uns vollbracht hätte. Gottes Wege verlangen ganz andere innere Haltungen: Das ehrliche Eingeständnis des Unvermögens, Demut, bitten können, ein unverdientes Geschenk annehmen und Dankbarkeit. Sie sind Ausdruck von Gottes Gnade, seinem stellvertretenden Handeln und seiner Barmherzigkeit.

Auf Gottes Wegen können wir seine Angebote in Besitz nehmen und durch seine Kraft von innen heraus verändert werden. Sie führen alle auf's Ziel der Neuschöpfung zu. Wenn wir uns im Gespräch von ihm führen lassen, wird Gott uns zeigen, auf welchen seiner Wege er diese Person jetzt führen will.

Hier nun ein Überblick über die Wege, die Gott uns anbietet:

---

42 Ein Beispiel dafür findet sich in 1.3.2.: Pauschales Vergeben führt nicht zum Ziel Gottes, dem inneren Frieden.

43 Mehr dazu in Abschnitt 6.6.2., „Seelisches Gebet“.

ÜBERSICHT 5
Gottes Wege
• Eine nach vorne gerichtete, durch den Glauben geprägte, finale Haltung: Jes 43,18–19; Phil 3,12–14
• Sich nach dem neuen Herzen ausstrecken: Spr 23,12.26; Hes 36,26–27; Gal 4,6;
• Bitten – empfangen: Jak 4,2–3; Mt 7,7–11; Joh 15,16; Mt 18,19–20
• Sein Verhalten wie ein altes Kleid ausziehen – das von Gott bereitgestellte neue anziehen: Gal 3,27; Eph 4,22–24; Kol 3,7–10
• In der von Gott geschenkten „Neuheit des Lebens", im Licht und in den vorbereiteten Werken „wandeln": Röm 6,4; 1. Joh 1,7; Eph 2,10
• Gott Raum geben, damit seine Frucht in uns wächst: Joh 15,1–8.16; Gal 5,22
• Mit Dankbarkeit begießen, was Gott in unserem Leben pflanzt: Ps 50,23; 1Thess 5,18; Phil 4,6; Kol 3,15

Auch hier soll ein Beispiel wieder Klärung bringen (Beispiel 8):

Das Ergänzungsmuster dieses Paares war sehr herausfordernd: Er war aufgrund seiner Herkunft und seiner Kindheit ein intellektueller Chaot; sie entstammte einer wohlgeordneten, kleinbürgerlichen Familie; beide standen im Glauben. Die Frau hatte lange versucht, sich immer wieder neu auf die sprunghaften, für sie unverständlichen und verletzenden Entscheidungen ihres Mannes einzulassen; sie hatten ihr und den Kindern viel Unsicherheit beschert. Diese unvermittelten Kurswechsel hatte sie als Treubruch erlebt und mit der Zeit begonnen, auf Distanz zu gehen und ihm sein ungutes Verhalten bei jeder Gelegenheit vorzuwerfen. In unseren Paargesprächen machte er klare Schritte der Veränderung; sie aber fuhr fort, ihn durch Liebesentzug zu bestrafen.

Eines Tages stießen wir auf folgenden Satz von Paulus: „Lasst alle Menschen eure Freundlichkeit spüren."[44] *Wir sprachen darüber, dass diese Freundlichkeit eigentlich zur „Grundausstattung" des*

44 Phil 4,5 (NZH).

neuen Menschen gehöre. Ich fragte die Frau: „Spüren Sie, dass Gott diese Freundlichkeit in Sie hineingelegt hat?" „Ja." „Auch Ihrem Mann gegenüber?" Sie schaute mich verschmitzt an: „Ja, auch ihm gegenüber." „Wollen Sie sie ihn nicht von Zeit zu Zeit spüren lassen?"[45] *„Nein, das möchte ich nicht." „Nun", sagte ich, „das ist Ihre freie Entscheidung. Wichtig ist, dass Sie spüren, dass die Freundlichkeit in Ihnen da wäre."*

Sie tat es dann im Nachhinein doch, sogar immer häufiger. Der Zeitpunkt aber, wo sie bereit war, den anderen göttlichen Weg bewusst zu beschreiten, „sein Verhalten wie ein altes Kleid ausziehen – das von Gott bereitgestellte neue anziehen", kam erst nach einigen Gesprächen.

Impuls zur Vertiefung:

Wenn ich persönliche Erfahrungen mit Gottes Wegen sammeln möchte – zu welchem lädt er mich ein?

1.5. Finale Logik

Ein Ausschnitt aus einem Gespräch von Jesus mit seinen Jüngern soll als Einführung in Gottes finale Sichtweise dienen:

Seine Jünger fragten ihn und sagten: Rabbi, wer hat gesündigt, dieser oder seine Eltern, dass er blind geboren wurde? Jesus antwortete: Weder dieser hat gesündigt, noch seine Eltern, sondern damit die Werke Gottes an ihm offenbart würden. Wir müssen die Werke dessen wirken, der mich gesandt hat ...[46]

- Die Jünger gehen davon aus, dass jede Sache eine kausale Ursache hat und hinter jedem Problem die Frage nach der Schuld steht.
- Jesus geht davon aus, dass es schwierige menschliche Situationen gibt, die nicht auf klar zuweisbare menschliche Schuld zurückzuführen

45 Hier handelte es sich um den Weg „In der von Gott geschenkten *Neuheit des Lebens wandeln*".

46 Joh 9,2-4.

sind. Für all diese Nöte gibt es aber göttliche Lösungen bzw. Werke, die Gott durch seine Mitarbeiter tun will.

- Die Warum-Frage ist der typische Ausdruck des kausalen Denkens der Jünger; das „*Damit*" Jesu ist das Merkmal seiner finalen Ausrichtung.
- Die beiden Sichtweisen führen zu einer anderen Ausrichtung und einer anderen Vorgehensweise: Im rückwärtsgerichteten kausalen Ansatz müsste man die Ursache angehen, um deren negative Auswirkungen zu verändern; im vorwärtsgerichteten finalen Ansatz stellt sich die Frage, wie Gott sich in dieser Not durch sein Wirken verherrlichen will; die Frage nach der Ursache ist dafür nicht von Bedeutung.
- Trotz der intensiven Erfahrungen mit Jesus sind die Jünger noch immer im kausalen Denken verhaftet; sie haben Gottes Sicht- und Denkweise noch nicht übernommen.
- Dass Gott final denkt, hängt mit seinem Wesen zusammen: Das Gesetz von Ursache und Wirkung, von Saat und Ernte gehört zu den Naturgesetzen der Schöpfung.[47] Gottes Segen und seine Gnade durchbrechen dieses Gesetz. Die Finalität ist die Logik der Erlösung, der Gnade und des Reiches Gottes.[48] Jesus hat stellvertretend für uns geerntet, was wir gesät haben; wir dürfen ernten, was er am Kreuz für uns gesät hat.

Auch nach mehr als zwanzig Jahren Erfahrung mit Gottes finalem Denken und seinem vorwärtsgerichteten Handeln geht es mir immer wieder so wie den Jüngern: spontan reagiere ich oft aus dem kausalen Denken heraus. Unter den Fähigkeiten, die wir als Gottes Mitarbeiter zu entwickeln haben, ist das Umstellen auf Gottes finale Sicht- und Handlungsweise etwas vom Schwierigsten. Und doch ist es für unsere Zusammenarbeit mit Gott grundlegend wichtig: Die finale Sicht ist die Perspektive des Glaubens und der Hoffnung. Wir wollen so denken lernen wie unser Meister.

47 Vgl. z. B. Hi 4,8; Gal 6,7.

48 Vgl. etwa Röm 8,31–34; 1Kor 6,9–11.

Wenn wir im helfenden Gespräch innerlich bei Gott bleiben und uns auf seine finale Sicht einlassen, wird unser Hören, Denken und Handeln dadurch bestimmt. Wir hören anders zu, halten nach anderen Lösungen Ausschau und stellen die den Verlauf des Gesprächs bestimmenden Weichen anders. Mit unserem Entschluss, uns auf Gottes Sicht- und Handlungsweise einzustellen, wählen wir auf der Zeitachse einen anderen Standort (vgl. Abb. 1).

Abbildung 1: Finale Logik

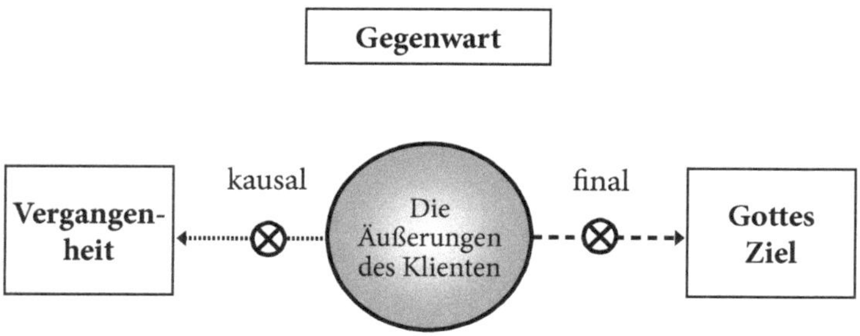

⊗ der innere Standort beim Zuhören

Weil Hören immer selektiv ist, fallen uns aus dieser Perspektive andere Elemente der Äußerungen des Klienten auf, wir greifen andere Aussagen wieder auf, ziehen andere Schlüsse und streben ein anderes Gesprächsziel an. Eines ist gewiss: Als Mitarbeiter Gottes müssen wir den finalen Standort wählen; nur so können wir erkennen, wo er bereits am Wirken ist und welches der nächste Schritt in Gottes Zukunft für den Klienten sein könnte.

Wie können wir lernen, uns auf Gottes Denkweise einzustellen? Das beste Übungsfeld für viele seelsorgerliche Kompetenzen ist der Alltag. Dies gilt auch hier: In Alltagssituationen und alltäglichen Begegnungen können wir uns ganz bewusst auf die vorwärtsgerichteten Fragen ausrichten: Wozu? Wo ist Gott dran? Welches ist der nächste Schritt? Welches könnte nun Gottes Werk sein? So schärft sich unser Blick für

Gottes Gedanken und Pläne. Wenn wir dann zudem noch beginnen, die uns selber betreffenden Ereignisse, unser eigenes Erleben und unsere Reaktionen und Entscheidungen so zu betrachten, dann gewinnen wir immer mehr Eigenerfahrung und Golddeckung in diesem für Mitarbeiter Gottes so zentralen Bereich.

Nun kann ich mir vorstellen, dass Sie eine bedrängende Frage auf dem Herzen haben: Was geschieht bei dieser vorwärtsgerichteten Arbeitsweise mit der Vergangenheit?

Der Mensch ist ja ein geschichtliches Wesen; seine Vergangenheit ist Teil seiner Person und auch im Blick auf seine Vergangenheit braucht er Erlösung; nur wenn er mit ihr versöhnt ist, kann er sich mit ganzer Kraft nach vorne ausrichten und das Alte hinter sich lassen.[49] Gott steht vor uns, ermutigt uns zum nächsten Schritt und zieht uns liebevoll auf sein Ziel hin. Weil Jesus alles Ungute in unserer Vergangenheit mit sich ans Kreuz genommen hat, ist dort alles geschehen, was zum Zurechtbringen und zur Heilung unserer Vergangenheit nötig ist.

Wie können wir Gottes Angebot, unsere Vergangenheit zurechtzubringen, beanspruchen? Im Brief an Titus spricht Paulus vom *„Bad der Wiedergeburt und Erneuerung“*[50]. Dieser Ausdruck hat bei mir die Vorstellung eines riesigen, mit „Heil“ gefüllten Bassins ausgelöst, in das wir alles Problematische aus unserer Vergangenheit ablegen und eintauchen dürfen. Diesen Schritt habe ich mit mehreren Personen getan. Hier ein Beispiel (Beispiel 9):

> *Beide hatten sich mit der vorwärtsgerichteten Arbeitsweise einverstanden erklärt; nun wich die Frau des Lokomotivführers aber immer wieder aus, wenn es um Schritte ins Neue ging: „Ich möchte ja schon ...; aber mit dieser schlimmen Kindheit ...“ Nach zwei, drei Gesprächen wurde ich ungeduldig. Ich berichtete ihr vom göttlichen Angebot des* „Bads der Erneuerung“ *und machte ihr den Vorschlag, im Vertrauen auf Jesu Werk am Kreuz alles Schlimme aus ihrer Vergangenheit dort abzulegen. Wir wür-*

49 Vgl. Phil 3,13: Paulus hat seine schwierige Vergangenheit nicht verdrängt. Es ist Ausdruck einer versöhnten und erlösten Beziehung zu ihr, wenn er sagt: *„Ich vergesse, was dahinten, strecke mich aber aus nach dem, was vorn ist.“*

50 Titus 3,5 (LU). Mehr dazu in *Makarios*: Versöhnt leben (S. 77f.).

den uns dafür so viel Zeit nehmen, wie sie brauche, um gar nichts zu vergessen. Sie war bereit, sich darauf einzulassen, und wünschte, dass ihr Mann dabei sein und uns in der Fürbitte unterstützen solle.

Sie kam mit einer langen Liste ins nächste Gespräch. Ich ermutigte sie nun, jeden Stachel, jedes verletzende Wort, alle schwierigen Erfahrungen usw. Punkt um Punkt zu formulieren und dann bewusst ins Heilsbad abzulegen. Ich fragte nach und formulierte klarer, bis wir alles sauber ausgeräumt hatten. Wir brauchten zwei ganze Gespräche dafür. Das war eine Befreiung! So ist Ruhe in ihr Leben eingekehrt. In den weiteren Gesprächen konnte sie sich den Herausforderungen der Ehebeziehung stellen und Schritte nach vorn ins Neue hinein tun.

Bedeutet das bisher Gesagte, dass es in der Finalen Seelsorge nie zur Aufarbeitung vergangener Ereignisse kommt? Keineswegs! Gottes grundsätzliches Ziehen geschieht zwar vom Ziel her; aber er ist frei, auch ein vergangenes Erlebnis wieder ans Licht zu ziehen, wenn zu dessen Heilung ein Beitrag des Klienten nötig ist (häufig handelt es sich dabei um Vergebung). Auch die Aufarbeitung von Vergangenem geschieht dann aber final.[51]

Für entscheidend halte ich deshalb nicht die Frage, ob wir mit dem Klienten Schritte in die Zukunft tun oder Vergangenes aufarbeiten sollen; das einzig Wichtige ist, dass wir als Gottes Mitarbeiter das tun, was er jetzt im Leben dieser Person mit uns zusammen tun möchte. In seiner göttlichen Weisheit und Freiheit soll er entscheiden können, was für den Klienten gut und weiterführend ist. Aus meiner Erfahrung ist es bei Gott so: Er zieht *das* ans Licht, was er *jetzt* lösen möchte; alles andere darf weiterhin im „Bad des Heils" ruhen.

Impulse zur Vertiefung:

Wie kann ich Gottes finale Denkweise auf mein Leben übertragen?

Was aus meiner Vergangenheit wäre im „Bad der Erneuerung" abzulegen?

51 Vgl. dazu Abschnitt 5.3.4.

1.6. Das Lob der Torheit

In seinem 1511 erschienenen Büchlein schreibt Erasmus von Rotterdam: „Mir scheint, die christliche Religion steht überhaupt einer gewissen Torheit recht nahe“[52], und zitiert dann folgende Stelle von Paulus:

Das Wort vom Kreuz ist denen, die verlorengehen, Torheit;
uns aber [...] ist es Gottes Kraft. [...]
Das Törichte Gottes ist weiser als die Menschen, und das
Schwache Gottes ist stärker als die Menschen.[53]

Als Christen stehen wir vor der Wahl zwischen der Weisheit der Menschen und der Torheit Gottes. Es gibt keinen dritten Weg. Nicht zu wählen und beides miteinander verbinden zu wollen – dies ist wohl die schlechteste aller Möglichkeiten.[54] Der Weg der Gnade ist uns eigentlich fremd und fällt uns schwer; und wer möchte schon als törichter Mensch angesehen werden? Deshalb braucht es Demut und Mut, Jesus wirklich zu folgen, indem man sich so wie er ganz auf Gott verlässt, nichts aus eigener Weisheit versteht, nichts aus sich heraus tut, nur die vorbereiteten Werke vollbringt, sich ihm in allem unterordnet und nur seine Ehre sucht; indem man auf die Kraft der Erlösung vertraut, auf Gottes Angebote, die Verheißungen in seinem Wort, das Wirken des Heiligen Geistes, die Effizienz der einfachen Wege Gottes und die Weisheit von Gottes Ordnungen.

Es ist beeindruckend, wie gut Gott uns durch den Beistand des Heiligen Geistes ausrüstet. Durch ihn wohnt unser Meister in uns; ohne ihn wären wir unfähig, Gottes Mitarbeiter zu sein (vgl. Übersicht 6).

---

52 Erasmus von Rotterdam: *Das Lob der Torheit*, Birkhäuser Verlag, Basel 1960, S. 178.

53 1Kor 1,18–25.

54 Vgl. dazu in Offb 3,15–18, wo Gott sagt: „*Ach, dass du kalt oder heiß wärest!*“

ÜBERSICHT 6
Der Beistand des Heiligen Geistes
• Er führt uns in die Wahrheit und offenbart uns Gottes Gedanken: Johannes 16,13
• Er lehrt uns alles und erinnert uns auch wieder daran: Johannes 14,26
• Er gibt uns innere Führung und Leitung: Röm 8,14
• Er ist unser Beistand, Tröster und Ermutiger: Joh 14,16; Röm 8,16
• Er hilft unserer Schwachheit auf und tritt vor Gott für uns ein: Röm 8,26
• Durch die „Frucht des Geistes" will er in uns den Charakter Jesu ausbilden: Gal. 5,22
• Durch seine Gaben stattet er uns mit der Kraft Jesu aus: 1Kor 12,4–11

Für die Zurüstung und kontinuierliche Weiterbildung seiner Mitarbeiter hat Gott mehrere Möglichkeiten: Er lässt sie selber erleben und empfangen, was sie an andere weiterzugeben haben.[55] Er will uns sein Handeln so sichtbar machen, dass wir von ihm als Modell lernen können.[56] Er schenkt uns aber auch Menschen, die uns seine Wahrheit lehren (das Timotheus-Prinzip) und die für uns Vorbilder im Glauben sind.[57] Durch seinen Geist schließt er uns sein Wort auf.

Aber es gibt auch Dinge, die wir als Gottes Mitarbeiter loslassen und andere, auf die wir verzichten müsse: Unser Wissen, unsere natürlichen Begabungen, die erworbenen Kompetenzen und unsere Erfahrung sollten wir in Gottes Hände ablegen, damit Gott darüber verfügen kann. Wir wollen nicht durch sie, sondern durch Gottes Geist gelenkt werden. Auch den Wunsch, Wissen anzuhäufen, unsere Erfahrungen zu systematisieren, Theorien aufzustellen, Programme und Techniken zu entwickeln, sollten wir ablegen. Damit verzichten wir auch auf die Sicherheit, für alle Fälle „etwas zu haben", und sind ganz auf Gott geworfen. Auch

55 Vgl. etwa Joh 4,14; 7,38 oder 2Kor 1,3–5.

56 Vgl. Mt 11,29; Eph 5,1.

57 2Tim 2,1–2 und 1Kor 11,1.

das Effizienz- und Erfolgsdenken entspricht Gott nicht; für seine Mitarbeiter geht es eher darum: „Tue das Gute vor dich hin und bekümmre dich nicht, was daraus werden wird.“[58] Wir müssen bereit sein, auf Unabhängigkeit, Selbstverwirklichung und die Anerkennung und Ehre durch Menschen zu verzichten.[59]

Aus meiner eigenen Erfahrung kann ich „das Lob der Torheit“ wirklich anstimmen: Jesus ist der beste Herr, den es gibt. Sein Joch ist wirklich leicht und ich finde dort Ruhe für meine Seele[60]. Was er für mich vorbereitet hat, ist nie überfordernd. Dass ich ihm allein dienen kann, macht mich frei von Menschenfurcht und bewahrt mich davor, Menschen gefallen zu wollen oder sie zufriedenzustellen. Die Veränderung des Klienten ist Gottes Sache, nicht meine Verantwortung. Da er alle Lösungen hat und die Hauptverantwortung trägt, bin ich je nur für meinen Teil im aktuellen Gespräch verantwortlich, und auch darin will er mich leiten; so kann ich entlastet „hindere lige“[61]. Es ist so spannend und bereichernd, von Gott lernen zu können und von seiner schöpferischen Kreativität angesteckt zu werden. Am Schluss eines Gesprächs kann ich ihm das unvollkommene Werk zurückgeben, damit er es zurechtbringt. Für meine Fehler kann ich Vergebung empfangen; er beurteilt mich mit Barmherzigkeit, ermutigt mich, fordert mich aber auch heraus. Viel Segen fließt durch diese Zusammenarbeit mit ihm in mein Leben zurück, in unsere Ehe und zu unseren Kindern hin. Der Gewinn ist also über alle Maßen groß!

Impuls zur Vertiefung:

Wie weit kann ich mich auf Gottes Torheit einlassen?

---

58 Matthias Claudius: *An meinen Sohn Johannes*, Heilbronn 2002.

59 Vgl. dazu Joh 7,18; 8,50.

60 Vgl. wieder Mt 11,29.

61 „Zurück lehnen!“ Vgl. dazu in Kapitel 7.1., „Mein Weg“.

2. Menschliche Nöte – Gottes Angebote

Unser Menschenbild gehört zu den inneren Grundannahmen[1], die unser helfendes Handeln entscheidend mitbestimmen: Was ist der Mensch, wie funktioniert er und was bewegt ihn zum Handeln? Wie kommt es, dass so viel Ungutes und Leiden die menschliche Existenz prägen? Lässt sich für die verschiedenen Nöte ein gemeinsamer Nenner finden? Gibt es hier Abhilfe? Unseren Antworten auf diese Fragen kommt große Bedeutung zu. Sie bestimmen, welche Ziele wir in unserer psychotherapeutischen bzw. seelsorgerlichen Tätigkeit anstreben, wie viel und wofür wir Hoffnung haben können, welche Hilfsangebote wir machen können und welche Wege uns offen stehen.

Da das Menschenbild von so grundlegender Bedeutung ist, möchte ich hier einen kurzen Exkurs zum Thema Menschenbild in Psychologie, Psychotherapie und Seelsorge einfügen. Die Psychologie hat auf zentrale Fragen des Menschenbildes[2] keine Antwort, da sie sich ganz auf die Erforschung des menschlichen Verhaltens ausrichtet und versucht, dies möglichst wissenschaftlich, d. h. wertfrei zu tun. Da sie nur entdecken kann, was Gott geschaffen hat, stehen ihre Resultate selten im Gegensatz zu biblischen Aussagen.[3] Anders ist die Situation aber in der Psychotherapie[4]: Jede psychotherapeutische Schule hat das Menschenbild ihres Gründers als Fundament, aus dem sich jeweils alle anderen Elemente der Zielsetzung und des Vorgehens ergeben. Viele dieser Anthropologien sind humanistisch ausgerichtet; sie gehen also davon aus, dass der Mensch alle Ressourcen in sich trägt, um sich selbst zu helfen. Alle in

---

1 Wie bereits angedeutet, sind uns diese oft gar nicht klar bewusst. Sie haben sich durch Modelllernen und vielerlei Einflüsse in uns gebildet; sie sind oft nicht sehr kohärent und wir haben sie meistens nicht bewusst gewählt.

2 Vgl. dazu Übersicht 7.

3 Ein Beispiel: In meiner Doktorarbeit zum lauten Selbstgespräch konnte ich dieselben Funktionen nachweisen, die sich auch aus biblischen Texten ergeben, wo das Selbstgespräch erwähnt wird.

4 Vgl. die Begriffserklärung im Anhang.

einer Psychotherapie entwickelten Techniken und Methoden sind darauf angelegt, dieses Menschenbild zu verwirklichen. Hier kommen wir als Christen in einen Konflikt: Wollen wir den psychotherapeutischen Ansatz mit seinem humanistisch geprägten Menschenbild und den sich daraus ergebenden Zielsetzungen und Methoden übernehmen oder entscheiden wir uns für das biblische Menschenbild, das den Menschen als erlösungsbedürftig versteht und Gottes Angebote und Wege zur Erlösung als notwendig erachtet?

Geht es hier wirklich um ein Entweder-Oder? Gibt es keine Möglichkeit, die menschlichen Wege in einen biblisch-christlichen Ansatz zu integrieren? Immer wieder habe ich die Ansicht gehört, dass die übernommenen psychotherapeutischen Methoden durch den Einsatz im Rahmen des Glaubens geheiligt würden. „Der Zweck heiligt die Mittel" ist aber keine biblische Aussage und stimmt von Gott her ganz gewiss nicht. Als Schöpfer-Gott mit unbegrenzten Möglichkeiten und uneingeschränkter Kreativität bedient er sich normalerweise nicht der von Menschen entwickelten Methoden und Wege, um seine Ziele zu erreichen; seine Ziele können mit den menschlichen Möglichkeiten gar nicht erreicht werden.[5] Wir müssen also wirklich wählen! Wenn wir „weder Fisch noch Vogel" sind, leben wir in einer großen Spannung; und schließlich kommen beide Seiten zu kurz: Wir können nicht nach menschlich-psychotherapeutischer Kompetenz streben und uns gleichzeitig nach tieferer Erkenntnis von Gottes Wegen ausstrecken. Für mich als promovierten Psychologen und zertifizierten Psychotherapeuten war es eine große Erleichterung, mich ganz für die Abhängigkeit von Gott zu entscheiden, und eine beglückende Erfahrung, aus der Enge der menschlichen Wege und Programme auszutreten und als Mitarbeiter Gottes Anteil zu bekommen an der unendlichen Weite seines Handlungsspielraumes. Etwas davon haben ja auch meine Kollegen und Experten bei meiner Zertifizierung erahnt.[6]

---

5 Vgl. dazu Jes 55,8: *„Meine Gedanken sind nicht eure Gedanken, und eure Wege sind nicht meine Wege, spricht der Herr."*

6 Vgl. dazu im Vorwort.

2.1. Ein biblisches Menschenbild

Zu den Grundannahmen, die uns oft nicht bewusst sind, aber die wir alle haben, gehört auch ein Menschenbild. Jedes Menschenbild braucht Antwort auf einige Grundfragen.

ÜBERSICHT 7
Grundfragen des Menschseins
1) Woher kommt der Mensch – welches ist sein Ursprung?
2) Wohin geht der Mensch – was ist das Ziel des Lebens?
3) Ist der Mensch für sein Handeln verantwortlich? Vor wem?
4) Welches sind die Antriebe des menschlichen Handelns?
5) Wie entwickelt sich der Mensch und wie kommt es zu Veränderung?
6) In welchem Verhältnis steht der Mensch zu den Mitmenschen?

Die Antworten der Finalen Seelsorge auf diese Fragen möchte ich in Beziehung setzen zu psychologischen Erkenntnissen. Dabei wird klar, dass die biblischen Antworten in wichtigen Punkten über die der Psychologie möglichen Aussagen hinaus gehen.

2.1.1. Ursprung und Ziel

Über Ursprung und Ziel des Menschen kann die Psychologie keine wissenschaftlichen Antworten geben; es handelt sich um Grundannahmen religiöser oder philosophischer Natur. Für die Finale Seelsorge gelten die biblischen Aussagen:

- Der Mensch ist ein Geschöpf, das Gott nach seinem eigenen Bilde geschaffen hat. Jeder Mensch ist also gewollt, unter welchen Umständen und wie auch immer er gezeugt wird, und hat von Gott her auch eine Bestimmung.[7]

- Der Mensch lebt nicht um seiner selbst willen. Der Sinn des Lebens besteht darin, etwas zum Lobpreis von Gottes Herrlichkeit zu sein. Das Ziel unseres Lebens-Laufes ist die Auferstehung aus den Toten, damit wir ins ewige Leben, die Herrlichkeit und in die Gemeinschaft mit Gott eingehen können.[8]

2.1.2. Verantwortlichkeit des Menschen und Antriebe des Handelns

Die Psychologie versteht den Menschen als moralisches Wesen, das durch ein Wertsystem und ein damit verknüpftes Gewissen gelenkt wird. Da der Mensch ein von anderen abhängiges und bedürftiges Wesen ist, werden seine Bedürfnisse zum vorrangigen Antrieb des Handelns. Dabei geht es nicht nur um die Stillung körperlicher, sondern auch um seelische bzw. emotionale Bedürfnisse. Dies hat sich auch in meiner Arbeit immer wieder bestätigt (Beispiel 10):

> *„Alles, was ich in meinem Leben bisher getan habe", sagte mir eine etwa 40-jährige Frau im Erstgespräch, „habe ich getan, um die Liebe der Menschen zu gewinnen." In diesem Bemühen war sie gescheitert. Sie mochte sich auch selbst nicht. Sie hatte sich oft verleugnet und versucht, die anderen zufriedenzustellen; in vielen Beziehungen war sie „unter die Räder gekommen" und alle Opfer hatten nicht zum Ziel geführt. Das Scheitern und die große Abhängigkeit vom Urteil und der Zuwendung der anderen hatte sie veranlasst, Hilfe zu beanspruchen. Es war ein beeindruckender Weg, wie sie bei Gott Stillung erlebte, zu einer positiven Selbstbeziehung fand und in die freie Liebesfähigkeit der Kinder Gottes hinein wuchs.*

In diesen Fragen stimmen die psychologische Sicht und das biblische Menschenbild weitgehend überein. Weil der Bibel aber auch die geistliche Dimension des Menschen wichtig ist, versteht sie den Menschen

---

7 Siehe z. B. 1Mo 1,26–28; Ps 139,13–16; Eph 1,4–5.

8 Eph 1,12; Phil 3,11–14; Titus 3,7.

umfassender und bezieht auch Gottes Angebote mit ein, damit der Mensch werden kann, wozu er bestimmt ist:

- Von Anfang an hat Gott den Menschen als freies, und damit als vor ihm verantwortliches Wesen geschaffen. Weil er wählen kann, kann der Mensch auch schuldig werden. Schuld zerstört Beziehungen und hindert die Entfaltung des Lebens. Deshalb hasst Gott die Sünde.[9] Seine Gnade ermöglicht die Erlösung aus der Schuld;[10] dafür gibt es außerhalb des Glaubens keine Lösung.[11]
- Die Bibel versteht das Herz als Zentrum der Person; es ist Sitz unserer tiefen Bedürfnisse und Wünsche. Die Antriebe unseres Verhaltens kommen aus dem Herzen. Deshalb verspricht Gott, „*das trotzig und verzagt Ding*" durch ein neues Herz zu ersetzen.[12]

2.1.3. Entwicklung und Veränderung

Hierzu hat die Entwicklungspsychologie aufschlussreiche Ergebnisse zu melden: Entwicklung wird als lebenslanger Prozess verstanden, in dem jede Phase ihre besonderen Aufgaben mit sich bringt. Was die Entwicklung des Menschen möglich macht, ist seine Lernfähigkeit, die bis ins Alter erhalten bleibt. Lernen bedeutet nicht nur, Neues lernen zu können, sondern auch umlernen und bewusst verlernen können. Die Lernpsychologie kommt zum Schluss, dass Modelllernen das wichtigste Lernen für die höheren menschlichen Fähigkeiten ist.[13] Die Psychologie versteht den Menschen also als soziales Wesen.

Das Thema der Entwicklung des Menschen und seiner Veränderung ist für die Bibel zentral:

- Die der Psychologie bekannten Entwicklungs- und Lernmöglichkeiten des Menschen kennt die Bibel auch; sie offenbart uns zudem aber eine viel machtvollere Kraft der Gestaltung, Veränderung und Ent-

9 Vgl. dazu die Begriffserklärung im Anhang.

10 1Mo 2,16–17; 4,6–7; 2Mo 34,6–7; Kol 2,13–14.

11 Vgl. dazu Beispiel 1 in Abschnitt 1.3.1.

12 Jer 17,9 (LU); Ps 51,12; Hes 11,19–20; Mt 22,37–38.

13 Die Bedeutung des Modelllernens in der Bibel: Mt 11,29; Eph 5,1; 1Kor 11,1.

faltung des Menschen: Gottes Handeln für und an uns. Dies kommt in Übersicht 8, „Gott verändert uns", zum Ausdruck. Es ist beeindruckend, was Gott bereits alles für uns getan hat, wenn wir geboren werden. Die Übersicht macht aber auch klar, welche große Bedeutung dem Moment zukommt, in dem ein Mensch sein „Ja" zu Gottes Einladung gibt und Jesu Werk der Erlösung für sich annimmt: Dann zieht der Hl. Geist in ihm ein und alles, was für ihn bereit ist, kann nun Stück um Stück inkrafttreten.

ÜBERSICHT 8

Gott verändert uns

	Die verborgene Vorgeschichte	
Vor Grundlegung der Welt:	Erwählung	Eph 4,4–5
Jesu Tod am Kreuz:	Erlösung aus der Sünde	Röm 6,17–18
	Vergebung der Schuld	Eph 1,7
	Neuschöpfung	Eph 2,10
	Gotteskindschaft	Joh 1,12–13
	Einpflanzung in sein Reich	Kol 1,13
Zeugung:	Schöpfung nach Gottes Bild	Ps 139,14–15
	Formung im Mutterleib	Ps 139,13
	Bildung des Lebensweges	Ps 139,16
Geburt - Kindheit - Jugend	Liebendes und schützendes Begleiten und Tragen Gottes	Ps 22,10–11
	Bekehrung → bewusstes Leben mit Gott	
Die Erwählung wird wirksam:	Innewohnen des Heiligen Geistes	Gal 4,6
	Veränderung der Gesinnung	Eph 4,23
	Heiligung	1Thes 5,23

Unser Beitrag	Hingabe zum Dienst	Röm 12,1–2
	Der Lebensstil der Sohnschaft	1Jo 2,6
	Die finale Ausrichtung	Phil 3,12–14
	Auferstehung	
Ende des Stückwerkhaften:	Schlagartige Vollendung	1Kor 15,51–53

- Dazu kommen all die Veränderung bewirkenden Angebote Gottes, die der Mensch in Anspruch nehmen kann: das Geschenk der Neuschöpfung, neue „Kleider" des Verhaltens, Gott bewirkt in uns das Wollen und das Vollbringen, Heiligung durch den Heiligen Geist, in Neuheit des Lebens wandeln, die Frucht des Geistes usw.

Das Geschenk des Neuen ist aber immer auch mit Lernen verbunden.[14]

2.1.4. Der Mensch als Beziehungswesen

Die Psychologie stellt fest, dass der Mensch ein soziales Wesen ist. Das ist auch der Kernpunkt des biblischen Menschenverständnisses.[15] Da Gott uns nach seinem Bilde geschaffen hat, sind wir dazu bestimmt, in durch Liebe geprägten Beziehungen zu leben.[16] Weil der Mangel an Beziehungsfähigkeit die Ursache vieler menschlicher Nöte ist, macht Gott die Beziehungs- und Liebesfähigkeit zum Ziel der Erlösung.

Der Mensch als Beziehungswesen lebt immer, ob er es will oder nicht, in drei Beziehungs-Dimensionen: Erstens in einer Beziehung zu Gott oder einem Gottes-Ersatz, also zu etwas, das seine eigene Existenz übersteigt. Zweitens in Beziehung zu sich selbst, ob er sich mag oder nicht. Drittens in einer Beziehung zu den Mitmenschen. Gottes Ziel der Liebesfähigkeit gilt für alle drei Dimensionen. Abbildung 2 deutet darauf

14 Eph 2,10; 3,20–21; Röm 6,4; 2Tim 1,7.

15 Vgl. dazu in *Makarios* die Kapitel „Gott lieben" (S. 23), „... und deinen Nächsten wie dich selbst" (S. 33) und „Konzepte für unsere Beziehungen" (S. 41); ebenso: Röm 13,8.10; 1Kor 13.

16 Vgl. Mt 22,37–40 und Abb. 2.

hin, dass das Liebesgebot eigentlich wieder ein göttliches Angebot ist: Wer bei Gott, der Quelle aller Liebe, angeschlossen ist, der wird zum Kanal, durch den Gottes Liebe fließen kann: zuerst in sein eigenes Leben und durch ihn hindurch dann auch zu den Mitmenschen. Dafür hat Gott den Menschen eigentlich geschaffen.

Abbildung 2: Der Mensch als Beziehungswesen

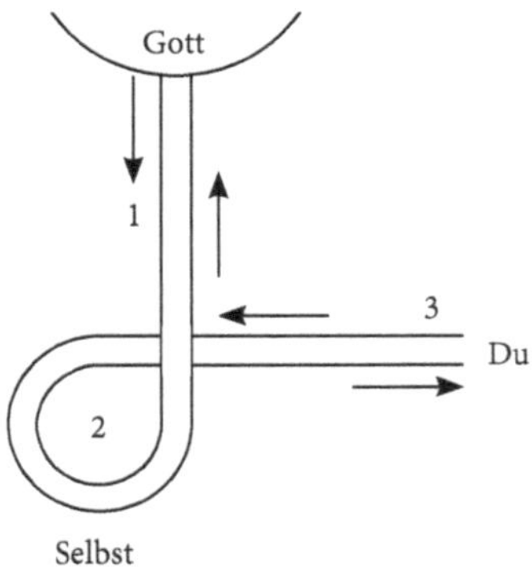

Impulse zur Vertiefung:

Wo liegen die Wurzeln meines Menschenbildes?

Welche konkreten Antworten gebe ich auf die sechs Grundfragen meines Menschseins?

2.2. Die Wurzel aller Not

Es gibt eine weitere Dimension des Menschenbildes, die in die Liste der Grundfragen (Übersicht 7) aufgenommen werden könnte: Die Frage nach der Wurzel all der Nöte, die zum menschlichen Leben gehören. Darauf hat die Psychologie keine Antwort. Die psychotherapeutischen Schulen haben individuelle Antworten, die jeweils ihrer eigenen kausalen Logik verpflichtet sind und dem Menschenbild ihrer Begründer entsprechen.

Welches ist die Antwort der Bibel? Als Gott den Menschen geschaffen hatte, war alles sehr gut.[17] Dass der Mensch in seiner Freiheit aber – gegen Gottes Rat – das wählte, was für ihn selbst und alle Beziehungen Zerbruch bedeutete, ist der Anfang allen Übels. Der innere Prozess von Versuchung und Schuldigwerden, wie ihn Adam und Eva erlebt haben, wiederholt sich in unser aller Leben unzählige Male.[18]

Wenn wir die Folgen betrachten, wird das Ereignis im Garten Eden zur größten Katastrophe der Menschheitsgeschichte. Dies zeigt sich auf eindrückliche Weise im Erleben von Adam und Eva[19]:

- Die Beziehung zerbricht in allen drei Dimensionen: Sie haben Angst vor Gott, sodass sich Adam und Eva vor ihm verstecken; die Schuld trennt sie von Gott. Die Einheit zwischen Mann und Frau zerbricht; durch die Solidarität im Unguten werden sie zu Feinden und das Beziehungs-Spiel der Schuldverschiebung beginnt. Schließlich tragen beide den Stachel der Schuld in sich, werden uneins mit sich selbst und einsam.
- Neue Gefühle entstehen, die Gott nicht kennt: Angst, Scham, Schuldgefühle, Bitterkeit, Neid, Hass, Selbstmitleid, Ohnmacht, Hilflosigkeit usw.
- Die Wahl des Unguten hat Konsequenzen: den Verlust des Paradieses. Das Leben wird zum Kampf; durch Arbeit und Mühsal muss das Überleben gesichert werden; Gebären bringt Schmerzen; Beziehungs-Bedürfnisse bleiben ungestillt; Lüge und Totschlag dringen in die Familie ein; am Ende steht der Tod.
- Mit seinem Ungehorsam hat sich der Mensch unter die Herrschaft des Bösen gebracht.[20] In seiner Verantwortung für die Natur hat er auch diese mit sich gerissen und Satan unterworfen.[21]

---

17 Siehe 1Mo 1,31

18 Vgl. dazu Röm 2,15 und 7,18–19

19 1Mo 2,15–17; 3,1–4,16

20 Röm 5,12; 1. Joh 3,8

21 Röm 8,19–22

- Aus dieser Sklaverei konnte sich der Mensch nicht mehr selber befreien; hier musste Gott eingreifen, Satan besiegen und Erlösung schaffen.[22]
- Gottes Gnade hat darüber gewacht, dass uns durch die Katastrophe des Sündenfalls hindurch gewisse göttliche Wesenszüge ansatzweise erhalten geblieben sind: eine natürliche Fähigkeit zu lieben und Gutes zu tun; trotz aller Not immer wieder der Mut zum Leben; immer noch sind beglückende Beziehungen möglich; wir können uns am Leben freuen und tragen die Sehnsucht nach dem verlorenen Paradies in uns.

Unser Erleben und das Zusammenleben der Menschen sind bis heute durch die Konsequenzen des Sündenfalles bestimmt und wir können aus eigener Kraft nicht heraus kommen. Viele Menschen tragen die ängstliche Frage von Paulus in ihrem Herzen: *„Ich elender Mensch! Wer wird mich erlösen…?“*[23]

2.3. Die Zerbrochenheit des Menschen

Jeder Mensch wird hineingeboren in die Not, die mit dem Sündenfall begann, und trägt dann selbst auch wieder dazu bei, dass die Kette von Schuldverstrickungen nicht abbricht.[24] Die Zerbrochenheit des Menschen, die ihn zu einem erlösungsbedürftigen Geschöpf macht, hat vier Wurzeln: das belastende Erbe, unvollkommene Gegenüber (und damit auch unvollkommene Modelle), den Kampf des Lebens und das Gesetz der Perpetuierung (oder: vom Opfer zum Täter).

2.3.1. Belastende Erbanteile

Gemäß den biblischen Aussagen besteht das menschliche Erbe, das ein Kind bei der Zeugung antritt, aus einem riesengroßen Anteil an Gutem und Segen – und einem kleinen Anteil an Ungutem, Zerstöreri-

22 Joh 8,34–36

23 Röm 7,24 (LU)

24 Röm 5,19; 1. Joh 1,8

schem.[25] Wie die einmalige Auswahl aus dem riesigen Erbgut für jedes Kind geschieht, gehört zu den Geheimnissen Gottes. Zum Erbe, das wir als Kind angetreten haben, gehört nicht nur das, was genetisch fassbar ist (Gestalt, körperliche Robustheit, Intelligenz; aber auch Dispositionen für Krankheiten, Organschwächen usw.). Auch auf der seelischen Ebene treten wir ein Erbe an: Wir sind in Familienschicksale, Familienwunden, eine soziale Schicht und Verpflichtungen aller Art hineingeboren worden. Dazu kommt noch die geistliche Erblinie, die einerseits durch Segen, andererseits durch Fluch, Belastungen, unbereinigte Familienschuld usw. geprägt sein kann. Durch Jesu Erlösung will Gott uns aus der zerstörerischen Macht der unguten Erbteile freisetzen[26] und zugleich Platz schaffen für das göttliche Erbe, auf das wir um Jesu willen ein Anrecht haben.[27]

2.3.2. Unvollkommene Gegenüber

Unsere Eltern, die Geschwister und die anderen Bezugspersonen waren nicht die idealen Gegenüber, die wir eigentlich gebraucht hätten. Ihre beschränkte Liebesfähigkeit hat bei uns zu Defiziten an Liebe, Geborgenheit und Gemeinschaft geführt. Zudem sind wir immer wieder durch Worte, Urteile, Blicke und Handlungen verletzt worden – häufig unbeabsichtigt und von unseren Gegenüber selbst oft nicht bemerkt. Zudem können Eltern oder andere Bezugspersonen ein Kind auch besitzergreifend an sich binden, wodurch die freie Entfaltung seiner Person gehindert wird.

All unser menschliches Verhalten mussten wir von Modellen lernen. Unsere ersten und wichtigsten Vorbilder waren die Menschen unserer Umgebung, und die waren eben nicht vollkommen. Von unvollkommenen Modellen aber lernt man unvollkommene Verhaltensweisen; und das, wofür die Modelle fehlen, bleibt ungelernt. So gibt es bei uns allen angelerntes Fehlverhalten und Lerndefizite.

25 In 2Mo 34,7 wird auf Gottes Gnade hingewiesen, durch die der Segen auf 1000 Generationen, das Ungute aber nur auf 3–4 Generationen Auswirkungen hat.

26 Vgl. den Abschnitt 1.3.3.

27 Vgl. Röm 8,15–16; Eph 1,11–12; 1Petr 3,9.

2.3.3. Das Leben als Kampfplatz

Schon in der Familie haben wir diese Tatsache erfahren. Im Kampf um „den Platz an der Sonne", die Liebe der Eltern, standen wir im Wettstreit und in der Auseinandersetzung mit den Geschwistern. Wir mussten unsere eigenen Strategien entwickeln, um die Aufmerksamkeit und die positive Zuwendung der anderen zu gewinnen. Wir mussten auch lernen, wie wir uns abgrenzen und unsere Ziele durchsetzen können. Der Härte des Lebens sind wir aber auch in schicksalhaften Ereignissen begegnet wie Todesfällen, Krankheiten, Unglücksfällen usw. All dies hat uns gezwungen, seelische Bewältigungs- und soziale Kampfstrategien zu entwickeln.[28]

2.3.4. Das Gesetz der Perpetuierung

Der Mensch ist aber nicht nur Opfer der Welt, in die er hineingeboren wird. Weil er in der Sünde verhaftet ist, wird er selbst auch zum Täter: Was uns angetan worden ist, tun wir auch wieder anderen an.[29] Oft ist es uns gar nicht bewusst, was wir tun,[30] weil wir von Natur aus immer zuerst das Unsere sehen, den Versuchungen unserer Gelüste oft schnell erliegen und für alles unsere inneren Begründungen haben. In der menschlichen Not scheint das Gesetz der Perpetuierung wirksam zu sein: Wo wir selbst verwundet worden sind, verletzen wir wieder andere. Defizite führen zu Fehlverhalten, die bei anderen wieder Defizite entstehen lassen. Im Versuch, uns zu schützen, um nicht zum Opfer zu werden, verletzen wir andere. So wird das Ungute von Generation zu Generation weitergegeben. Das wird im folgenden Beispiel deutlich (Beispiel 11):

Der Gemüsebauer war entschlossen, seine schwierige Vaterbeziehung aufzuarbeiten. Er hatte seinen Vater als lieblos, militärisch-streng, unbarmherzig konsequent, stur, hart und zornig erlebt; er war oft geschlagen geworden. Die Aufarbeitung seiner Kindheitserfahrungen und der Vaterbeziehung nahm mehrere Ge-

28 Vgl. Beispiel 31 in Abschnitt 5.3.4.

29 Vgl. dazu Röm 2,1 und Jesu Warnung in Mt 7,3.

30 Dies gesteht Jesus am Kreuz sogar seinen Mördern zu: „*Sie wissen nicht, was sie tun*" (Lk 23,34).

spräche in Anspruch. Als wir zum Punkt kamen, wo er seinem Vater vergeben wollte, geschah mitten im Formulieren der Anklage etwas Eindrückliches. Er stockte und wurde blass; ein tiefes Erschrecken packte ihn: „Das ist ja furchtbar! Ich habe so gelitten unter meinem Vater und nun wird mir bewusst: Ich mache mit meinen Kindern genau das Gleiche!" Er brach zusammen und weinte, denn er war der Macht des Gesetzes der Perpetuierung begegnet. Eine tiefe Buße über seinem Tun packte ihn.

Jesus Christus war bereit, in diese unheile Welt hineingeboren zu werden und von der Zeugung an den Weg aller Menschen zu durchleben. Auch in *seiner* Erblinie gab es belastende Anteile; auch *er* musste alles lernen;[31] auch *er* hatte keine idealen Eltern und manchmal schwierige kleine Brüder; er machte einschränkende und verletzende Erfahrungen und musste lernen, sich abzugrenzen.[32] Aber als erster und einziger hat er das Verhaftetsein in der Sünde durchbrochen, das Gesetz der Perpetuierung überwunden. Er wurde im Leben nicht schuldig. Seinetwegen gibt es Hoffnung für uns alle.

Impulse zur Vertiefung:

Was wird mir bewusst, wenn ich über die vier Wurzeln meiner Zerbrochenheit nachdenke?

An welchen Punkten möchte ich Erlösung aus meiner persönlichen Zerbrochenheit beanspruchen?

2.4. Nöte und Störungen einordnen

Ein Ordnungsschema zu bilden, um die Realität einordnen zu können, scheint ein menschliches Bedürfnis zu sein. Kategorien zu besitzen, gibt uns das Gefühl, über die Realität verfügen zu können. Ein Kategoriensystem hat immer mit unseren Theorien zu tun; und wenn wir diese ändern, müssen wir auch unsere Kategorien anpassen. Dies konnte ich

31 Vgl. Hebr 5,8.

32 Einige Beispiele: Lk 2,42-51; 4,28–30; Joh 2,3–4; Mk 3,31–32.

während der zwanzig Jahre psychotherapeutischer Tätigkeit feststellen: Aufgrund der wechselnden Theorien der Gesellschaft wurden gewisse Störungen immer wieder anders eingeordnet, einige verschwanden sogar ganz aus der „Internationalen Klassifikation psychischer Störungen" der WHO[33], wie z. B. die Homosexualität, die nun nicht mehr als Störung eingeordnet wird.

Das Klassifikationssystem ICD-10 geht von einem medizinischen Krankheitsverständnis aus. Das dahinter stehende Denken möchte ich an einem alltäglichen Beispiel aufzeigen: Wenn wir feststellen, dass etwas bei unserem Auto nicht richtig funktioniert, bringen wir es in die Werkstatt. Der Mechaniker stellt die Ursache fest (Diagnose) und behebt die Störung. Schließlich fährt das Auto wieder normal. Ein solches mechanistisches Denken ist aber eigentlich unangemessen, wenn es um die menschliche Person geht; das ist uns allen bewusst. Sogar unser Körper ist nicht einfach eine unabhängig funktionierende Maschine; er steht mit den seelischen Funktionen und dem Erleben in enger Wechselwirkung.[34] Wie viel weniger wird ein mechanistisches Verständnis unserer Seele und unserem Geist gerecht. Deshalb verzichte ich bewusst auf den Begriff „Störung" und verwende den der Seele angemesseneren Begriff „Not".

Um dem Bedürfnis nach einem der Finalen Seelsorge gemäßen Ordnungsschema für die menschlichen Nöte zu entsprechen, schlage ich ein einfaches, aus vier Hauptkategorien gebildetes Raster vor. Seine Geltung soll auf den Rahmen der Finalen Seelsorge beschränkt bleiben – es beansprucht keine Allgemeingültigkeit. Das heißt auch, dass es nicht direkt auf psychiatrische Krankheitsbilder angewendet werden kann.

Da viele Nöte aus einer Kombination von Ursachen entstehen[35], können gewisse Nöte nicht eindeutig zugeordnet werden. Bei den Beispielen wird darauf verzichtet, die Namen zu erklären. Sollten Begriffe im An-

---

33 ICD-10 Kapitel V (F) / Klinisch-diagnostische Leitlinien, 2. Auflage; Bern 1993.

34 Z. B. bei psychosomatischen Störungen; vgl. Übersicht 30 im Anhang.

35 So kann z. B. mangelnde Liebesfähigkeit durch fehlende Modelle sowie durch eigene Liebesdefizite und verletzende Erfahrungen in der Kindheit bestimmt sein.

hang nicht erklärt werden, sind sie für das Verständnis des Inhalts ohne Bedeutung und können vernachlässigt werden.

2.4.1. Nöte in der Beziehungsfähigkeit

Da Gott den Menschen als Beziehungswesen geschaffen hat und wir dem Kontakt mit anderen Menschen letztlich nicht ausweichen können, ist die Beziehungsfähigkeit das Kernstück des menschlichen Lebens. Sie ist durch die Auswirkungen des Sündenfalls am stärksten betroffen: Seelische Verletzungen, Liebesdefizite, fehlende oder ungute Modelle führen zu mangelnder sozialer Kompetenz.

Hinter manchen als psychische Krankheiten eingestuften Störungen habe ich in meiner Praxis immer wieder Beziehungsnöte entdeckt: Depressionen[36] und schizophrene Schübe können durch unverarbeitete Beziehungserlebnisse ausgelöst worden sein[37]. Hier einige für diese Kategorie typische Nöte: eine schlechte Selbstbeziehung, mangelnde Abgrenzung, Distanzlosigkeit, Kommunikationsschwierigkeiten, die Stolz-Minderwertigkeits-Schaukel, Menschenfurcht, Gefühlskälte usw.

2.4.2. Entwicklungsbedingte Nöte und Lerndefizite

Neben den Lerndefiziten (z. B. mangelnde kommunikative Fertigkeiten) gehören auch Nöte in diese Kategorie, welche auf die Erblinie, Modelllernen oder Prägung zurückzuführen sind. Was aus den elterlichen Erblinien stammt, von den Eltern als Modell übernommen worden ist und was durch die empfangene Erziehung geprägt worden ist, lässt sich letztlich nicht genau auseinander halten; alles gehört zum *„eitlen, von den Vätern überlieferten Wandel"*[38]. Einige Beispiele: egoistische Wertmaßstäbe, ein überstrenges Gewissen, Perfektionismus, das Fehlen gewisser Gefühle, ungute Gewohnheiten u. a. Hier ordne ich auch alles ein, was durch nicht oder ungenügend verarbeitete negative Erfahrungen ausgelöst worden ist: gewisse emotionale Reaktionen (z. B. situationsbedingte Ängste),

36 Vgl. Übersicht 30 im Anhang.

37 Vgl. Beispiel 39 in Kapitel 5.4.

38 1Petr 1,18.

Vermeidungsverhalten, Festlegungen, unbrauchbare soziale Strategien (z. B. alles unter Kontrolle haben[39], „Angriff ist die beste Verteidigung“, Unehrlichkeit usw.), das typische Opfer-Verhalten u. a. Auch das Leiden an den Folgen getroffener Entscheidungen (z. B. Berufswahl, Partnerwahl o. ä.) gehört hierhin.

2.4.3. Bedürftigkeit und emotionale Defizite

Dieser Kategorie ordne ich vieles zu, was man als Persönlichkeitsnöte umschreiben könnte: mangelnde Frustrationstoleranz, Unfähigkeit zur Selbstkontrolle, Suchtverhalten, Willensschwäche, emotionale Unersättlichkeit usw. Hier gehören aber auch emotionale Defizite und das daraus entstandene Beziehungsverhalten hin (z. B. Selbstverwöhnung, klebrige Anhänglichkeit, das Helfersyndrom, Prahlerei usw.), ebenso die meisten sexuellen Nöte.

2.4.4. Geistliche Nöte

Hier ordne ich alles ein, was mit der religiösen Dimension des Menschen zu tun hat: Falsche Gottesbilder, eine negative oder unentfaltete persönliche Gottesbeziehung, unverarbeitete verletzende Erfahrungen mit religiösen Autoritätspersonen, hinderliche religiöse Prägungen, religiöse Ängste (z. B. die Sünde gegen den Heiligen Geist begangen zu haben) usw. Aber auch alles, was mit Schuld und Vergebung zu tun hat, ordne ich hier zu: Als unvergebbar eingeschätzte persönliche Schuld, falsche Schuldgefühle, fehlende Selbstvergebung, Gewissensnöte, Unversöhnlichkeit usw. Die Probleme im Bereich der Bindungen und des Okkulten gehören ebenfalls in diese Kategorie: Seelische Bindungen an Menschen oder Orte, dämonische Belastungen, Flüche, die Auswirkungen okkulter Erfahrungen oder Praktiken u. a. Auch Störungen in der inneren Ordnung der Person[40] gehören in diese Kategorie.

---

39 Vgl. dazu Beispiel 31 in Abschnitt 5.3.4.

40 Vgl. dazu Abschnitt *Geistsorge* in Kapitel 5.3.8.

2.4.5. Und die Diagnose?

Ein Kategoriensystem zu besitzen, verleitet leicht dazu, Diagnosen stellen zu wollen. Ist das in der Finalen Seelsorge sinnvoll? Eigentlich können wir darauf verzichten. Der wichtigste Grund dafür ist ansatzbedingt. Wir wollen uns nochmals bewusst machen, dass die Diagnosestellung ein wesentlicher Teil des medizinischen Vorgehens ist – aufgrund der Diagnose wird die Behandlungsmethode festgelegt. Wie wir bereits festgestellt haben, geht der Ansatz der Finalen Seelsorge aber in eine andere Richtung. Unser Vorgehen ist dadurch charakterisiert, dass wir keine Standard-Behandlungen kennen, sondern uns als Gottes Mitarbeiter seinem Wirken anschließen wollen. Gott kennt die Ursache eines Übels zwar ganz genau, aber weil er einmalige Lösungen hat, scheint eine Diagnose im strengen Sinne für ihn nicht wichtig zu sein. Seine Situationsanalyse ist final ausgerichtet: Die Lösung ist ihm wichtiger als die Feststellung der Ursache oder die genaue Beschreibung des aktuellen Zustandes.[41] Deshalb wollen auch wir der Versuchung widerstehen, nach den Ursachen zu suchen und der hilfesuchenden Person gegenüber unsere seelsorgerliche Kompetenz durch eine Diagnose unter Beweis stellen zu wollen. Laienseelsorgern fehlt meist der wissensmäßige Hintergrund, um eine sorgfältige Diagnose stellen oder eine von einer Fachperson gestellte Diagnose sinnvoll einordnen zu können.[42]

Welche Bedeutung hat die Diagnose für den Klienten und seine Angehörigen? Es ist leicht verständlich, wieso Angehörige immer wieder den Wunsch nach einer Diagnose äußern. Der Umgang mit der Not des Klienten bildet für seine Umgebung eine Herausforderung. Wenn man nun sein Verhalten als Symptome einer „Krankheit" einstufen kann, schafft das Erleichterung. Die Etikettierung bringt aber gewisse Gefahren mit sich: Der aktuelle Zustand wird auf ungute Weise akzeptiert und als „Krankheit" festgeschrieben. Nun erwarten die Angehörigen oft keine Veränderung mehr und die motivierende Hoffnungshaltung ver-

41 Einige Beispiele: Jes 57,18–19; Hos 14,5; Mk 10,17–22; Offb 2,2-5.

42 Die in Übersicht 30 im Anhang aufgeführten Symptome psychischer Störungen dienen nicht der Diagnosestellung; sie sollen dem Helfer erlauben, gewisse Phänomene richtig einzuordnen.

schwindet. Die akute Not und das Leiden des „Kranken" werden nicht mehr wirklich ernst genommen – es sind ja „normale" Symptome. So begegnet man dem Klienten nicht mehr als Person, sondern als einem „Fall". Dieses „Abgestempelt-Sein" ist für die betroffene Person eine verletzende Erfahrung.

Es sind aber auch Gründe denkbar, weshalb der Klient selbst sich eine Diagnose wünscht. Einen möglichen Grund möchte ich durch ein Beispiel andeuten (Beispiel 12):

> *Ein junger Mann meldete sich bei mir mit der Frage, ob er nicht dämonisch belastet sei. Er bat mich mehrfach fast flehentlich: „Nicht wahr, ich bin doch dämonisch belastet!" Nach der Überprüfung seiner Situation im Gespräch und im Gebet konnte ich seine Vermutung nicht bestätigen. Ich fragte ihn dann, weshalb ihm diese „Diagnose" so wichtig sei, und bekam eine aufschlussreiche Antwort: „Dann wäre ich für meine Probleme gar nicht zuständig und müsste mich nicht darum kümmern. Ich könnte dann einfach warten, bis ich frei werde." Seine Not war, dass er erwachsen und eigenverantwortlich werden sollte; und dagegen sträubte er sich.*

Welche Schlussfolgerungen können wir daraus ziehen? Eine Diagnose kann auch beim Klienten zu einem Motivationsverlust führen. Da es in uns immer zwei entgegengesetzte Kräfte gibt – wir wollen Veränderung und wir fürchten uns vor dem unbekannten Neuen und der größeren Verantwortung –, kann eine Diagnose fördern, dass man in der Not verharren will. Es ist wichtig, dass wir den Wunsch eines Klienten nach einer Diagnose ernst nehmen, aber das Gespräch über die dahinterstehenden Motive mit ihm suchen.

Daneben kann der Wunsch nach einer Einordnung des Erlebens aber auch mit der Angst und der Verunsicherung der hilfesuchenden Person zu tun haben: Sie kann ihr Erleben nicht einordnen. Sie hat alles getan, um aus ihrer Not herauszukommen, hat auch ihren Glauben eingesetzt, aber sie schafft es nicht. Dies erlebt die Person als Versagen, sie bekommt Schuldgefühle und macht sich Selbstvorwürfe. In solchen Situationen ist es ein Akt der Barmherzigkeit, dem Klienten zu erklären, was er erlebt. Auch hier wieder ein Beispiel: Jemandem, der eine depressive Episode durchlebt, zu sagen, dass diese Erfahrung wie jeder Tunnel ein Ende haben wird und dass es „normal" ist, dass man im Tunnel den Himmel nicht sieht (d. h., nicht mehr glauben kann), schafft echte Entlastung und neue Hoffnung. Dabei habe ich jeweils versucht, auf ein plakatives Etikett zu verzichten.[43] Dies ist besonders auch dann wichtig, wenn der Einsatz von Medikamenten angezeigt ist. Falls der Klient eine Diagnose mitbringt (z. B. durch den Hausarzt), gilt es im Gespräch zu klären, wie diese sich für den Klienten auswirkt, und auch darüber zu wachen, dass sich keine unerwünschten Auswirkungen der Diagnosestellung einstellen.

Impuls zur Vertiefung:

Bin ich im Ordnungsschema auf Nöte gestoßen,
die ich einmal angehen sollte?

2.5. Gottes Angebote

Auf Gottes Angebote habe ich bereits immer wieder hingewiesen. Nun soll das bisher Gesagte in einem Überblick geklärt werden (vgl. Übersicht 9). Unter „Gottes Angeboten" fasse ich alles zusammen: Gottes direktes Wirken an uns und unseren Beitrag, der immer auch von Gott angestoßen wird. Zwischen beiden besteht eine gegenseitig sich fördernde Wechselwirkung. Beim menschlichen Teil sollen die Zusammenhänge aufgezeigt werden zwischen dem Annehmen von Gottes Angeboten[44], den Wegen, die uns im Glauben offen stehen[45], und dem Lernprozess des Umsetzens im Alltag. Aufgrund dieser Klärung sollte es dann möglich sein zu erkennen, welches Gottes Angebote für die im Ordnungsschema der menschlichen Nöte erwähnten Beispiele sein könnten.

---

43 Ein weiter Grund, weshalb ich Diagnose-Etiketten zu vermeiden suche: Die Möglichkeit, mittels der Diagnose im Internet alles über seine „Krankheit" zu erfahren, führt bei vielen Klienten zu Angst und Hoffnungslosigkeit. Sie sind durch die dort vermittelten Informationen überfordert und verunsichert.

44 Siehe Übersicht 3 in 1.3.1.

45 Siehe Übersicht 5 in 1.4.

ÜBERSICHT 9

GOTTES ANGEBOTE

EINE NEUE MENSCHHEIT: SÖHNE UND TÖCHTER (Joh 1, 12-13; Röm 8, 29)

↓

PERSÖNLICHE NEUSCHÖPFUNG (2Kor 5, 17; Eph 2, 10)

Heiligung als wachstümlicher Prozess: Werden, was wir in Christus schon sind

Interaktion (Phil 2, 12-13)

GOTTES HANDELN:	UNSER BEITRAG:
• Veränderndes Wirken „unter dem Strich“ (1Sam 10, 6.9)	• Annehmen von Gottes Angeboten: Portionen der Neuschöpfung in Besitz nehmen; seine Seele einen Weg führen (Ps 103, 1-5) Vergebung als ein Schlüssel (Ps 32, 1-5; Mt 6, 14-15) Erlösung aus Erbe und Modellernen (1Petr 1, 18-19) Liebesfähigkeit (z. B. Gottes Kleiderschrank: Kol 3, 14)
• „Es begab sich...“, durch die Gnadenmittel: Gottes Wort (Ps 107, 20; Hebr 4, 12) die Predigt (1Kor 1, 21) das Abendmahl (Joh 6, 54-56) der Schlaf (Ps 127, 3)	• Gottes Wege beschreiten: Sich zum Ziel hin ausstrecken, laufen (Phil 3, 12-14) Gesinnungen, Verhalten usw. ablegen (Kol 3,8.12) entsprechende Teile der Neuschöpfung anziehen bitten und empfangen (z. B. Weisheit: Jak 1, 5) dem Hl. Geist Raum geben (2Tim 1, 7; Röm 8, 14)
• Heiligung (1Thes 5, 23-24; 1Petr 1, 2)	• Lernen: im Gebet einen Entschluss fassen umsetzen mit der „Kunst der kl. Schritte“ (Lk 19, 17) mit Rückfällen umgehen lernen (Spr 24, 16)
• Das Wirken des Hl. Geistes: Er führt uns in die Wahrheit (Joh 16, 13) Er fordert uns heraus (Offb 2, 2-4) Er hilft unserer Schwachheit auf (Röm 8, 26)	

Weil Gott den Menschen nach seinem Bilde als freies, liebesfähiges Gegenüber schaffen wollte, ging er auch das Risiko des Ungehorsams ein. Im Sündenfall missbrauchte der Mensch seine Freiheit und erlag der Versuchung, sein zu wollen wie Gott. So zerbrachen alle Beziehungen, Mühsal, Not und Tod kamen in sein Leben und er geriet in die Sklaverei des Bösen. Gott gibt seine Ziele aber nicht auf. So sandte er seinen Sohn, der den Menschen durch seinen stellvertretenden Tod aus dem Verhaftetsein in der Sünde loskaufte, ihm die Freiheit wieder schenkte und ihn liebesfähig machte. Gott entschloss sich zu einer radikalen Lösung: Mit Jesus sollte eine neue Menschheit beginnen.

2.5.1. Gottes Teil – unser Beitrag

Die Erlösung und die Neuschöpfung sind Angebote und jeder Mensch muss sie für sich persönlich in Anspruch nehmen.[46] Wer Jesus Christus als Herrn in sein Leben aufnimmt, bekommt das Anrecht, „*Kind Gottes zu werden*“[47]. Nach der Grundentscheidung der Bekehrung kann also ein Prozess beginnen, durch den der Mensch in die einmalige, individuelle Neuschöpfung hineinwächst, die für ihn geschaffen worden ist. Dies umschreibt die Bibel als „Heiligung“. Einerseits sollen wir uns nach dieser Heiligung ausstrecken, andererseits ist sie das Wirken des Heiligen Geistes an uns.[48] Das Zusammenspiel zwischen göttlichem Handeln und menschlichem Beitrag ist letztlich ein Geheimnis, das wir nicht ganz durchdringen können. Mir hat der Vergleich mit einem Pingpong-Spiel geholfen: Gott ist der Meisterspieler, der uns Anfänger zum Spiel einlädt. Der Aufschlag kommt von ihm, schön hoch und in die Mitte unserer Spielhälfte, damit wir den Ball ganz sicher abnehmen können. Wenn wir den Ball zurückgeben, geht das Spiel weiter; wenn wir dies nicht tun, unterbrechen wir das Spiel. Gott bricht das Spiel seinerseits nie ab. Seine

46 Die Freiheit, die Gott uns lässt, ist Ausdruck unserer Gottesebenbildlichkeit. Vgl. Röm 8,21; 2Kor 3,17; Jak 1,25; 2,12

47 Joh 1,12.

48 Vgl. den Hinweis in 1Kor 6,11: „*... ihr seid geheiligt worden ... durch den Geist unseres Gottes.*“

Anschläge sind das Gute, das er uns anbietet. Sein Angebot anzunehmen bedeutet, den Ball zurückzuspielen.

Bevor wir uns dem menschlichen Beitrag zuwenden, wollen wir den überwältigend großen Teil Gottes etwas ansehen. Sein direktes Handeln an uns beginnt mit der Bekehrung. Dort sind wir freiwillig in Jesu Erlösungswerk eingetreten und haben ihn eingeladen, mit seiner Kraft in uns wirksam zu werden. Für sein Handeln an uns durch den Heiligen Geist stehen ihm nun zwei Wege offen:

1) Gott verändert uns ohne unser Dazutun, sei es unmerklich, wie bei einer langfristigen Klimaveränderung, sei es schlagartig[49], wie es bei der Auferstehung geschehen wird. Gottes „normaler" Weg ist eher der wachstümliche; dieser führt zu dauerhafteren Ergebnissen.[50] Sein Handeln geschieht „unter dem Strich" unserer Bewusstheit; Gott arbeitet in uns, von unserem Mitwirken ganz unbehelligt, wie ein Chirurg während der Narkose des Patienten. In meiner seelsorgerlichen Erfahrung habe ich immer wieder erlebt, wie viel Gott in den Nächten an Menschen tut. Hier ein Beispiel aus meiner Praxis (Beispiel 13):

> *Die Frau hatte sich bei mir gemeldet, weil sie über den Verlust eines Kindes durch den plötzlichen Kindstod nicht hinwegkam. Sie war damit einverstanden, dass ich sie auf meine Warteliste setzte. Als wir nach fast einem Jahr mit der Arbeit beginnen konnten, kamen sogleich traumatische Erfahrungen aus der Kindheit auf den Tisch. Deren Aufarbeitung nahm uns ganz in Beschlag; vom eigentlichen Grund ihrer Anmeldung war nicht mehr die Rede.*
>
> *Mitten in der Bearbeitung dieser schweren Erlebnisse sagte sie zu Beginn eines Gespräches: „Ich weiß nicht, was mit mir geschieht: Jede Nacht weint es in mir. Am Morgen bin ich aber nicht traurig und die Tage gehen ihren gewohnten Weg. Was ist das?" „Ich weiß es nicht. Lassen Sie es einfach weinen; das scheint gut zu sein für Sie. Aber etwas können Sie tun: Jeden Abend stellen Sie das, was in der Nacht in Ihnen geschieht, unter Gottes Schutz und Herrschaft."*

49 Vgl. z. B. Saul in 1Sam 10,6.9.

50 Vgl. das französische Sprichwort: „Le temps ne respecte pas ce qui a été fait sans lui."

Als sie nach drei Wochen wieder kam, berichtete sie: „Es weint nicht mehr; nach 14 Tagen hat es aufgehört." Wir verstanden damals noch nicht, was geschehen war. Einige Wochen später kam sie auf den ursprünglichen Grund ihres Kommens zurück: „Die Verarbeitung dieses Verlustes ist nicht mehr nötig. Nur etwas möchte ich noch tun: Meinem Mann eine lieblose Äußerung am Totenbett unseres Kindes vergeben." Das tat sie dann auch. Im Austausch verstanden wir, dass Gott sie den Trauerprozess unter seiner Obhut in den Nächten, also „unter dem Strich", hatte durchleben lassen.

Er kann aber auch andere „Gnadenmittel" für sein Wirken unter dem Strich einsetzen: die Kraft seines Wortes oder das Abendmahl.

2) Gott will uns in den Veränderungsprozess einbeziehen, indem er uns zum Pingpong-Spiel einlädt. Das göttliche Anspiel besteht in einem Anstoß, den wir beim Lesen von Gottes Wort, im Gebet[51], durch das direkte Reden des Heiligen Geistes[52], durch einen von Gott eingegebenen Gedanken[53], einen Traum[54], durch eine Predigt, ein Erlebnis, ein Naturschauspiel, das für uns zum Gleichnis wird, usw. empfangen. Das Wirken des Geistes ist unvorstellbar kreativ und vielfältig. Und dann hängt es von uns ab, ob wir diesen Anstoß als Gottes Reden ernst nehmen und aktiv werden. Wie dies konkret geschehen kann, möchte ich an einem persönlichen Beispiel aufzeigen (Beispiel 14):

Ich fuhr mit dem Fahrrad zur Christlichen Beratungsstelle. Diese morgendliche Fahrt hinunter zur Aare war für mich eine erfrischende Gebets- und Vorbereitungszeit im Zwiegespräch mit meinem Herrn. An diesem Morgen wurde ich unvermittelt an eine kürzlich erlebte Situation erinnert. Dazu kam das Wort: „Wenn du so reagierst, Manfred, dann ist das Stolz." „Stolz?" „Ja, Stolz!" Zuerst wehrte ich mich gegen dieses Urteil; aber dann begann ein innerer Weg des Verstehens; ich musste Jesus recht geben, es stimmte. Und jetzt? Ich wollte es gleich anpacken. Nun begann auf dem Fahrrad ein innerer Weg der Seelsorge an der eigenen Seele, auf dem ich Schritt um Schritt weitergeführt wurde: Ich bekann-

51 Vgl. z. B. Apg 10,9ff.

52 Siehe wieder Apg 11,12.

53 Auch wieder Apg 11,16 (vgl. dazu 10,46–48).

54 Vgl. z.B. Apg 16,9.

te Jesus diese Reaktionsweise als Schuld und bat ihn über all den Situationen, in denen ich mich so verhalten hatte, um Vergebung. Ich legte die dahinterstehende Haltung der Überheblichkeit im Namen Jesu ab und bekleidete mich mit der zu meiner Stellung als Sohn gehörenden Haltung der Demut. Ich bat, der Heilige Geist möge mich im Alltag an diesen Schritt erinnern, damit ich ihn treu umsetzen konnte. In den 20 Minuten Fahrzeit war der innere Weg abgeschlossen.

Wenn wir Gottes Anstoß aufnehmen und unsere Seele einen Weg führen, spielen wir den Ball zurück. Das Pingpong-Gleichnis weist darauf hin, dass Gott uns normalerweise nur den ersten Schritt zeigt und uns kein Gesamt-Programm bekannt gibt; nach dem Ausführen des ersten, wird er uns dann den zweiten zeigen. Das Spiel ist dann zu Ende wenn Gottes Ziel, z. B. die Integration der nächsten Portion an Neuschöpfung in unserem Leben, erreicht ist.

Den Zusammenhang zwischen Gottes Grundangebot (Neuschöpfung) und den einzelnen Angeboten (z. B. Vergebung empfangen, ablegen und anziehen usw.) können wir so verstehen: Jedes Einzel-Angebot, das wir mit einem Schritt im Gebet konkret annehmen, bildet einen Baustein für den Aufbau der Neuschöpfung. Gottes schrittweises Leiten hat zum Ziel, dass unsere Seele mitkommen und in seinen Frieden finden kann.[55] Zu unserem Beitrag im Zusammenwirken mit Gott gehört auch die Bereitschaft zu lernen. Der Lernweg besteht darin, dass wir nach dem im Gebet vollzogenen Schritt die mit dem alten Verhalten verbundenen Gewohnheiten hartnäckig abbauen, damit sich die neuen aufbauen können.[56]

2.5.2. Heiligung

Die schrittweise Veränderung, die im Neuen Testament als Heiligung umschrieben wird, ist ein wachstümlicher Prozess; er verläuft aber nicht so gradlinig, wie wir uns dies wünschen. Die Veränderung unserer Person geschieht so, wie der Frühling kommt: Da gibt es milde Tage, wo alles sprießt, und dann kommen die Eisheiligen, wo einiges erfriert; aber

55 Gott allein kennt *„den Weg des Friedens“* (Jes 59,8); siehe auch Lk 1,79.

56 Mehr dazu in Abschnitt 3.3.1., „Die Etappen der Veränderung“.

der Frühling kommt! Dass Gott sein Ziel mit uns erreicht, dafür übernimmt Jesus Christus die Verantwortung.[57]

Den Veränderungsprozess der Heiligung, durch den wir immer mehr zu dem werden, wozu Gott uns eigentlich bestimmt hat, vergleiche ich mit dem schrittweisen Umzug vom alten Haus (der gefallene Mensch) ins neue Haus (die individuelle Neuschöpfung). Eine Skizze kann hier etwas Klarheit schaffen:

Abbildung 3: Heiligung

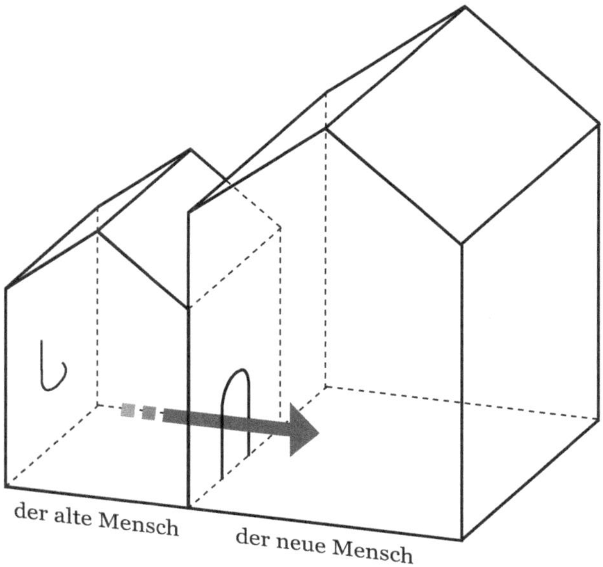

Heiligung ist der Lernweg vom alten ins neue Haus. In der Heiligung zu wachsen bedeutet, dass wir in immer mehr Bereichen unseres Lebens für immer längere Zeit ohne Rückfälle im neuen Hause zu leben vermögen. In der Realität unseres Lebens spielt sich dieser Veränderungsprozess so ab, dass wir in gewissen Bereichen bereits für längere Zeit im Neuen

57 Vgl. Kol 1,21–22; Hebr 12,1–2a.

leben können, bis wir, z. B. unter Druck, wieder in die alten Gewohnheiten zurückfallen. Die Bereinigung dieses Rückfalles ermöglicht uns dann die Rückkehr ins Neue. In anderen Bereichen unseres Lebens dagegen haben wir vielleicht noch nie einen Entschluss fürs Neue gefasst, leben also noch ganz im Alten oder haben nur erste Vorschuss-Erfahrungen mit dem Neuen gemacht. Gleichzeitig kann es aber auch Bereiche geben, wo wir schon fest im Neuen verankert sind.

Nun braucht der kleine Haken im alten Haus noch eine Erklärung: Bildlich gesprochen tragen wir alle Hosenträger, die dort angehängt sind – es gibt also eine Kraft, die uns ins alte Verhalten zurückzieht. Wenn wir beim Umsetzen unserer Entschlüsse die Rückfälle jedes Mal treu bereinigen, nimmt die Zugkraft der Hosenträger mit der Zeit ab. Beim Wunsch, der Versuchung zu widerstehen, das Ziehen der Hosenträger also zu überwinden, kommt uns Gottes Gnade als Gegenkraft zu Hilfe: Jesus ermutigt uns zu widerstehen; er zieht uns aufs Ziel zu; er hilft uns nach einem Rückfall auch wieder auf und lädt uns zur Rückkehr ins neue Haus ein. Ganz gesichert wird das Leben im Neuen auf dieser Erde aber nie sein. Die alten Gewohnheiten bleiben in unserem Verhaltensrepertoire erhalten, die Rückfallmöglichkeit bleibt bestehen. Diese Tatsache zeigt, dass die Neuschöpfung auf dieser Erde „*Stückwerk*“ bleibt.[58] Deshalb stellt Paulus fest: „*Wir seufzen in uns selbst und sehnen uns nach der Kindschaft, der Erlösung unseres Leibes.*“[59] Wir sehnen uns danach, ganz und unverlierbar im Neuen leben zu können. Dies wird aber erst durch die Auferstehung möglich werden, wo wir „*in einem Nu, in einem Augenblick … verwandelt werden*“[60]. Dann wird unser „*irdisches Zelthaus*“ abgebrochen und wir werden endgültig und unverlierbar “*in unserer Behausung aus dem Himmel*“[61] wohnen.

58 Auf diese Stückwerkhaftigkeit weist Paulus in 1Kor 13,9–10 (LU) hin.

59 Röm 8,23 (LU).

60 1Kor 15,52.

61 Aus 2Kor 5,1–2, wo Paulus von der leiblichen Auferstehung spricht.

Impulse zur Vertiefung:

Welche Angebote Gottes gelten für die im Ordnungsschema angeführten Nöte? Überlegen Sie sich, welchen Weg man zu deren Annahme einschlagen könnte.

Im vorherigen Kapitel haben Sie sich einige Punkte notiert. Nun können Sie in einem der Punkte Ihre Seele den Weg zum Frieden Gottes führen.

3. Veränderung durch Gesinnungswandel

3.1. Herz – Gesinnung – Verhalten

Gottes Veränderungsweg verläuft von innen nach außen. Sein Handeln setzt auf der Ebene der Gesinnung an. Für die Praxis der Finalen Seelsorge ist es wichtig, dass wir diesen biblischen Begriff[1] verstehen. Eine Zeichnung kann das bisher schon Angedeutete zusammenfassen und vertiefen:

Abbildung 4: Herz und Gesinnung

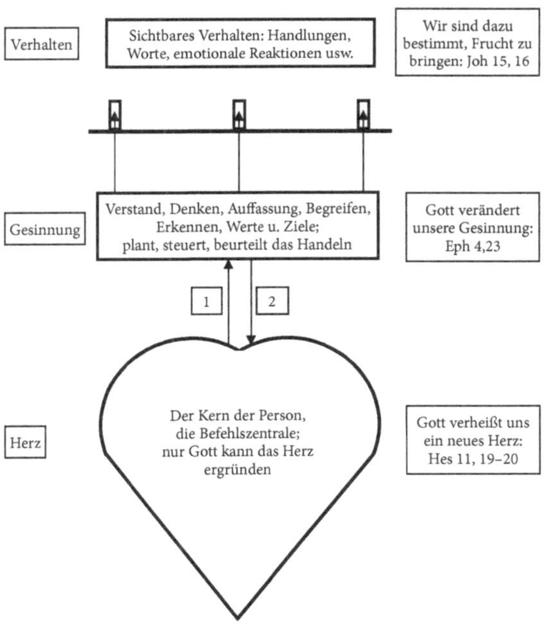

1 Vgl. die Begriffserklärung im Anhang. Bibelstellen: Röm 8,6; Eph 4,23–24; Phil 2,5; Hebr 4,12.

In der Bibel ist das Herz das Zentrum der Person. Wir können unser Herz nicht selber verändern. Gott hat aber verheißen, uns ein neues Herz zu schenken; das erneuerte Herz ist Teil seiner Neuschöpfung. Die Gesinnung hat eine Mittler-Stellung zwischen unserem Herzen und dem sichtbaren Verhalten. In der Gesinnung kann unser Herz sich ausdrücken; indem es sie prägt (Pfeil 1 in Abbildung 4), bestimmt es auch unser Handeln.[2] Andererseits hat eine Änderung der Gesinnung auch Rückwirkungen auf unser Herz (Pfeil 2). Wie eng Herz und Gesinnung zusammengehören, deutet der Ausdruck *„die Gesinnungen des Herzens"*[3] an. Das Herz eines Menschen ist uns verborgen, aber seine Gesinnung lässt sich an *„den Früchten"* erkennen[4]: an seinen Emotionen und seinem Umgang mit ihnen, an seinem Reden und Handeln und an seinem Beziehungsverhalten.

Zur Neuschöpfung gehört nicht nur ein neues, liebesfähiges, *„fleischernes Herz"*[5], sondern auch ein vom Heiligen Geist erneuerter Sinn, ein erleuchteter Verstand, ein gottgemäßes Denken, *„die Gesinnung Christi"*[6]. Durch den wachstümlichen Weg der Umgestaltung in die Christusähnlichkeit will Gott „den Geist unserer Gesinnung erneuern"[7]. Hier einige Hinweise, was durch die Erneuerung der Gesinnung alles verändert werden kann: Unsere Gottesbeziehung, unsere geistliche Erkenntnis und unser Glaube; unsere Grundhaltungen; unser Lebensziel, unsere Überzeugungen, unser Wertsystem und unser Gewissen; unsere Selbst-Beziehung. Die Gesinnung bestimmt unsere Motive und Absichten. Sie steuert unser spontanes und unser überlegtes Handeln und beurteilt dieses nachher auch wieder.

Unsere Gesinnung ist deshalb auch ein geistlicher Kampfplatz. Einerseits setzt Gottes Erneuerung hier an, andererseits versucht Satan, unsere Gesinnung zu unterminieren und zu verändern. Wie die Versuchung

---

2 Vgl. Jesu Aussagen in Mt 12,34–35 und 15,18–19.

3 Hebr 4,12.

4 Vgl. Mt 7,16–18.

5 Hes 11,19.

6 Phil 2,5.

7 Vgl. dazu Eph 4,22-24.

von Adam und Eva im Paradies zeigt[8], greift er unsere Gesinnung nicht direkt an. Er verführt uns auf der Ebene des Sichtbaren und des Verhaltens, indem er unsere Begierde weckt und uns bezüglich der Auswirkungen belügt. Wenn wir dann schuldig geworden sind, hat dies starke Rückwirkungen auf unsere Gesinnung. Deshalb müssen wir lernen, über unserer Gesinnung zu wachen.[9]

Impuls zur Vertiefung:

Wie würde ich die Gesinnungen meines Herzens beschreiben?

3.2. „Willst du gesund werden?"

Es war aber ein Mensch dort, der achtunddreißig Jahre mit seiner Krankheit behaftet war. Als Jesus diesen daliegen sah und wusste, dass es schon lange Zeit so mit ihm steht, spricht er zu ihm: Willst du gesund werden? Der Kranke antwortete ihm: Herr, ich habe keinen Menschen, dass er mich, wenn das Wasser bewegt worden ist, in den Teich werfe; während ich aber komme, steigt ein anderer vor mir hinab. Jesus spricht zu ihm: Steh auf, nimm dein Bett auf und geh umher! Und sofort wurde der Mensch gesund und nahm sein Bett auf und ging umher.[10]

Ist dies eine sinnvolle Frage an einen Menschen, der schon 38 Jahre krank ist? Wir wollen versuchen, aus diesem Text einige Erkenntnisse zu gewinnen:

- Gott will uns nichts geben, was wir uns nicht wünschen. So fragt Jesus den blinden Bettler Bartimäus: „*Was willst du, dass ich dir tun soll?*"[11] Es scheint nicht selbstverständlich zu sein, dass ein Mensch geheilt werden will.

---

8 1Mo 3,1–8.

9 Dazu fordert Petrus auf: 1Petr 1,13.

10 Joh 5,5–9.

11 Mk 10,51.

- Es ist Jesus wichtig, dass der Betroffene selber ein positives Veränderungsziel formuliert. Manchmal mag das indirekt geschehen, wie beim Lahmen am Teich Bethesda; aber in seiner Aussage kommt der klare Wunsch zum Ausdruck, gesund zu werden.
- Jede Not ist immer auch mit einem Gewinn verbunden. Gesund werden zu wollen, bedeutet auch, auf den Leidensgewinn zu verzichten. Mit der Erlösung aus einer Not ist immer größere Freiheit verbunden, aber Freiheit kann Angst machen; und Freiheit bedeutet größere Eigenverantwortung. Dies möchte ich am Beispiel von Bartimäus aufzeigen: Durch seine Heilung verliert er seinen Broterwerb als Bettler und von nun an gilt für ihn: *„Im Schweiße deines Angesichtes wirst du dein Brot essen.“*[12]
- Gott hat immer mehrere Möglichkeiten, wie er helfen kann. Dem Kranken am Teich von Bethesda hätte Jesus – dem bescheidenen Wunsch des Mannes gemäß – einen Menschen schicken können, der ihn ins Wasser getragen hätte. Jesus geht mit seinem Handeln aber viel weiter: Er heilt den Lahmen so, dass er nicht mehr von Menschen abhängig ist, er macht ihn wirklich frei. Dies sehen wir immer wieder: Gott überrascht die Menschen mit einem weit größeren Geschenk, als sie erwarten.[13]
- Von Jesus als Mitarbeiter des Vaters können wir hier etwas lernen: Er scheint auf diese Begegnung vorbereitet gewesen zu sein, denn in der Menge der Kranken wandte er sich nur an diesen einen Mann. Für dessen Heilung schien heute der Tag zu sein – sie war ein vom Vater für ihn vorbereitetes Werk. Es ist also nicht die Not, die Jesus zum Handeln bewegt – sonst hätte er alle heilen müssen –, sondern ein klarer innerer Auftrag.[14] Von englischen Seelsorge-Freunden habe ich die Regel gelernt: „A need never constitutes a call.“[15]

---

12 1Mo 3,19.

13 Vgl. Eph 3,20; ein anderes Beispiel: Mt 9,1–8.

14 Anschließend an diese Heilung sagt Jesus: *„Der Sohn kann nichts von sich selbst tun, außer was er den Vater tun sieht“* (Joh 5,19).

15 „Eine Not bedeutet noch keine Berufung.“

Die beiden Fragen Jesu: *„Willst du gesund werden?"* und *„Was willst du, dass ich dir tun soll?"* bringen zum Ausdruck, dass der Mensch nur dort und soweit Hilfe bekommen kann, wie er es sich wünscht. Dies haben wir als Seelsorger zu akzeptieren. Es ist deshalb wichtig, dass der Klient seine Wünsche klar ausdrückt und ein positives Veränderungsziel formulieren kann. Hinter negativ formulierten Zielen[16] steht fast immer eine schwache Motivation[17] für Veränderung. Je klarer und eigenverantwortlicher ein positives Ziel formuliert werden kann, desto stärker ist der Antrieb für eine vorwärtsgerichtete Veränderung. Es ist mir in meiner Tätigkeit aufgefallen, dass eine der machtvollsten Motivationen darin besteht, dass Menschen für Gott brauchbarer werden wollen. Bei Missionaren und christlichen Vollzeitern mit dieser Motivation habe ich immer wieder rasche und dauerhafte Veränderung erlebt.

Die Motivation lässt sich mit dem Motor eines Autos vergleichen und der seelsorgerliche Prozess mit einer zu überquerenden Passstraße. Ein starker Motor und Durchhaltekraft sind nötig, um das Ziel zu erreichen. Es stellt sich also die Frage: Was können wir tun, wenn die Motivation eines Klienten zu schwach ist? Wir können daran arbeiten. Motive kann man, wenn man sich ihrer bewusst wird, verändern. Hier braucht die Person unsere Hilfe. Oft genügt eine Rückfrage: „Ist das wirklich alles, was sie wollen? Ich könnte mir verlockendere Ziele vorstellen." Ich habe immer wieder erlebt, dass Menschen diese Hilfe zum Entdecken lohnender Entwicklungsziele sehr dankbar annehmen. Dadurch wird ihre Motivation verändert und gestärkt.

Bei gläubigen Menschen finden wir oft eine stark glaubensmäßig geprägte Motivation. Die Bekehrung kann die motivationale Grundhaltung einer Person völlig verändern.[18] Zur Neuschöpfung gehört eine erneuerte, auf völlig andere Ziele ausgerichtete, kraftvolle Motivation. Zudem ist der in uns wohnende Heilige Geist ein Meister der Ermutigung und

16 Sie drücken aus, was ein Mensch nicht will. Ein Beispiel: „So will ich nicht mehr weiter leben!"

17 Vgl. die Begriffserklärung im Anhang.

18 Als Beispiel kann Paulus dienen: Phil 3,7–9.

ein final ausgerichteter Motivator.[19] So kann der Glaube zu einer mächtigen Motivations- und Kraftquelle werden und Berge versetzen.[20] Eng mit dem Glauben verbunden ist ein anderer Aspekt der Motivation: die Hoffnung. Der Zusammenhang ist offensichtlich: je größer der Glaube, desto mehr Hoffnungskraft, desto stärker die Motivation. Der durch den Heiligen Geist in uns vorangetriebene wachstümliche Veränderungsprozess der Heiligung betrifft deshalb auch unsere motivationale Grundhaltung, in der wir Christus ähnlicher werden wollen. Daraus ergeben sich ganz neue Möglichkeiten für die Arbeit an der Motivation eines Klienten: Er kann seine schwachen, ungenügenden Motive ablegen und kraftvollere anziehen.[21]

Und wenn der Mensch sich nun nach dem Neuen ausstreckt und bereit ist, sich der Herausforderung der größeren Eigenverantwortlichkeit zu stellen, wie verläuft dann der Prozess der Veränderung? Ein paar Dinge wissen wir bereits: Die Initiative geht dabei immer von Gott aus. Mit seinen Angeboten will er Entlastung schaffen, aber der Mensch muss diese annehmen. Neues kann angezogen werden wie ein Kleid, aber beim Umsetzen im Alltag braucht es Hartnäckigkeit und Zielstrebigkeit. Der Veränderungsprozess geschieht wachstümlich.

Impulse zur Vertiefung:

Wo will ich gesund werden? Worum will ich Jesus konkret bitten?

Wo bin ich noch gar nicht motiviert, Christus ähnlicher zu werden? (Sie können mit ihm darüber ins Gespräch kommen.)

3.3. Veränderung als Prozess

Veränderung ist ein prozesshaftes Geschehen. In meiner Praxis der Finalen Seelsorge hat sich über die Jahre ein typischer Verlauf herauskris-

19 Vgl. dazu 2Tim 1,7 und Röm 8,14 (LU).

20 Mt 21,21–22. Ein Beispiel dafür ist die blutflüssige Frau: Mk 5,25–34.

21 Vgl. nochmals die Begriffserklärung im Anhang.

tallisiert, an dem sich die verschiedenen Etappen des Veränderungsprozesses ablesen lassen. Dieser Verlauf ist kein Gesetz oder Programm; er scheint ganz einfach der inneren Struktur der menschlichen Person zu entsprechen. Es gibt zahlreiche biblische Beispiele dafür, dass Gott sich mit seinem Handeln ganz in diesen inneren Weg, den der Mensch zu gehen hat, einfügt. Übersicht 10 zeigt die wichtigsten Etappen auf dem Weg der Veränderung auf:

ÜBERSICHT 10	
Etappen auf dem Weg der Veränderung	
1)	Not, Leidensdruck; Erkennen, dass es etwas Besseres gibt.
2)	Wunsch nach Veränderung; Bereitschaft, Hilfe anzunehmen.
3)	Bereitschaft, die Wurzel der Not in der eigenen Gesinnung zu suchen.
4)	Sich nach Gottes Hilfe ausstrecken; seine entlastenden Angebote erkennen.
5)	Mit der Seele einen Weg gehen, damit sie Gottes Angebot annehmen kann.
6)	Schritte im Gebet tun: Menschen vergeben, die mit dem Alten verbundene Schuld bekennen, das Alte ablegen, das Neue anziehen.
7)	Einen Bereich für die Umsetzung im Alltag auswählen (Kunst der kleinen Schritte).
8)	Rückfälle ins Alte sofort bearbeiten; Aufbau neuer Gewohnheiten.
9)	Der Domino-Effekt der Gnade: das Umsetzen in einem Bereich bewirkt, dass wir auch in anderen Bereichen „in Neuheit des Lebens zu wandeln“ beginnen.
10)	Wenn das Neue gesichert ist, gibt Gott den nächsten Heiligungs-Anstoß.

3.3.1. Die Etappen der Veränderung

1. Motivation zur Veränderung:
   Leidensdruck ist wohl der häufigste Beweggrund, weshalb Menschen äußere Hilfe suchen. Wie aber wird der normale Prozess der wachstümlichen Entwicklung in Gang gehalten? Die Psychologie geht davon aus, dass der Mensch zwei Selbstbilder hat: ein reales, das ausdrückt, wie er sich selber sieht, und ein ideales, das umschreibt, wie er sein sollte. Durch die Differenz entsteht ein innerer Antrieb zur Veränderung. Der gleiche Zug nach vorne wird auch durch den Glauben bewirkt: Einerseits sehen wir unsere Unvollkommenheit, andererseits sehnen wir uns danach, Christus ähnlich zu sein. Das Missverhältnis zwischen Realität und Ideal wirkt aber nur dann motivierend, wenn das Ideal uns nicht als unerreichbar erscheint. Auch Erkenntnis kann Motivation bewirken: Wenn ich ein lohnenderes Ziel oder eine bessere Lösung erkenne als die, welche ich zurzeit habe – weshalb sollte ich sie nicht wählen?

2. Hilfe beanspruchen:
   Je größer die Not ist, desto größer wird der innere Druck, etwas zu unternehmen. Bevor ein Mensch äußere Hilfe sucht, hat er oft schon mehrere erfolglose Versuche unternommen, sich selber zu helfen. Es gibt gewisse Hindernisse zu überwinden, bevor eine Person Hilfe beansprucht: Neben der Scham, überhaupt Hilfe nötig zu haben, und dem Stolz, es nicht alleine zu schaffen, sind es vor allem Ängste und Bedenken vor der inneren Entblößung, sich einem unbekannten Menschen ganz zu öffnen, sich auszuliefern und damit auch verletzlich zu machen. Es muss viel Vertrauen aufgebaut werden, bevor ein Klient sich vor uns zu öffnen wagt.

3. Die Wurzel der Not in der eigenen Gesinnung erkennen:
   Je breiter die Vertrauensbasis ist[22], desto tiefer wagt der Klient seine Not vor uns auszubreiten. Es ist eine natürliche Tendenz des Menschen, die Ursache seiner Not in seiner Vergangenheit und außerhalb

22 Siehe Abschnitt 4.3.1. und Abb. 6.

seiner Person zu suchen: in seiner Kindheit, in seinen schwierigen Erfahrungen, bei anderen Menschen oder bei den Umständen. Als Finale Seelsorger richten wir uns beim Zuhören aber auf eine ganz andere Frage aus: Welches ist die eigentliche Not auf der Gesinnungsebene und welche Schritte könnten eine Veränderung bewirken? Damit sind wir ganz auf Gottes Linie, der meistens uns selber und nicht andere Menschen oder die Umstände verändern will. Nun stehen wir vor der Herausforderung, im Klienten die Bereitschaft zu wecken, nach den Ursachen in sich selber zu fragen und einzusehen, dass Veränderung aufgrund von Gottes Angeboten durch Erkenntnis, eigene Schritte und Entscheidungen bewirkt werden kann.

4. Mit Gottes Hilfe rechnen:
   An diesem Punkt des Prozesses, wo die Not auf dem Tisch liegt und der Klient zur Eigenverantwortlichkeit bereit wird, kann ihn eine große Hilflosigkeit packen: „Was soll ich denn tun?“ Und was antworten wir dann? In der Finalen Seelsorge ist es nicht die Aufgabe des Helfers, die Lösungen zu haben oder Ratschläge zu geben; das ist Gottes Sache. Deshalb ist dies ein wichtiger Moment: Gott soll Gelegenheit bekommen, der Hilfe suchenden Person seine Angebote zu machen. Wir können, vielleicht auch aufgrund unserer eigenen Erfahrung, der Hilfe suchenden Person bezeugen, dass Gott gerne hilft[23], Entlastung schaffen will und uns Angebote macht. Vielleicht genügt aber die Frage: „Wenn Sie nun diese ganze Not ansehen, packt Sie große Hilflosigkeit. Vielleicht könnte Gott etwas für Sie tun? Oder sehen Sie ihn bereits am Werk in Ihrer Situation?“ Wir könnten hier aber auch eine Hör-Stille[24] zu folgender Frage vorschlagen: „Möchtest du, Vater, in diese Not hinein ein Hilfsangebot machen?“

5. Die Seele einen Weg führen:
   Worum es sich bei der nächsten Etappe handelt, möchte ich an einem bereits erwähnten Beispiel[25] aufzeigen (Beispiel 15):

---

23 Siehe z. B. Jer 32,41 (LU) und in *Makarios*: Gott will unser Glück (S. 13 ff.).

24 Vgl. Abschnitt 6.6.4., „Hörendes Gebet“.

25 Vgl. Beispiel 6 in Abschnitt 1.3.5.

Es fiel dem Mann gar nicht leicht, sich auf Gottes Angebot, „Ich hänge dir meine *Freude an die Klinke der Haustüre", einzulassen. Hier galt es für mich als Seelsorger, die Seele des Klienten einen Weg zu führen, damit er Gottes Geschenk verstehen, sich darüber freuen und es auch annehmen könnte: „Gottes Angebot scheint keine große Begeisterung bei Ihnen auszulösen." – „Sie haben recht. Es ist ein Verzicht, auf das Spaß-Haben mit den Kindern zu verzichten." – „Wie stellen Sie sich denn Gottes Freude vor?" – „Vielleicht etwas fade und langweilig, mit wenig ‚Action'." – „Spaß haben mit den Kindern war für Sie attraktiver." – „Schon; aber vielleicht sehe ich das etwas falsch, ich müsste es einmal ausprobieren." – „Mal ausprobieren, ob Gottes Angebote auch gute Seiten haben. Seine Freude bringt vielleicht gewisse Vorteile mit sich." – „Das könnte ich mir schon denken ...; vielleicht sogar für die Kinder ...; ganz sicher für meine Frau ..." – „Es gäbe etwas loszulassen." – „Ja. Ich sollte es wirklich einmal versuchen." – „Wie weit können Sie denn jetzt gehen?" – „Ich lass mich mal drauf ein, meine Vorstellungen von ‚Freude' und ‚Spaß haben' abzugeben und Gottes Angebot anzunehmen." – „Sind Sie sicher, dass Sie dies tun wollen?" – „Eigentlich ist es mir ja klar, dass Gottes Angebot besser ist, auch für mich. Ich tu's!"*

Und wenn die Seele so weit ist, dass sie Gottes Vorschlag als die beste Möglichkeit erkennt, die Entlastung spürt, die dadurch eintritt, und darin Gottes überraschende Kreativität, sein Wohlwollen und seinen liebevollen Humor entdeckt, dann können wir besprechen, wie Gottes Angebot nun angenommen werden kann.

6. Schritte im Gebet tun:
   Beim Vorbereiten der Gebetszeit geht es darum, die sinnvolle Abfolge der Schritte zu erkennen, damit keine Etappe übersprungen und „saubere Arbeit" geleistet wird. Beim obigen Beispiel könnte ich mir folgende Schritte des Klienten vorstellen. Ob sie sich in der konkreten Situation genau so ergeben haben, weiß ich nicht mehr (Beispiel 16):

   Gott danken für sein Angebot.

   Das Chaos bewirkende Spaß-haben-Wollen mit den Kindern ablegen.

Um Vergebung bitten für die negativen Auswirkungen auf die Kinder und die Lieblosigkeit seiner Frau gegenüber.

Gottes Art von Freude und sein spezifisches Angebot annehmen.

Ein bestätigendes Gebet des Seelsorgers und die Bitte um zeitnahe, ermutigende Erfahrungen bei der Umsetzung seines Entschlusses.

Bei dieser Art des Vorgehens führen wir den Klienten Schritt um Schritt weiter; so wechseln sich Austausch und Gebete immer wieder ab. Zuletzt frage ich nach, ob die Seele schon ganz im Frieden sei, oder ob noch etwas fehle.

7. Die Kunst der kleinen Schritte:
   Nachdem die Schritte auf der Gesinnungsebene vollzogen sind, geht es um die Frage der Umsetzung im Alltag. Solange sich unsere Entschlüsse nicht im Tun, im Reden und in unserem Beziehungsverhalten auswirken, sind sie wertlos. Aus unseren Gebets-Entscheidungen soll Frucht für alle Beteiligten entstehen. Wie sich bei unserem Beispiel die Umsetzung gestaltet, ist leicht zu erkennen (Beispiel 17):

Bei der Heimkehr nach einem Arbeitstag hält der Mann an der Haustüre inne, übergibt Gott alles, was ihn aus dem Erleben des Tages noch beschäftigt, und zieht im inneren Gebet Gottes Freude an. Dann wird Gottes Geist ihn leiten bei der Gestaltung der Zeit, die er nun mit den Kindern verbringen möchte.

Wenn durch Gebets-Entschlüsse zentralere Grundhaltungen betroffen sind, wie z. B. die Einmischung in den Verantwortungsbereich des Partners, so sind die damit verbundenen Gewohnheiten mit einem Schimmelpilz zu vergleichen, dessen Fäden die ganze Marmelade durchdringen: Die unguten Mechanismen sind in allen Gefühlen, im Denken und in den spontanen Reaktionen so tief verankert, dass die Umsetzungs-Front überfordernd lang wird. Hier kommt uns die „Kunst der kleinen Schritte" zu Hilfe: Um mit der Umsetzung zu beginnen, wählt der Klient einen kleinen, klar eingegrenzten Bereich aus, in dem ihm die Umsetzung leicht fällt und wo diese gut kontrollierbar ist. Es ist sehr wichtig, dass dieser Schritt klein gehalten wird. Für die Klienten bedeutet dies eine große Herausforderung; dafür brauchen sie unsere Hilfe. Das Ziel ist, dass der Klient umgehend positive Erfahrungen machen kann und die Erfolgschancen für die Umsetzung bei 95 % liegen. So wird eine Ermutigungs-Spirale in Gang gesetzt, die dann auch weiterträgt. Wie wir die Klienten hier führen, soll wieder an einem Beispiel aufgezeigt werden (Beispiel 18):

> *Die Arztfrau machte sich große Sorgen um die Beziehung ihres Mannes zu den Kindern; sie fand, er gehe barsch und lieblos mit ihnen um. Sie hatte aber erkannt, dass ihr korrigierendes Eingreifen es für alle Beteiligten noch schlimmer machte. So entschloss sie sich denn, ihre Haltung zu ändern, ihrem Mann die Verantwortung für seine Beziehung zu den Kindern zu überlassen und sich nicht mehr einzumischen. Als sie den Schritt im Gebet getan hatte, ging es um die Frage der Umsetzung: „Wie möchten Sie Ihren Schritt im Alltag umsetzen?" – „Ich mische mich einfach nicht mehr ein." – „Nie mehr?" – „Ich versuch's" – „Das schaffen Sie nicht. Welches sind im Tagesablauf die kritischen Momente?" – „Wenn wir als ganze Familie zusammen sind, z. B. die Essenszeiten; da könnte ich mit der Umsetzung beginnen." – „Zu allen Essenszeiten? Das ist zu viel, wählen Sie eine aus." – „Also: Beim Mittagessen." – „Mit allen vier Kindern? Das ist zu viel. Mit welchem Kind hat Ihr Mann die beste Beziehung?" – „Mit der Jüngsten." – „Gut! Jetzt haben wir den kleinen Schritt, mit dem Sie die Umsetzung ihres Entschlusses mit großen Erfolgschancen beginnen können: Beim Mittagessen greifen Sie in der Beziehung Ihres Mannes zur Jüngsten nicht mehr ein. An jedem Tag, an dem es Ihnen gelungen ist, machen Sie in Ihrem Kalender einen Strich; das ist Ihre Erfolgskontrolle."*

Bei der Rückfrage im nächsten Gespräch werden wir diese Striche dann entsprechend würdigen und Gott für die erfolgreiche Umsetzung gemeinsam danken. Wenn die Umsetzung im ersten kleinen Bereich gelungen ist, wählen wir eine etwas größere Herausforderung aus; im ersten Bereich wird die Umsetzung selbstverständlich weitergeführt. So können wir eine Umsetzungs-Treppe[26] aufbauen. Nach zwei, drei Stufen wird der Domino-Effekt der Gnade[27] wirksam werden (vgl. Punkt 9.).

---

26 Zur Frucht, um die es Gott geht, siehe Röm 6,22; Gal 5,22; Joh 15,8.16–17.

27 Zum „Treppenbau" vgl. Abb. 10 in Abschnitt 5.3.3.

8. Neue Gewohnheiten aufbauen:
Wie ich im Kapitel „Gottes Angebote“ in Teil 2. bereits angedeutet habe, geht es beim Umsetzen um einen Lernweg, auf dem die unpassenden alten Gewohnheiten ab- und dem Gebets-Entschluss gemäße neue aufgebaut werden. Es ist wichtig, die Klienten darauf hinzuweisen, dass es nicht ohne Rückfälle ins Gleis der alten Gewohnheiten abgehen wird (die Kraft der Hosenträger ist zu Beginn besonders stark wirksam), aber dass wir auch lernen können, damit umzugehen. Es ist wie bei den Kindern: zum Laufen lernen gehören auch Stürze und mutiges wieder Aufstehen.[28] Wenn wir lernen, damit umzugehen, werden die Rückfälle sogar zur Festigung des Neuen beitragen. Wenn wir jeden Absturz sofort konsequent bearbeiten, wird sich die Häufigkeit der Rückfälle ins alte Gleis zusehends verringern, bis sich gute neue Gewohnheiten aufgebaut haben. Aus eigener Erfahrung weiß ich, dass dies bei zentralen Bereichen unserer Gesinnung bis gegen drei Monate oder länger dauern kann. Außerdem werden sich die Abstände zwischen den Rückfällen zunehmend vergrößern; wir nehmen das innere Geschehen immer früher wahr und können es schneller unterbinden. Abbildung 5 fasst das oben Gesagte zusammen:[29]

28 Vgl. die Begriffserklärung im Anhang.

29 Vgl. dazu Spr 24,16: Fallen und wieder aufstehen ist für einen „Gerechten“ normal!

Abbildung 5: Vom Umgang mit Rückfällen

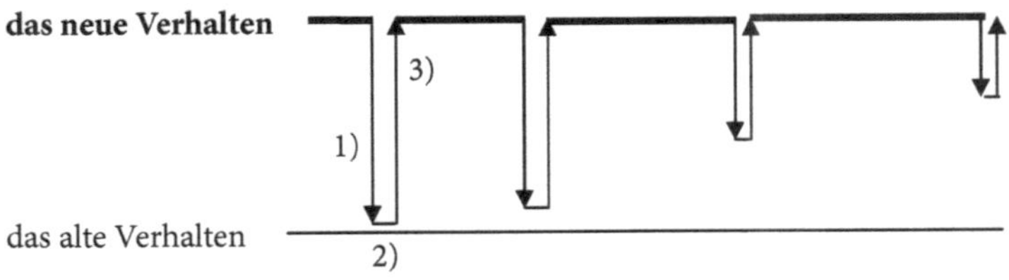

Die Aufarbeitungsschritte:

1) Den Rückfall ins alte Verhalten wahrnehmen und sich eingestehen.
2) Ihn sogleich als Schuld bekennen und Vergebung empfangen.
3) Die gefällte Entscheidung bestätigen und sofort wieder aufstehen.

9. Der Domino-Effekt der Gnade[30]:
   Das Beeindruckende an der Kunst der kleinen Schritte ist die Tatsache, dass die Treue im Kleinen erstaunlich große Auswirkungen hat: Das Neue setzt sich in immer mehr Bereichen durch. Dahinter steht Gottes Gnade, der die Treue im Kleinen belohnt. Dieser Domino-Effekt ist aber auch eine Auswirkung unserer Arbeitsweise, in der wir Entscheidungen auf der Gesinnungsebene anstreben: Wenn eine Änderung dort zu greifen beginnt – und das scheint durch die konsequente Umsetzung in einem kleinen Bereich zu geschehen –, wirkt sie sich auf das ganze Verhalten der Person in allen Situationen aus. Dies bedeutet, im Bild der zwei Häuser ausgedrückt, dass die Person in immer mehr Situationen, in denen dieses Verhalten in Erscheinung tritt, im neuen Haus zu bleiben vermag und so immer besser „*in Neuheit des Lebens zu wandeln*"[31] vermag.

30 Vgl. die Begriffserklärung im Anhang.

31 Röm 6,4.

10. Gott bleibt dran:

Wie Gott das Werk der Heiligung in uns vorantreibt, ist für mich ein Geheimnis. Eines steht aber fest: Er ist immer in ein bis zwei Bereichen in uns am Werk. In besonders grundlegenden Gesinnungen bleibt er jahrelang konsequent dran[32]; in anderen Bereichen macht er von Zeit zu Zeit kleine Retuschen. Und bei tief gehenden Verletzungen scheint er schichtweise zu heilen. Da er weiß, dass wir alles Neue wieder auszuleben haben, macht er Portionen und lässt uns genügend Zeit zum Verdauen. So können wir uns denn getrost darauf einlassen, wenn er den nächsten Bereich anpacken will.

Aus dem oben Gesagten geht klar hervor, dass die freiwilligen Schritte des Klienten im Gebet der Angelpunkt des Veränderungsprozesses sind; es kommt ihnen eine zentrale Bedeutung zu. Vielleicht ahnen Sie bereits, weshalb dem so ist. Es hat wieder mit der Freiheit zu tun, die Gott dem Menschen gibt: Einerseits will er, dass wir wählen, andererseits ist dieses Selbstbestimmungsrecht ein Ausdruck der Erlösung. Gott hat uns mit dem Geschenk der Freiheit auch unsere Würde und die Autorität über unsere eigene Person zurückgegeben. Was ein Mensch im Angesicht Gottes über seine Person bestimmt, das hat vor der sichtbaren und der unsichtbaren Welt Gültigkeit. Hierzu ein eindrückliches Beispiel (Beispiel 19):

Der Mann war nicht bereit, auf seine außereheliche Beziehung zu verzichten; deshalb wollte er die Paargespräche beenden. Seine Frau hatte sich ihrerseits entschlossen, ihr Eheversprechen zu halten, in dieser Ehe zu bleiben und ihrem Mann treu zu sein, obwohl sie die Liebe zu ihm in den schwierigen Auseinandersetzungen weitgehend verloren hatte. Um ihren Entschluss umsetzen zu können, wünschte sie sich Hilfe durch einige Gespräche.

Eines Tages berichtete sie: „Heute Nacht habe ich einen Traum erlebt, der mich tief erschreckt hat: Ich war zum ersten Mal sexuell mit einem anderen Mann zusammen. Was bedeutet das?" – „Die Tür der Untreue scheint in Ihnen aufgegangen zu sein." – „Das will ich aber nicht. Was kann ich tun?" – „Sie haben Autorität über

32 Bei mir z. B. in der weiter oben erwähnten Tendenz, die Dinge in den Gesprächen selber in die Hand zu nehmen.

das, was in Ihnen geschieht. Wenn Sie sich entscheiden, diese Tür im Gebet wieder zu verschließen, so wird es geschehen." – „Das will ich; aber wie mache ich das?" Ich erläuterte ihr die Schritte, dann betete sie: „In deinem Namen, Herr Jesus, bestimme ich, dass alles, was von mir als Frau ausgeht, allein und ausschließlich auf meinen Mann gerichtet sein soll. So verschließe ich jetzt die Tür zur Untreue und bestätige vor dir den Entschluss, meinem Mann treu zu bleiben."

Im nächsten Gespräch berichtete sie freudig aufgeregt: „Sie glauben es nicht, Herr Engeli, seit meinem Gebet letztes Mal empfinde ich wieder Liebe zu meinem Mann."

Diese im Gebet gefällten Entscheidungen respektiert Gott und nimmt sie ganz ernst; er erwartet von uns dasselbe. Bei der Herausforderung, unseren eigenen Entscheidungen nachher auch konsequent treu zu sein, kommt er uns gerne zu Hilfe.

3.3.2. Zucht

Um unseren Entschlüssen im Umsetzen treu bleiben zu können, brauchen wir Zucht[33]. Zucht war noch nie „modern", weder von der Sache noch vom Wort her.[34] Zucht ist aber ein wichtiger biblischer Begriff. Wenn wir einige Bibelstellen nachlesen[35], wird klar, dass es sich bei der Zucht um die Fähigkeit des Menschen handelt, über sich selbst zu wachen, sich selbst an die Hand zu nehmen und zu führen, sich selbst gegenüber konsequent zu sein, also um Selbstkontrolle und Selbstbeherrschung. Zucht wird mehrfach mit Weisheit in Verbindung gebracht. Mit der Zucht tun wir uns selbst etwas zuliebe, denn sie fördert und schützt das Leben. Ohne Zucht sind wir nicht liebesfähig. Im Heiligen Geist haben wir einen liebevollen Zuchtmeister, der uns helfen und sie als Frucht in uns schaffen will. Zucht gehört zur „Ausstattung" des neuen Menschen.

---

33 Vgl. die Begriffserklärung im Anhang.

34 Vgl. Ps 50,17.

35 Zusätzlich zu den in der Begriffserklärung angeführten: Spr 1,2; 4,13.

Weil die Zucht im menschlichen Veränderungsprozess einen so wichtigen Platz einnimmt, ist Wachsen in der Zucht ein Ziel der Finalen Seelsorge. Damit Gott Menschen zur Zucht befähigen kann, müssen gewisse Vorbedingungen erfüllt sein: Eine gute Selbstbeziehung, eine klare innere Ordnung, sodass der Geist die Seele liebevoll führen kann[36], und ein für diese Aufgabe zur Verfügung stehender Wille. Zusammen mit der Motivation ist der Wille die Kraft, mit der wir in unserer Person etwas bewegen können. Es ist deshalb entscheidend, wer in uns über unseren Willen verfügen kann: der Leib, die Seele oder unser Geist. Wer über die Kraft verfügt, der bestimmt, wohin es geht. Damit unser Geist die Aufgabe der Zucht erfüllen kann, muss ihm unser Wille zur Verfügung stehen. Da wir, wie oben ausgeführt, Autorität haben über unsere Person, können wir im Gebet bestimmen, dass unser Wille unserem Geist und dadurch auch dem Heiligen Geist untergeordnet sein und ihm dienen soll. So wird es möglich, dass wir mit Hilfe des Geistes *„der Kraft und der Liebe und der Zucht“*[37] über uns wachen, uns führen und leiten lernen.

Impuls zur Vertiefung:

Welchen Veränderungsprozess sollte ich durchlaufen und somit Erfahrungen mit dem Weg der Veränderung sammeln?

3.4. Grundregeln der Veränderung

Nachdem wir verstanden haben, dass es einen „normalen“ menschlichen Veränderungsprozess gibt, geht es nun um dessen Grundregeln, die wir als Seelsorger kennen und beachten müssen.

Übersicht 11 listet die in der Finalen Seelsorge wirksamen Prinzipien auf. Sie macht uns klar, welche großen Auswirkungen Gottes Entschluss hat, den Menschen frei zu lassen und ihm als für sich selber verantwortliches Geschöpf zu begegnen: Er gibt dem Individuum große Würde und

---

36 Vgl. dazu Abschnitt 5.3.8., „Geistsorge“ und *Makarios*: Die innere Ordnung (S. 69 ff.).

37 2Tim 1,7.

Verantwortung, aber auch sehr viel Macht. Durch sein Nicht-Wollen kann der Mensch Gottes Liebe und Barmherzigkeit eine Grenze setzen und Gott Leiden verursachen. Dies gilt auch für uns als Seelsorger: Der Klient hat letztlich die Macht, Fortschritte zu verweigern und unser Bemühen zum Scheitern zu bringen. So bekommen wir immer wieder Anteil an Gottes Leiden.[38] Es bedeutet eine große Herausforderung, dem Klienten gegenüber in Gottes freilassender Haltung zu bleiben.

Auf einige der in Übersicht 11 zusammengestellten Grundregeln bin ich im bisher Gesagten bereits eingegangen; sie brauchen keine weitere Erklärung mehr. Einige andere möchte ich in ihrer praktischen Relevanz noch klarer erläutern:

- Davon auszugehen, dass Gott in meinem Gegenüber unablässig am Wirken ist, schafft im Seelsorger viel Hoffnung und ist entlastend. Als Gottes Mitarbeiter sind wir darauf angewiesen zu erkennen, wo und wie Gott gerade wirkt.
- Im Wissen darum, dass Gott seine einmaligen Lösungen schon bereithält, können wir es aushalten, dass die Not auf den Tisch kommt, auch wenn wir nicht wissen, was Abhilfe schaffen wird. Dass wir den Klienten mit seiner Not und Hilflosigkeit annehmen, ohne sogleich etwas lösen zu wollen, erlebt er als Liebe und große Hilfe.
- Im Vertrauen auf Gottes Lösungen können wir den Klienten dann auch ermutigen, sein „Ja" zu seiner Not zu sagen. Sich gegen das, was ist, nicht mehr auflehnen zu müssen, schafft eine erste, wohltuende Entlastung.
- Die Gewissheit, dass Gott Neues und Besseres für ihn bereithält, dürfen wir dem Klienten gegenüber dann zum gegebenen Zeitpunkt[39] auch zum Ausdruck bringen. Immer wieder hat es sich bei mir bereits am Ende des Erstgesprächs ergeben, etwas von der Hoffnung, mit der Gott mich beim Zuhören beschenkt hatte, in ganz allgemeiner Form anzudeuten. Wenn der Klient diese Hoffnung spürt, kann er es wa-

---

38 Vgl. z. B. 2Kor 1,5. Aber Achtung: Es gibt auch durch unser Versagen bedingtes Scheitern! (Mehr dazu in Abschnitt 4.6.2., „Abbrüche".)

39 Auch hierfür brauchen wir Gottes Leitung, wann der Klient für den Blick der Hoffnung offen ist.

gen, auch wieder Mut zu fassen. Dies erlaubt es ihm dann, ein positives Veränderungsziel zu formulieren.

ÜBERSICHT 11

Grundregeln der Veränderung

- Gott ist in jedem Menschen am Wirken. Seinen Mitarbeitern zeigt er, wo er dran ist.
- Gläubige Menschen bezieht er in sein Wirken ein. Sein Ziel: individuelle Verwirklichung der Neuschöpfung.
- Der Mensch kann nur bekommen, wonach er sich ausstreckt.
- Der Mensch muss seine Nöte annehmen, bevor sie gelöst werden können.
- Damit er Neues empfangen kann, muss er den Leidensgewinn loslassen.
- Er muss bereit sein, mehr Eigenverantwortung zu übernehmen.
- Eine kraftvolle Motivation drückt sich in positiv formulierten Veränderungszielen aus.
- Die finale Haltung: Altes hinter sich lassen und sich ausstrecken nach dem Besseren. Gottes Angebote und Lösungen als das Bessere zu erkennen, ermöglicht dem Menschen das Loslassen des Alten und des Leidensgewinnes.
- Gottes Angebote schaffen Entlastung; ihr Ziel ist Friede. Unsere Seele muss einen Weg gehen können, um sie anzunehmen und in den Frieden zu kommen.
- Gottes Veränderung setzt auf der Gesinnungsebene an. Des Menschen Beitrag ist oft ein doppelter Entscheidungs-Schritt vor Gott: ablegen – anziehen, bitten – empfangen, vergeben – geheilt werden o. Ä.
- Nach dem Entschluss beginnt der Lernweg des Auslebens. Rückfälle sind normal; sie tragen zur Festigung des Neuen bei, wenn sie treu bearbeitet werden.
- Wachstümliche Veränderung ist dauerhaft. Auf wichtige Meilenstein-Entschlüsse kann man sich später berufen und sie neu bestätigen.

- So ergibt sich vielleicht auch die Gelegenheit, etwas über Gottes Angebote und Lösungen als Ausdruck seiner Liebe und seines Wunsches, uns Gutes zu tun, zu sagen. Es zeigt sich immer wieder, dass auch gläubige Klienten keinen gnädigen, sondern einen strengen und harten Gott haben, von dem sie nichts Gutes erwarten können. So ist es denn oft unser Auftrag, ihnen als „Lehrer“[40] die gute Nachricht von Gottes väterlicher Liebe und Fürsorge zu vermitteln.
- Je mehr sie wieder hoffnungs- und erwartungsvoll nach vorne schauen können[41], desto leichter fällt es ihnen, die alten „Kleider“ loszulassen, auf den zerstörerischen Gewinn aus der Not zu verzichten und bereit zu werden zu wachsen. Dies bedeutet, dass sie sich mit unserer Hilfe der Herausforderung der Eigenverantwortlichkeit stellen und akzeptieren können, dass mit mehr Freiheit auch größere Selbstbestimmung und Verantwortung für sich selbst verbunden sind.
- Auf diesem Weg zur Reifung kommt es zu grundsätzlichen Entscheidungen oder Erfahrungen, die ich „Meilensteine“ nenne.[42] Sie verlieren ihre Gültigkeit nicht, solange wir sie nicht klar widerrufen. Auch wenn wir uns während einiger Zeit nicht mehr diesen Entschlüssen gemäß verhalten, können wir uns jederzeit auf sie stützen oder sie im Gebet neu bestätigen und sie wieder bewusst in Kraft setzen. In meiner Tätigkeit habe ich mehrfach Situationen erlebt, wo Menschen nach einem totalen Absturz durch die Bestätigung der Meilensteine auf ihrem inneren Weg wieder an die Frontlinie der persönlichen Entwicklung zurückkehren konnten.[43]

Impulse zur Vertiefung:

Welche dieser Grundregeln möchte ich im seelsorgerlichen Umgang mit mir selbst von nun an beachten?

---

40 Vgl. unten in Abschnitt 3.5.3.

41 Am Anfang geschieht dies oft aus dem Vertrauen zu uns heraus, indem sie sich auf unser Gottesbild, unsere erfahrungsgestützte Gewissheit und unsere Hoffnung verlassen.

42 In 1Tim 4,14 erinnert Paulus Timotheus an einen Meilenstein in seinem Leben. Mehr dazu in Abschnitt 4.4.3., „Meilensteine“.

43 Vgl. Abb. 7 und Beispiel 23 in Abschnitt 4.4.3.

Welche Grundregeln habe ich im Umgang mit Menschen bisher verletzt? Was möchte ich bereinigen (Vergebung suchen – ablegen und anziehen – Fürbitte für die betroffenen Menschen)?

3.5. Wenn Gott Regie führt

Wenn wir uns als Mit- und nicht als Für-Arbeiter Gottes verstehen, ist es uns ein Anliegen, dass er die Fäden im seelsorgerlichen Prozess in der Hand behält. Es fällt uns aber nicht immer leicht, ihm die Regie auch wirklich zu überlassen. Was können wir hier tun?

3.5.1. Ein gemeinsamer Schritt

In meiner Tätigkeit habe ich entdeckt, wie hilfreich es ist, wenn ich den Entschluss, Gott die Regie zu übergeben, mit dem Klienten zusammen fällen kann. Die meisten Klienten scheinen es als positiv zu erleben, wenn sie vom Helfer hören, dass er sich ganz dem göttlichen Handeln unterordnen will; es stärkt ihr Vertrauen zum Seelsorger. So fragte ich die Klienten denn jeweils in einem der ersten Gespräche, ob sie dazu bereit wären, Gott die Regie für die gemeinsame Arbeit zu übergeben. Ich erklärte dann, wofür wir nun miteinander beten würden, und ließ sie bestimmen, welchen Teil des Gebetes sie gerne übernehmen möchten. Dann übergaben wir Jesus Christus im Gebet die Leitung und die Kontrolle über die Gespräche, über die begleitenden äußeren und beziehungsmäßigen Umstände und Ereignisse und über alle durch die Gespräche im Klienten ausgelösten Prozesse; wir übergaben ihm die Initiative für alle Veränderung und überließen ihm die Wahl und Reihenfolge der Themen; in allem sollte sein guter Wille geschehen.

Dieses gemeinsame Gebet brachte Klärung, wer wofür die Verantwortung trug; es gab Gott offiziell den wichtigsten Platz im Ganzen. Es verpflichtete mich aber auch zu dem, was ich von Herzen eigentlich wollte: immer wieder von mir weg- und auf Gott hinzuweisen, den Klienten zu Gott zu führen und diesem in den Gesprächen die Führung zu überlassen. Ich hatte jedesmal den Eindruck, dass dieses gemeinsame Gebet bei beiden Parteien Entlastung und Freiheit schuf. Was kann man sich aufgrund dieses Gebetes erhoffen?

Bevor wir dieser Frage nachgehen, möchte ich hier noch etwas Grundsätzliches zum Gottesverständnis einschieben, das mir für die Finale Seelsorge von großer Wichtigkeit scheint: Gott ist kein Verhinderer-Gott sondern ein Retter-Gott. Seine Liebe zeigt sich nicht darin, dass er seinen Kindern alles Schwere erspart[44], sondern darin, dass er sich ihre Not selber auch zumutet, mit ihnen leidet und sie hindurch trägt. Die Größe seiner Gnade und Retter-Macht zeigt sich in der Verheißung, *„dass denen, die Gott lieben, alle Dinge zum Guten mitwirken"*[45]. Die gilt für alle und immer; es gibt keine Ausnahmen, wirklich keine! Gott will und kann auch aus den schwersten Erfahrungen etwas „genuin Gutes" machen[46]. Der Beitrag des Menschen heißt: Gott lieben! Dies ist eine Herausforderung, wenn wir in der Not stecken. Es bedarf einer klaren Entscheidung, sich durch nichts von der Liebe Gottes trennen zu lassen[47], auch nicht in unseren Gedanken und Schlussfolgerungen. Ich bin gewiss, dass Gott das Maß dessen, was uns geschieht, so festsetzt, dass er die Verheißung von Römer 8,28 auch wirklich erfüllen kann. Dies aus eigener Erfahrung zu wissen, ist für Seelsorger sehr wichtig, weil wir immer wieder mit der bedrängenden Frage konfrontiert werden: „Weshalb hat Gott das zugelassen?" Und dann folgt meistens die logisch erscheinende Begründung: „Wenn er mich lieben würde, hätte er mir das nicht zugemutet." Hinter diesen Aussagen steht letztlich ein falsches Verständnis der Liebe Gottes. Dies hat schwere Folgen: Wer eine falsche Definition der Liebe Gottes hat, hat falsche Erwartungen und hält sich für ein ungeliebtes Kind. So kann er Gott nicht mehr lieben, und das Schwere kann ihm nicht mehr zum Segen gesetzt werden. Diesen Teufelskreis gilt es zu durchbrechen.

---

44 Wenn Gottes Liebe sich darin zeigen würde, hätte er Jesus, Stephanus, Paulus usw. wirklich nicht geliebt! Vgl. dazu, was Jesus den Jüngern in Joh 15,18–20 ankündigt!

45 Röm 8,28.

46 So heißt es im griechischen Urtext.

47 Siehe Röm 8,38–39.

3.5.2. Die Auswirkungen

Wie sieht das nun ganz praktisch aus, wenn Gott in einer Finalen Seelsorge Regie führt? Es wird dann immer wieder gelten: „*Und es begab sich ...*“, wie es in den Berichten über Jesu Leben oft heißt.[48] Wenn Gott Regie führt, gewinnt der ganze Seelsorge-Prozess eine innere Folgerichtigkeit, die mit Gottes finalem Denken zu tun hat. Diese innere Logik können wir im Moment oft nicht erkennen; aber beim Rückblick im Abschluss-Gespräch packt uns dann ein großes Staunen über Gottes weise Führung. Durch diese Erfahrung lernen wir, uns der Leitung des Heiligen Geistes immer mehr anzuvertrauen, auch wenn er uns ungewohnte Wege führt; Gott ist oft so überraschend! Es ist Ausdruck seines schrittweisen Führens, dass er die Dinge immer erst dann ans Licht zieht, wenn er sie bearbeiten will; er liefert uns keine Auftragsliste. Es ist beeindruckend, auf welch vielfältige Weise Gott dem Klienten seine Anstöße vermittelt: durch ein Bibelwort, einen Satz in einer Predigt, eine beiläufige Bemerkung in einem alltäglichen Gespräch, eine Erfahrung, die zum Gleichnis wird, einen Traum, einen direkten inneren Anstoß durch den Heiligen Geist usw. Weil dem so ist, habe ich meine Gespräche immer wieder mit der Frage begonnen: „Was haben sie in der Zwischenzeit mit Gott erlebt?“, oder: „Wo ist Gott dran bei ihnen?“. Und dann habe ich jeweils darüber gestaunt, wie Gott auch Unangenehmes (ein Missgeschick, Krankheit usw.) und „*Trübsale*“[49] aller Art zum Anstoß für einen Schritt in Neues machen kann. Es bewirkt für alle Beteiligten Ermutigung, wenn wir etwas davon erfahren, wie Gott die Veränderung von Menschen, die eng miteinander verbunden sind (z. B. Ehepartner[50]) liebevoll koordiniert. So bewirkt Gott eine positive Interaktion zwischen der Veränderung unseres Klienten und den Menschen seiner Umgebung.

In Seelsorgebeziehungen, in denen Gott Regie führen konnte, ist es mir im Abschlussgepräch immer gleich ergangen: Wenn wir die durch unsere Arbeit bewirkten Veränderungen zusammentrugen, wurde jedes-

---

48 Siehe z. B. im Lukas-Evangelium, welch grundlegend wichtigen Dinge – z. B. die Berufung der Jünger – sich einfach „begeben“: Lk 5,1.12.17; 6,1.12 (LU).

49 Vgl. Röm 5,3–5.

50 Vgl. unter „Ko-Evolution“ in den Begriffserklärungen.

mal klar, dass die Frucht das, was sich durch unsere Gespräche erklären ließ, weit übertraf. Das Staunen über Gottes überreiches, gnädiges Wirken führte dann jeweils ganz natürlich zu einer gemeinsamen Lob- und Dankzeit.

3.5.3. Wie Gott uns einsetzt

Wenn Gott Regie führt, wie setzt er uns als seine Mitarbeiter dann ein? Welches sind die Dinge, die er durch uns und nicht direkt tun will? Hier hilft uns eine Aussage von Paulus:

> *Und er hat die einen als Apostel gegeben und andere …*
> *als Hirten und Lehrer, zur Ausrüstung der Heiligen für das*
> *Werk des Dienstes, für die Auferbauung des Leibes Christi.*[51]

Dieser Text ist so grundlegend, dass ich daraus einige Schlussfolgerungen ziehen möchte:

- Seelsorge ist kein in der Bibel genannter Dienst; am ehesten können wir Seelsorger uns als „*Hirten und*[52] *Lehrer*" verstehen. Wir wissen, dass Jesus sich selbst den „*guten Hirten*" nennt, wir kennen den Psalm 23 und verstehen, dass Seelsorge Hirtendienst ist.[53] Der große Hirte ist unser Meister und unser Vorbild. Nun gibt uns Gott aber auch den Auftrag, die Menschen mit der guten Nachricht der Erlösung und mit seinen Angeboten vertraut zu machen. Dieser Lehrauftrag soll ganz in der Liebe geschehen, in weisen, aufnehmbaren Portionen; es ist ein Dienst, der Ermutigung, Entlastung und Frieden schaffen soll. Hier ist der Heilige Geist, der Meister der Ermutigung, unser Vorbild.[54]
- Das Ziel der Seelsorge besteht nicht darin, dem Klienten mehr Wohlbefinden zu verschaffen; sie soll dazu beitragen, dass er für Jesus als Haupt seines Leibes brauchbarer, d. h. dienstfähiger wird. Dienstfähigkeit bedeutet auch Liebes- und Leidensfähigkeit. Und das Wohlbefinden? Wer sich nach Brauchbarkeit für Gott ausstreckt, dem wird

51 Eph 4,11–12.

52 Hier steht ein inklusives „und": Die beiden Aufträge gehören zusammen.

53 Siehe dazu Ps 23; Jes 40,11; Hes 34,11–16; Joh 10,11; Mt 9,36.

54 Vgl. Joh 14,26–27.

alles andere von Gott geschenkt.[55] Wenn wir uns nach dem höchsten Ziel ausstrecken, können wir die Nahziele auf dem Weg dorthin nicht verpassen.

- Es gibt in der Finalen Seelsorge eine göttliche Dimension, die das Individuum übersteigt: Es geht letztlich um den Aufbau des Leibes, damit Jesus als Haupt Glieder zur Verfügung stehen, durch die er, im Zusammenwirken mit anderen Gliedern, seine Werke tun kann. Dies ist das Ziel der Leibfähigkeit.

Welches sind die konkreten Aufgaben, die uns als Gottes Mitarbeitern immer wieder übertragen werden? Es ist all das, was Gott einem Menschen durch einen anderen Menschen geben will[56]: Gottes Liebe soll durch uns erlebbar werden[57]; der Heilige Geist will durch uns ermutigen und trösten[58]; Gott will den Menschen seine immer gültigen und seine einmaligen Angebote durch uns kundtun; durch uns will er die Seele der Klienten auf dem Weg leiten, der zum Frieden führt; durch uns als Modelle will er die Menschen glauben und vertrauen lehren; und durch uns will er sie zu sich hin ziehen.

Welche Würde, welches Vorrecht und welche Autorität uns als Gottes Mitarbeitern und als Hirten und Lehrern zufallen! Wenn Gott durch uns handeln kann, sind wir immer die zuerst Gesegneten. Vielleicht wird es hiermit noch viel verständlicher, weshalb ich in Teil 1.6. „Das Lob der Torheit" angestimmt habe.

Impulse zur Vertiefung:

Welche Erfahrungen habe ich bisher damit gemacht,
Gott die Regie zu überlassen?

Wie könnte ich im persönlichen Leben und in meiner
helfenden Tätigkeit neue Erfahrungen machen –
z. B. durch die Übergabe der Regie an Gott?

55 Gottes Zusage: Mt 6,33. Ein Beispiel: 1. Könige 3,11–14.

56 Gott sucht Inkarnation: Er will menschlich greif- und erlebbar werden. Vgl. 1. Joh 1,1.

57 Vgl. dazu das „Röhrensystem" in Abb. 2 in Abschnitt 2.1.4.

58 Vgl. Joh 14,16 (EF: Beistand; LU: Tröster); 2Kor 1,3–4.

4. Stationen einer Finalen Seelsorge

Nun wenden wir uns ganz konkreten Fragen der Praxis der Finalen Seelsorge zu. Mit dem Begriff „eine Seelsorge“ umschreibe ich das Ganze eines final ausgerichteten interaktiven Prozesses, auf den eine Hilfe suchende Person und ein Helfer sich aufgrund einer klaren Vereinbarung miteinander einlassen. Dieser Prozess vom Erstgespräch bis zum Abschluss der Seelsorge braucht einen klaren Anfang, ist durch Rahmenbedingungen und einen Verlauf bestimmt und soll sauber beendet werden.

Vieles, was für einen aus regelmäßigen Gesprächen bestehenden seelsorgerlichen Prozess gilt, kann nicht auf seelsorgerliche Einzelkontakte oder sporadisch stattfindende Gespräche übertragen werden. Obwohl wir auch dort final arbeiten können, gehorchen diese Gespräche anderen Gesetzmäßigkeiten. Damit soll die große Bedeutung, die auch einem einzelnen Seelsorge-Gespräch zukommen kann, nicht geschmälert werden.[1] Meine lange Warteliste brachte es mit sich, dass es immer wieder zu Einzelgesprächen kam. Ich war oft beeindruckt, welch großen Motivationsschub das Wissen um „die eine Chance“ bei den Klienten bewirkte. Aber auch für mich als Seelsorger war die Herausforderung, mit einem einzigen Gespräch zu einem sinnvollen und nachhaltigen Ergebnis zu kommen, ein beflügelnder Anstoß. Die zahlreichen Einzelkontakte erlaubten es mir, die Regeln für die Gesprächsführung im Einzelgespräch immer besser zu erkennen. Trotzdem hatte ich nachher manchmal das Gefühl des Scheiterns, war enttäuscht und fragte mich: „Hat es überhaupt etwas gebracht?“ Es gab aber auch wirkliche Perlen unter diesen Einzelgesprächen, in denen Gott einen Durchbruch schenkte. Von vielen dieser Klienten hörte ich nachher nichts mehr; von anderen erst nach Monaten oder Jahren. An eine Rückmeldung erinnere ich mich gut (Beispiel 20):

---

1 Die beeindruckenden Gespräche Jesu, z. B. das mit der Samariterin am Brunnen (Joh 4,1–30), waren alles einmalige Kontakte, viele davon mit erstaunlicher Wirkung.

Ich war als Redner für ein Frauen-Frühstück in einem Bergdorf des Berner Oberlandes eingeladen. Ich erinnere mich sogar noch ans Thema: „Beziehungen, die rasten, rosten". Nach meinem Vortrag gab es Kaffee und von den Bauernfrauen selbst gebackene Hefezöpfe und Kuchen. Eine ältere Frau kam auf mich zu und nannte ihren Namen. Ich sah, wie erstaunt sie war, dass ihr Name mir nichts sagte. „Meine Tochter ... ist einmal bei Ihnen gewesen." Sie schaute mich wieder erwartungsvoll an. „Es tut mir leid, aber ich erinnere mich nicht an sie." – „Sie konnte nur ein einziges Mal kommen. Aber dieses Gespräch hat ihr Leben von Grund auf verändert. Es geht ihr jetzt schon seit mehr als zwei Jahren sehr gut. Ich danke Ihnen dafür, dass sie einmal kommen durfte." Auch ich bedankte mich für die ermutigende Rückmeldung. Gott hatte also ein Wunder gewirkt, und ich hatte es nicht einmal richtig wahrgenommen.

4.1. Finale Seelsorge als vorbereitetes Werk

Wie können wir entscheiden, ob wir uns mit einer Person auf einen seelsorgerlichen Prozess einlassen sollen oder nicht? Wenn wir Gott als den eigentlich Handelnden und uns als seine Mitarbeiter verstehen, stellt sich die Frage nach Gottes Gedanken und Plänen schon vom ersten Kontakt an: „Will Gott mich in dem, was er in dieser Person jetzt tun will, als seinen Mitarbeiter einsetzen oder nicht?" Die Antwort lässt sich meistens nicht aus der Anfrage heraus oder aufgrund äußerer Umstände finden.

Weil Gott ja noch andere Mitarbeiter hat, müssen wir uns nicht durch die Not bestimmen lassen. Er teilt uns persönliche, uns und der Situation angemessene, klar eingegrenzte Aufträge zu, wie und wann er will.[2] Dies sind die „*guten Werke, die Gott vorher bereitet hat, damit wir in ihnen wandeln sollen*"[3].

---

2 Ein biblisches Beispiel: Auch Jesus hat sich nicht durch die Not bestimmen lassen. Am Gelähmten, der an der schönen Tempelpforte saß, ist er immer wieder vorübergegangen, ohne ihn zu heilen; Gottes Auftrag war für Petrus bestimmt (Apg 3,1–8).

3 Eph 2,10.

Wie kann man die vorbereiteten Werke erkennen? Wenn Gott uns als Mitarbeiter einbeziehen will, können wir gewiss sein, dass er uns auch dazu befähigt, die vorbereiteten Werke zu erkennen[4], damit wir sie dann auch ausführen können. Wie alles andere, ist auch die Kommunikation mit unserem Meister ein Lernprozess, in dem man das Wagnis eingehen muss, das Empfangene mutig umzusetzen. Das beste Übungsfeld dafür sind zuerst einmal Situationen in unserem Alltag, wo wir die einzig Betroffenen sind. Wenn wir hier lernen, im inneren Fragen und im Zwiegespräch mit Gott seine Stimme zu verstehen, die vorbereiteten Werke zu erkennen und uns in deren Ausführung leiten zu lassen, können wir auch in den seelsorgerlichen Gesprächen mit dem Jünger-Ohr und der Jünger-Zunge rechnen.[5]

Der Wunsch, die vorbereiteten Werke zu erkennen, spielt schon bei einer telefonischen Anfrage eine Rolle. Meistens muss die Entscheidung, ob wir mit einer Person ein erstes Gespräch vereinbaren oder sie ab- bzw. weiterweisen sollen, schon am Telefon gefällt werden. Wenn wir innerlich im Zwiegespräch mit unserem Herrn bleiben, können wir zu erkennen versuchen, wie wir reagieren sollen. Hier ein Beispiel dafür (Beispiel 21):

> *In meiner Telefonzeit meldete sich ein Mann; seinen Namen hatte ich schon gehört; aber in welchem Zusammenhang? – „Ich lebe im Ehebruch; kann ich zu Ihnen kommen?" Aus dem inneren Zwiegespräch mit dem Meister heraus fragte ich den Mann: „Haben sie die außereheliche Beziehung schon aufgelöst?" – „Nein." – „Dann können Sie nicht zu mir kommen. Sie können dann kommen, wenn Sie sie abgebrochen haben." Auf der anderen Seite blieb es still. Nach einiger Zeit fuhr ich weiter: „Wie lange brauchen Sie, um dies zu tun?" – „Drei Wochen." – „Gut! Ich gebe Ihnen jetzt einen Termin für in drei Wochen." Darauf ließ er sich ein und ich suchte einen Termin für ihn. Nachher erfuhr ich von meiner Mitarbeiterin, dass die Frau dieses Mannes bei ihr in der Therapie sei und dass sie seit Wochen miteinander dafür beteten, dass der Mann sich bei mir melde.*

---

4 Vgl. Jesu Aussage in Joh 5,20.

5 Vgl. dazu Jes 50,4–5 und Übersicht 29 in Kapitel 7.7.

Als der Mann zum ersten Gespräch kam, hatte er die Beziehung wirklich definitiv abgebrochen. Wir konnten die schuldhafte Erfahrung in wenigen Gesprächen tief auf- und verarbeiten.

Die Frage, ob es von Gott für uns vorbereitet ist, mit einer Hilfe suchenden Person zu arbeiten, wird dann aber v. a. nach dem Erstgespräch wichtig. Dann muss die definitive Entscheidung mit all ihren Rahmenbedingungen gefällt werden (vgl. dazu unten).

Impuls zur Vertiefung:

Wie kann ich in der Fähigkeit wachsen, die vorbereiteten Werke zu erkennen?

4.2. Anfrage und Erstgespräch

4.2.1. Die Anfrage

Eine Anfrage um Hilfe kann auf schriftlichem oder mündlichem Wege an uns gelangen. Schriftliche Anfragen sind meist weniger reich an Informationen als ein telefonischer Erstkontakt. Weil uns die gesprochene Sprache (Wortwahl, Intonation, Stimme, Reaktionsweise usw.) zusätzliche Hinweise liefert und wir bei gewissen Punkten nachfragen können, habe ich auch schriftliche Anfragen immer wieder durch einen Telefonanruf beantwortet.

Für die erste Entscheidung, ob wir einer Person ein Erstgespräch anbieten oder sie gleich ab- bzw. weiterweisen sollen, sind fürs innere Zwiegespräch mit dem Meister gewisse Hinweise hilfreich:

- Falls die Hilfe suchende Person nicht selbst anruft: Wer ruft aus welchen Gründen für wen an? Grundsätzlich gilt die Regel, dass wir nur den Betroffenen selbst Auskunft geben und mit keinem anderen einen Termin vereinbaren.
- Falls die Person selber anruft: Wie wird die Not umschrieben; wie hoch ist die Dringlichkeit; welche Hilfs-Alternativen hat die Person? Hat sie schon andere Helfer?

- Welche Hilfe erwartet sie? Wie steht es um ihre Motivation zur Veränderung?
- Weshalb will die Person gerade zu mir kommen; welche Erwartungen hat sie an mich?
- Nun muss innerlich die Entscheidung getroffen werden: Entweder Abweisung oder Weiterweisung an einen anderen Helfer (Seelsorger, Hausarzt, Psychotherapeuten, Psychiater usw.); oder den Termin für ein Erstgespräch festlegen. Schließlich muss klargestellt werden, dass nach dem Erstgespräch alles offen ist; die Entscheidung, ob und wie gemeinsam weitergearbeitet wird, soll beiderseits erst nach dem ersten Gespräch gefällt werden.

4.2.2. Das Erstgespräch

Dem Erstgespräch kommt große Bedeutung zu: Schon die ersten Augenblicke geben vielfältige Hinweise, ob die „Chemie" der Beziehung zwischen Klient und Seelsorger stimmt; der Klient will mit seiner Not empfangen, angenommen und verstanden werden; er versucht zu erkennen, ob er dem Helfer vertrauen kann. Da der Helfer im Erstgespräch wichtige Hinweise für die anschließend zu treffende Entscheidung gewinnen kann, muss er durch alle beziehungsmäßigen Prozesse hindurch seine Informationen sammeln (vgl. dazu die Übersicht 12). Diese sind so vielfältig, dass sie nicht alle im Erstgespräch gewonnen werden können. Was hat Priorität? Hier einige Hinweise:

Wir wollen einen möglichst klaren Überblick gewinnen über die Problematik des Klienten (inklusive körperliche Symptome, Gesundheitszustand, eingenommene Medikamente, ärztliche Betreuung usw.), über sein soziales Umfeld (Ehe, Familie, kirchliche Einbindung) und über seine berufliche Situation. Zuerst lassen wir die Hilfe suchende Person von sich aus berichten, was sie uns über den Grund ihres Kommens sagen möchte. Dann können wir durch gezieltes Nachfragen weitere für eine Gesamtsicht wichtige Elemente herausarbeiten. Es gehört zur inneren Logik des finalen Ansatzes, dass wir auf umfassende Informationen über die Vorgeschichte verzichten können; die saubere Erkundung der aktuellen Situation ist als Ausgangspunkt für unser vorwärtsgerichtetes Arbeiten aber von großer Wichtigkeit.

Gute Klärung braucht auch die Frage nach der Arbeitsweise: Welche Vorstellungen bzw. Erwartungen bringt die Hilfe suchende Person mit? Kann sie sich auf eine final ausgerichtete Aufbauarbeit einlassen? Wie weit ist sie bereit, konkret auf der Basis des Glaubens zu arbeiten (z. B. Schritte im Gebet zu tun, im Glauben zu wachsen usw.)?

Die letzte Phase des Gesprächs soll dazu genutzt werden, aus dem Besprochenen heraus mit der Hilfe suchenden Person einen ersten Schritt hinein in das von Gott für sie vorbereitete Neue zu erarbeiten. Dieser soll so klein sein, dass die Umsetzung mit 95% Sicherheit gelingen kann. So gewinnt die Person einen ersten konkreten Einblick in unsere Arbeitsweise, wird von Anfang an aktiviert und kann die motivierende und Hoffnung schaffende Erfahrung machen, dass der Weg in die Zukunft offen ist.

Übersicht 12 gibt einen Überblick über die Aufgaben des Erstgesprächs und ergänzt das oben Gesagte:

ÜBERSICHT 12

Das Erstgespräch

- Was der Seelsorger in Erfahrung bringen sollte:
  - Die Darlegung des Problems
  - Die, wo möglich, positiv formulierten Zielsetzungen der Hilfe suchenden Person
  - Ihre Erwartungen an den Helfer
  - Die Motivation des Hilfesuchenden
  - Die Tragkraft seines Glaubens und die Bereitschaft, ihn einzubeziehen

- Worüber der Klient informiert werden muss:
  - Das Hilfsangebot und die Arbeitsweise (vorwärtsgerichtete Aufbauarbeit)
  - Die Spielregeln für die Zusammenarbeit
  - Die zu klärenden Punkte der „Seelsorge-Vereinbarung“

• Was der Seelsorger von Gott braucht: – Gottes finalen Hoffnungsblick – Eine Ahnung vom göttlichen Zielbild für die Hilfe suchende Person – Eine Ahnung, wo Gott bereits wirkt und wo der Klient für Neues offen ist
• Die Beziehungsdynamik zwischen Klient und Helfer: – Gegenseitiges Beschnuppern – Der Klient testet den Helfer aus: Tragkraft, Golddeckung, Vertrauenswürdigkeit – Das Potential für Persönlichkeits-Konflikte mit dem Klienten wahrnehmen – Die Rückwirkungen der Seelsorgebeziehung auf die eigene Person feststellen
• Was die Vertrauensbasis aufbaut: – Verständnis und Einfühlungsvermögen für den Klienten und seine Situation – Mitfühlen können, ohne sich mit dem Klienten zu solidarisieren – Eine Überzeugung haben und eine klare Linie – den Klienten freilassen können – Die Hoffnungskapazität, Tragfähigkeit und der lange Atem des Seelsorgers – Das Angebot einer echten, liebenden Beziehung
• Sofort mit der Arbeit beginnen: – Eine gemeinsame Sicht der aktuellen Situation herausarbeiten – Wahl einer ersten, kleinen Umsetzungsaufgabe
• Die gegenseitige Zusage planen: – Der Seelsorger formuliert seine Bedingungen (Motivation usw.) – Festlegen, wann und wie die gegenseitige Zusage gegeben wird

4.2.3. Die Entscheidung

Nach dem Erstgespräch sollen nun beide Seiten grundsätzlich entscheiden, ob und unter welchen Bedingungen sie zur gemeinsamen Arbeit ein klares Ja finden können. Meistens bitte ich den Klienten, mich telefonisch über seinen Entschluss zu informieren, und gebe ihm dann auch meine Antwort bekannt.

Die Antworten auf folgende Fragen können dem Helfer wichtige Hinweise vermitteln:

- Ist durch das Erstgespräch hindurch Hoffnung für den Klienten in mir entstanden? Wo ist Gott bei ihm am Werk?
- Gibt es Hinweise darauf, dass die gemeinsame Arbeit von Gott her vorbereitet ist? Welches könnten die Themen sein, in denen eine Portion an Veränderung dran ist?
- Erleichtert die „Chemie“ der Beziehung die Zusammenarbeit; erlaubt sie den Aufbau einer guten Vertrauensbasis?
- Wie stark ist die Motivation des Klienten: wie ein Moped oder ein Lastwagen?
- Wie steht es um die Bereitschaft des Klienten zur Eigenverantwortlichkeit? Sind seine Erwartungen realistisch?

Die wichtigste Frage für den Seelsorger ist aber, ob es von Gott her ein vorbereitetes Werk ist, mit diesem Klienten zu arbeiten. Bei einem „Ja“ stellen sich weitere Fragen, die ebenfalls aus dem hörenden Gebet zu beantworten sind:

- Welche Themen sind in Gottes Auftrag vorgesehen; welche nicht?
- Sind gewisse Bedingungen zu formulieren (z. B. bezüglich der Motivation, anderer Helfer, der Umsetzung o. ä.)?
- Wann sollen wir mit den Gesprächen beginnen?
- Wie viele Gespräche; in welchem Rhythmus; Häufigkeit der Standortbestimmungen?
- Bei Verheirateten: Ist das Einbeziehen des Partners wichtig? Wozu; wie häufig?
- Frage des Honorars: ob; wie viel?

Auch wenn wir zu einem „Nein“ kommen, sind die Folgefragen in einer Hör-Stille zu klären:

- Wie soll die Absage formuliert werden? (Sich nicht hinter Gottes Antwort verstecken!)
- Auf andere Helfer hinweisen? Welche Namen und Adressen weitergeben?
- Sollen wir der Person einen Rat weitergeben? (Nicht im Namen Gottes sprechen!)

Für die grundsätzliche Entscheidung und die Folgefragen nehme ich mir jeweils Zeit, um zusammen mit meiner Frau auf Gott zu hören.[6] Die dem Hören zugrunde gelegte Frage formuliere ich so, dass eine einfache Antwort (z. B. „ja" oder „nein") möglich wird. Meine Frau und ich haben mit Gott folgende Abmachung getroffen: „Wenn du uns beiden die gleiche Antwort bzw. Überzeugung gibst, nehmen wir sie als deinen Rat an, den wir umsetzen werden, auch wenn vieles dagegen spricht." Falls unsere Antworten nicht übereinstimmen, legen wir die Frage für eine spätere gemeinsame Gebetszeit auf die Seite. Die Bestätigung im gemeinsamen Auf-Gott-Hören ist eine große Hilfe zum Erkennen der vorbereiteten Werke und zum Einholen von Gottes Rat bei wichtigen Entscheidungen.

Die Entscheidung müssen wir dann aber in eigener Verantwortung fällen und bereit sein, die Konsequenzen daraus zu tragen. Es ist nicht recht, sich bei Entscheiden aus dem Hören hinter Gott zu verstecken. Ich will berichten, wie ich diese Lektion gelernt habe (Beispiel 22):

Die meisten Zuhörer waren schon gegangen. Meiner Frau und mir war der wunderschöne Blumenschmuck aufgefallen. Das dafür verantwortliche Ehepaar war gerade am Zusammenräumen. So gingen wir zu ihnen und bedankten uns herzlich dafür, dass sie den Saal so liebevoll hergerichtet hatten. Sie nahmen unseren Dank entgegen. Dann sagte die Frau: „Wir hatten schon einmal miteinander zu tun." – „Wie ist Ihr Name?" – Die Frau sagte ihn, aber mein Gedächtnis ließ mich im Stich. Da fuhr die Frau fort: „Wir haben uns vor einiger Zeit zur Teilnahme am Ausbildungskurs für Eheseelsorge angemeldet. Sie haben uns dann zurückgeschrieben, Sie hätten aus dem Gebet mit Ihrer Frau heraus den Eindruck gewonnen, der Kurs sei zurzeit nicht dran für uns. Das hat uns in große Not gebracht und unsere Beziehung zu Gott infrage gestellt. Wir hatten nämlich auch miteinander gebetet und waren zur Überzeugung gelangt, der Kurs sei von Gott her für uns dran. Wer hatte nun recht gehört, Sie oder wir? Sicher Sie, dachten wir. Wir stellten unsere Gottesbeziehung in Frage; wir waren lange Zeit sehr verunsichert. Nun kommen wir langsam wieder auf die Beine." Ein tiefer Schreck durchfuhr mich: Was hatte ich an-

6 Vgl. dazu auch Abschnitt 6.6.4., „Hörendes Gebet".

gerichtet! Es wurde mir schlagartig klar, dass es unrecht ist, seine Entscheidungen mit Gott zu begründen. Diese Erkenntnis drückte ich dem Ehepaar gegenüber auch aus und bat sie um Verzeihung. Der Austausch tat ihnen gut; sie gaben uns dann noch einen Blumenstrauß mit. Für mich wurde diese Erfahrung zu einer unvergesslichen Lektion.

Im Falle einer Zusage zu einer gemeinsamen Arbeit gebe ich diese Entscheidung dann im vereinbarten Telefonanruf in kurzer Form bekannt und lege den zweiten Termin fest. Die Einzelheiten der Modalitäten werden dann im zweiten Gespräch im Rahmen der „Seelsorge-Vereinbarung" ausführlich besprochen. In Situationen, wo ich im Blick auf die Motivation oder die Formulierung des Veränderungszieles durch den Klienten gewisse Fragen oder Zweifel habe, verlange ich manchmal noch eine briefliche Antwort.

4.2.4. Die Seelsorge-Vereinbarung

In der „Seelsorge-Vereinbarung" geht es um die Rahmenbedingungen und Modalitäten der Seelsorge-Zusammenarbeit. Diese müssen im zweiten Gespräch besprochen werden. Dazu gehört:

- Thematik, Inhalt und Umfang der Arbeit. Gibt es weitere Helfer; wer, wie?
- Das Hilfsangebot und die Arbeitsweise besprechen (final, Umsetzung im Alltag).
- Beginn der Arbeit; Gesprächsrhythmus festlegen (wöchentlich bis 2-monatlich).
- Gesprächsblock (3 bis 12 Mal) und regelmäßige Standortbestimmungen festlegen.
- Bei verheirateten Klienten: Einbeziehen des Partners besprechen (vgl. unten).
- Ablauf und Dauer der Gespräche; Ort; Frage des Honorars.

Es sollte gut abgeklärt werden, ob und auf welche Weise andere Helfer am Seelsorgeprozess beteiligt sind. Auch hier gilt: Viele Köche verderben den Brei. Entweder muss sich die Hilfe suchende Person für *ein* Hilfsangebot und *einen* Helfer entscheiden oder es braucht eine genaue Absprache über die Koordination von sich ergänzenden Hilfsangeboten.

Wenn Helfer mit verschiedenen Zielrichtungen am Werk sind, werden im Klienten die der Veränderung widerstrebenden Kräfte gestärkt.

Wie viele Gespräche sollen wir anbieten? In meiner Arbeit hat es sich als stimulierend und hilfreich erwiesen, den Klienten nur einen begrenzten Block von Gesprächen anzubieten. Die festgesetzte Anzahl der Gespräche sollte aber realistisch sein. Sie sollte also die Möglichkeit beinhalten, im gemeinsam umrissenen Thema wirklich zum Ziel zu kommen (vgl. dazu unten: Wann kann man eine finale Seelsorge abschließen?). Wenn sich gegen Block-Ende dann zeigt, dass für die Zielerreichung noch 2–3 weitere Gespräche nötig sind, kann gemeinsam ein Nachtrags-Block festgelegt werden.

Nun noch zum Gesprächsrhythmus: Dieser hängt einerseits von der Dringlichkeit der Situation des Klienten ab, andererseits von den zeitlichen Möglichkeiten des Hilfesuchenden und des Helfers. Die Regel für den Abstand zwischen zwei Gesprächen könnte so formuliert werden: Der Abstand sollte groß genug sein, damit das Erarbeitete verdaut und umgesetzt werden kann, aber nicht zu groß, damit die Entwicklungs-Spirale nicht abbricht und ins Gegenteil verkehrt wird. Diese Regel zeigt auch auf, dass der Rhythmus im Verlauf einer finalen Seelsorge immer wieder angepasst werden sollte: In akuten Phasen muss er dichter werden; gegen Abschluss der gemeinsamen Arbeit können wir größere Abstände vorsehen.

Impulse zur Vertiefung:

Kann ich diese Vorgehensweisen übernehmen, oder fehlen mir dafür innere Voraussetzungen? Welche?

Welche bisherigen Vorgehensweisen möchte ich korrigieren?

4.3. Die Anfangsphase

Wie können wir nach der positiven Grundsatzentscheidung das nächste Gespräch gestalten? Als Einstieg bietet sich die Frage nach den Auswirkungen des ersten Treffens und nach den Erfahrungen mit der Umsetzungs-Aufgabe an. Dann fahren wir damit fort, die Situation des Klienten herauszuarbeiten (vgl. dazu Übersicht 12). In dieses Gespräch gehört auch die Planung unserer Weiterarbeit: Die Seelsorge-Vereinbarung; wie die Themen für die einzelnen Gespräche bestimmt werden; dass wir jedes Gespräch als Einheit mit einem Ziel verstehen wollen[7]; dass es zwischen den Gesprächen Neues im Alltag umzusetzen gilt usw. Falls dies vom Klienten her möglich ist, könnte hier Jesus die Regie über den ganzen Veränderungs- und Seelsorge-Prozess im gemeinsamen Gebet übergeben werden.[8]

Im zweiten Teil des Gesprächs sollte aber auch noch ein konkretes Thema angegangen werden. Es mag sich aus dem Einstieg oder dem ersten Teil des Gesprächs spontan ergeben; es kann aber auch vom Klienten erfragt werden: „Was ist heute nun noch dran?“ In der Bearbeitung dieses Themas sollten wir auch wieder so weit kommen, dass der Klient einen kleinen Umsetzungsschritt mitnehmen kann.

4.3.1. Die Vertrauensbasis

Dem Aufbau der Vertrauensbasis kommt in der Anfangsphase einer Seelsorge große Bedeutung zu. Je mehr der Klient uns vertrauen kann, desto besser kann Gott sein Werk durch uns tun. Wie wichtig der Ausbau und die Ausweitung der Vertrauensbasis sind, zeigt Abbildung 6: Je breiter sie ist, desto wichtigere und grundlegendere Themen wagt der Klient einzubringen und desto tiefer können diese bearbeitet werden. Dies ist für die Finale Seelsorge besonders zentral, da sie die Veränderung auf der tiefst möglichen Ebene anstrebt, auf der Gesinnungsebene.

Was kann der Seelsorger dazu beitragen, damit der Klient Vertrauen zu ihm finden kann? Es ist mir aufgefallen, dass die Dinge, die wir als dafür wichtig vermuten würden, bei den meisten Klienten kaum eine vertrauensbildende Wirkung haben: Unsere Ausbildungen und Diplome, der Erweis unserer fachlichen Kompetenz durch eine rasche und zutreffende Diagnose, dass wir die Situation flink begreifen und die Zu-

7 Vgl. dazu in Kapitel 6.3., „Finale Gesprächsführung“.

8 Vgl. Kapitel 3.5.

sammenhänge durchschauen, dass wir die Ursachen erklären und alle Fragen beantworten können, dass wir einleuchtende Lösungen und guten Rat haben usw.

Abbildung 6: Die Vertrauensbasis

... ist entscheidend für ...
das Spektrum der eingebrachten Probleme und die Tiefe der Bearbeitung

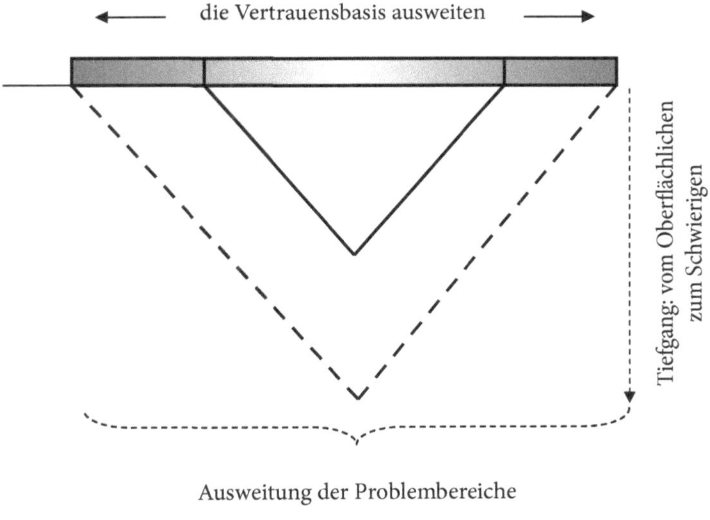

Was ist es denn, was Vertrauen schafft? Es ist nicht das, was wir vorzuweisen haben und wissen; es ist das, was wir als Person sind und selber leben:

- Dass wir durch Nöte hindurchgegangen und daran gewachsen sind; dass wir Menschen sind wie sie; unsere Ehrlichkeit.
- Unser Verständnis und unser Einfühlungsvermögen; dass wir sie bedingungslos annehmen und lieben können, dass wir mitfühlen können, uns aber nicht mit ihnen solidarisieren und in ihre Not hineinziehen lassen.

- Unser langer Atem und unsere Hoffnungskapazität.
- Dass wir eine klare Linie verfolgen und eine Überzeugung haben, ihnen aber die Freiheit lassen können.
- Dass das, was wir sagen und weitergeben, Golddeckung hat im eigenen Leben. Dies gilt in besonders ausgeprägter Weise für alles, was mit dem Gebet und dem Glauben zu tun hat.
- Es scheint vertrauensbildend zu sein, wenn wir eingestehen können, dass wir etwas nicht verstehen, nicht weiter wissen und von uns aus keine Lösung habe, dann aber vorschlagen, stille zu werden und im Hören auf Gott Rat und Hilfsangebote zu erbitten.

4.3.2. Das Schwungrad der Veränderung

In der Anfangsphase einer Finalen Seelsorge sollte das Schwungrad der Veränderung[9] möglichst bald in Gang kommen. Der weitere Verlauf wird oft dadurch bestimmt, ob dies gleich zu Beginn gelingt. Diesem Ziel dienen die gemäß der Kunst der kleinen Schritte[10] sorgfältig ausgewählten Umsetzungsaufträge vom ersten Gespräch an: Der Klient soll die Erfahrung machen, dass Veränderung möglich ist, dass er in Neues eintreten kann, dass der Weg nach vorne offen ist, wie seine Vergangenheit auch gewesen sein mag. Hier muss der Seelsorger eine gewisse Hartnäckigkeit entwickeln, Misserfolge sauber klären und nicht aufgeben, bis der „Erfolg" sich einstellt. Die ersten positiven Ergebnisse bringen Bewegung in die festgefahrene Situation des Klienten, bewirken bei ihm Hoffnungsgewinn, richten ihn auf ein Ziel aus. Dadurch entsteht beim Klienten auch ein Motivationsschub. Der Motor wird also nicht nur gestartet, sondern gewinnt auch an Kraft.

Auch andere Faktoren tragen dazu bei, dass die positive Entwicklungs-Spirale in Gang kommt:

- Die annehmende und liebende Grundhaltung des Seelsorgers.

---

9 Dieser Begriff erinnert an die gusseisernen Schwungräder der frühen Traktoren, die durch eine Kurbel mühsam in Bewegung gesetzt werden mussten. So wurde der Motor gestartet. Wenn das Schwungrad einmal drehte, starb der Motor nicht mehr ab. Vgl. die Begriffserklärung im Anhang.

10 Vgl. dazu Abschnitt 3.3.1.

- Sein Wissen, dass Gott im Klienten bereits am Werk ist; sein Hoffnungsblick auf die Situation des Hilfesuchenden; sein Vertrauen auf die Neuschöpfung und Gottes Angebote. Seine auch im eigenen Leben gemachten Erfahrungen mit Gottes einmaligen Lösungen.
- Dass der Helfer die gute Nachricht über Gottes Lösungen dem Klienten zum richtigen Zeitpunkt und in der richtigen Weise weitergibt[11].
- Dass der Seelsorger die kleinen Anfänge des Neuen erkennt und aufzeigt.
- Wenn der Klient aufgrund seines Erlebens immer bewusster wahrnimmt, wie Gott in seinem Leben am Werk ist und so in der Gotteserkenntnis und im Glauben wächst.

In der Anfangsphase muss der Klient lernen, sich auf die finale Vorgehensweise einzulassen. Die ersten positiven Erfahrungen mit unserer Arbeitsweise helfen ihm dabei. Falls er in der kausalen Denkweise verhaftet bleibt und immer wieder den Bezug zu seiner Vergangenheit herstellt, können wir dem Klienten den bereits in Kapitel 1. erwähnten Schritt vorschlagen, das Vergangene hinter sich zu lassen, indem er es ins „*Bad der Erneuerung*" ablegt[12]. Auf diese Weise kann er sich mit seiner Vergangenheit versöhnen[13] und so bereit werden, sich auf Gottes Ziel mit ihm auszurichten.

Zusammenfassend können wir sagen, dass die guten Erfahrungen in der Anfangsphase beim Klienten die Freude an mehr Freiheit und die Bereitschaft zu mehr Eigenverantwortung wecken sollten. Wie wichtig dies ist, haben wir bereits angedeutet: Nur so weit, wie der Klient bereit ist, mehr Eigenverantwortung für sich und sein Leben zu übernehmen, kann er die Heilung und Freiheit schaffenden Angebote Gottes annehmen und dann auch im Neuen leben.

Impuls zur Vertiefung:

Wie kann ich besser zum Aufbau der Vertrauensbasis beitragen?

---

11 Dies ist Teil des Auftrages der Seelsorger als „*Hirten und Lehrer*" (Eph 4,11).

12 Tit 3,5 (LU). Vgl. dazu Beispiel 9 in Kapitel 1.5.

13 Mehr dazu in *Makarios*: Versöhnt leben (S. 77ff.); vgl. auch in Kapitel 1.5., „Finale Logik".

4.4. Der Verlauf einer Finalen Seelsorge

Wenn wir nun den weiteren Verlauf einer Finalen Seelsorge betrachten, geht es um eine Reihe von Fragen: Wer bestimmt die Themen der einzelnen Gespräche und in welcher Abfolge sind sie zu bearbeiten? Welches sind die Weichenstellungen und die Phasen, die den Verlauf einer Finalen Seelsorge charakterisieren? Welcher Stellenwert kommt den Standortbestimmungen zu? Welche Rolle für den Verlauf spielt das soziale Umfeld des Klienten?

4.4.1. Wahl und Abfolge der Themen

Da wir uns in der Finalen Seelsorge Gottes Wirken unterordnen, verzichten wir auf jede Art von Programm. Gott hat für jeden Klienten seinen einmaligen, liebevollen, der Person ganz entsprechenden Plan. Dies bedeutet, dass wir es Gott überlassen, das Tempo des Veränderungsgeschehens und die Abfolge der Themen zu bestimmen. Manchmal fällt es uns schwer zu verstehen, dass er der Person so viel Zeit lässt und die Dinge, die uns gemäß unserer Logik vordringlich erscheinen, nicht gleich angeht. Weshalb handelt er so? Einerseits entspricht es seinem Wesen.[14] Andererseits ist die Kunst der kleinen Schritte Gottes ureigenste Erfindung; deshalb beginnt er mit den einfachen und leichten Dingen. Es gibt aber noch einen weiteren Grund, weshalb er oft nicht mit der Sanierung des Fundamentes beginnt: Er handelt gemäß seiner eigenen Logik, die darauf gründet, dass ja bereits alles vollbracht ist. Deshalb kann Gott überhängend bauen: Er kann ein Haus mit dem Dach beginnen und das Fundament am Schluss darunter setzen. Dies bedeutet, dass er in der Abfolge der zu bearbeitenden Themen völlige Freiheit besitzt und sich nicht an die Überlegungen der kausalen Logik zu halten braucht.

Aus uns heraus wissen wir also immer wieder nicht, wo Gott jetzt dran ist oder wo er weiterarbeiten will; er muss es uns zeigen. Dazu kommt, dass Gott oft gleichzeitig an mehreren Themen arbeitet, und so kann das Thema von Gespräch zu Gespräch wechseln. Gott geht die Ver-

14 Siehe 2Mo 34,6; 1Kor 13,4–7; Röm 2,4.

änderung portionenweise an und oft bildet das einzelne Gespräch eine solche Portion. Wir empfinden Gottes Vorgehen manchmal als unsystematisch. Die innere Logik und Weisheit seines Handelns können wir meist erst im Rückblick erkennen; dann aber staunen wir immer wieder darüber und unser Herz ist voll Freude und Lob.

Nun stellt sich die Frage, wie wir zu Beginn eines Gespräches das Thema erkennen können. Falls Gott denselben Faden weiterverfolgen will, ergibt sich das oft aus den Erfahrungen des Klienten beim Umsetzen eines Schrittes aus dem letzten Gespräch. Wenn dem aber nicht so ist, gibt es verschiedene Möglichkeiten, um das heutige Thema zu erkennen:

- Oft weiß der Klient selber, wo Gott gerade am Wirken ist. Wir können ihn also fragen: „Wo ist Gott zur Zeit gerade dran bei Ihnen?" Aufgrund dessen, was er in der Zwischenzeit erlebt hat, kann er manchmal recht klar Bescheid geben. Die Frage kann auch anders lauten: „Was beschäftigt Sie seit dem letzten Mal besonders?" oder: „Worum geht es heute?"
- Es mag auch sein, dass Gott uns vor dem Gespräch einen Hinweis gibt. In meiner langjährigen Tätigkeit gab es eine Phase, in der mir Gott im vorbereitenden Gebet jedes Mal einen Hinweis gab, worum es in diesem Gespräch gehen werde. Es kam dann aber auch der Zeitpunkt, wo er mir sagte: Nun kennst du mich gut genug; lass dich auf das ein, was dann kommt!
- Manchmal hatte ich auch den Eindruck, wir sollten mit einer Zeit des gemeinsamen Hörens auf Gott beginnen und ihn fragen, was er für dieses Gespräch vorbereitet habe. Was sich dabei ergab, war oft sehr überraschend. Es ist so spannend, Gottes Mitarbeiter zu sein: Er ist immer wieder der ganz Andere.

4.4.2. Der Verlauf

Den Verlauf einer Finalen Seelsorge vom Erstkontakt bis zum Abschluss möchte ich mit der Fahrt durch die große Gleisanlage eines Bahnhofes vergleichen: Es gibt unzählige Weichen zu stellen; und diese Weichenstellungen entscheiden dann, wo wir schlussendlich ankommen. Wenn wir wirklich als Mitarbeiter mit Gott dran sind und uns seiner Leitung anvertrauen, kann er die Weichen stellen. Und wenn wir uns einmal verrannt haben oder durch eine emotional bestimmte Reaktion auf einem Abstellgleis gelandet sind, können wir dies dem Klienten gegenüber eingestehen und Gott in einer gemeinsamen Hör-Stille bitten, uns zu zeigen, wo er nun fortfahren möchte.

Im Verlauf einer Finalen Seelsorge kann es verschiedene Phasen geben, die je durch eine eigene Arbeitsweise gekennzeichnet sein können.[15] So kann es Phasen der Arbeit am Aktuellen geben, wo jedes Gespräch sein eigenes Thema hat, und Phasen von Treppenbau-Arbeit, wo wir dasselbe Thema während mehrerer Gespräche gezielt und tief greifend angehen. Auch in der Wahl der Arbeitsweise soll Gott frei entscheiden können. Gegen Ende gibt es oft eine Konsolidierungs- und Abschlussphase, in der wir die Abstände zwischen den Gesprächen vergrößern und die Gespräche „ausleiten".

4.4.3. Meilensteine

Im Ganzen des Verlaufs gibt es grundlegend wichtige Schritte und Entscheidungen, auf denen die weitere Entwicklung dann aufbaut. Diese Scharnierstellen des Veränderungsprozesses nenne ich „Meilensteine der Entwicklung". Meilensteine sind Entscheidungen und Schritte im Gebet von großer Tragweite; sie geben dem Leben einer Person eine neue Richtung oder öffnen die Türe für neue Entwicklungen. Hier einige Beispiele: Mich Gott mit allem, was zu meiner Person und zu meinem Leben gehört, hingeben (vgl. Röm 12,1); eine Lebensbeichte ablegen und für alle vergangene Schuld Gottes Vergebung empfangen; die Eltern oder andere prägende Personen aus ihrer Schuld entlassen, indem ich ihnen vergebe; die Verantwortung für alles übernehmen, was ich bin und tue usw. Diese Meilensteine, die Menschen freiwillig setzen, sollen für immer Gültigkeit haben; so ist es recht vor Gott, der hinter seine gnädigen Entscheidungen auch nicht mehr zurückgeht. Dies bedeutet, dass wir nach einem Rückfall in eine frühere Gesinnung um Vergebung bitten, uns auf diese Meilensteine stützen und sie wieder in Kraft setzen können.

---

15 Vgl. dazu Kapitel 5.3., „Verschiedene Arbeitsweisen".

Dies habe ich in der Arbeit mit einem Ehepaar einmal auf eindrückliche Weise erlebt (Beispiel 23):

In den Gesprächen mit diesem Paar ging es um die Entfaltung ihrer blockierten und unausgelebten sexuellen Beziehung. Obwohl sie seit sieben Jahren zusammenlebten und seit zwei Jahren verheiratet waren, hatten sie noch nie sexuellen Verkehr miteinander gehabt. Beide machten in der gemeinsamen Arbeit grundlegende Schritte, bis es zu ersten guten sexuellen Kontakten kam; unsere Freude war groß. Da wurde einer von beiden durch ein Erlebnis aus seiner Vergangenheit wieder eingeholt, sodass es zu einem totalen Absturz kam. In ihrer sexuellen Beziehung ging nichts mehr und unsere Arbeit schien zunichte zu sein. Als sie es mir erzählten, war ich zuerst frustriert und hilflos. Was tun? Etwas in mir wollte sich nicht geschlagen geben; da kam mir der Gedanke an die Meilensteine. Wir trugen alle wichtigen, im Gebet gefällten Entscheidungen, die ihre Entwicklung ermöglicht hatten, zusammen. Als die Liste vollständig war, bestätigten beide ihre Meilenstein-Entschlüsse in chronologischer Abfolge im lauten Gebet. Am Schluss des Gespräches war alles gerettet und sie standen wieder an der vordersten Front ihrer Entwicklung. Welch ermutigende Entdeckung, dass es diesen Weg gab!

Die Entwicklung ging wirklich weiter; dies bestätigte sich im nächsten Gespräch und in der Folge. Nach der Geburt ihres ersten Kindes war ihre Freude so groß, dass sie meine Frau und mich einmal eingeladen haben.

Eine Zeichnung veranschaulicht die Bedeutung der Meilensteine und den Weg zurück nach einem Absturz:

Abbildung 7: Meilensteine

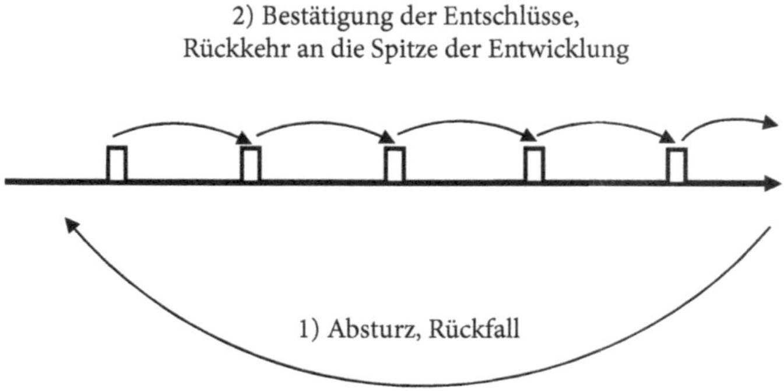

4.4.4. Standortbestimmungen

Regelmäßige Standortbestimmungen erlauben es, unser Miteinander, die gemeinsame Arbeit und deren Früchte einer ehrlichen Kontrolle zu unterziehen. So können wir den eingeschlagenen Kurs überprüfen und bei Bedarf auch korrigieren. Standortbestimmungen schaffen auch Gelegenheit, gewisse Rahmenbedingungen (z. B. den Gesprächsrhythmus) anzupassen.

Die erste Standortbestimmung mache ich in der Regel im letzten Teil des vierten Gespräches, d. h. nach drei Gesprächen. Standortbestimmungen bilden meistens den Abschluss eines normalen Gespräches; nur ausnahmsweise setze ich ein ganzes Gespräch dafür ein. Standortbestimmungen können auch außerhalb des dafür vorgesehenen Rhythmus nötig werden: Wenn die gemeinsame Arbeit ins Stocken gerät, die Umsetzung im Alltag nicht geschieht, in der Seelsorge-Beziehung Spannungen auftreten oder neue Themen den vereinbarten Rahmen sprengen (z. B. wenn sich die Einzelarbeit zur Paararbeit entwickelt).

Wie soll eine Standortbestimmung gestaltet werden? Beide Seiten müssen die Bereitschaft haben, sich der subjektiven Realität des anderen[16] ehrlich und offen zu stellen. Der Klient soll den Raum bekommen zu sagen, wie er sich in der Seelsorge-Beziehung fühlt; er soll die Freiheit haben, zu seinen Fortschritten und Misserfolgen zu stehen und seine Wünsche für Änderungen in der Arbeitsweise oder in der Haltung des Helfers ausdrücken zu können. Dann dürfen aber auch wir sagen, wie es uns ergeht, worüber wir uns freuen, aber auch, was uns Mühe bereitet oder wo wir enttäuscht sind. Darauf folgt die Frage: Wie geht es weiter? Es gilt nun, gemeinsam die Schlussfolgerungen zu ziehen, Kurskorrekturen vorzunehmen und die nächste Phase der Arbeit zu planen. Gegebenenfalls müssen wir unsererseits auch Bedingungen formulieren, ohne deren Einhaltung die gemeinsame Arbeit abgebrochen werden muss (z. B. wenn der Klient immer wieder nicht zum Gespräch erscheint). Ehrlich und offen gestaltete Standortbestimmungen bewirken eine neue Klarheit, reinigen die Atmosphäre und tragen viel zum Erreichen des gesteckten Zieles bei.

Impulse zur Vertiefung:

Wie sieht der typische Verlauf meiner Seelsorgen aus?

Welche Anregungen aus diesem Kapitel möchte ich aufnehmen?

4.5. Das Einbeziehen des sozialen Umfeldes

Zuletzt möchte ich noch aufzeigen, wie das Einbeziehen des sozialen Umfeldes den Verlauf einer Seelsorge beeinflussen kann. Als Beziehungswesen lebt der Mensch in einem sozialen Netz, das aus all seinen Beziehungen besteht. Dieses funktioniert wie ein regelgesteuertes System: Die Veränderung eines Teils bedingt die Änderung der eingespielten Regeln und alle anderen Teile müssen sich anpassen. Deshalb setzt

16 Es ist eine Tatsache, dass Helfer und Klient das Seelsorge-Geschehen je aus einer anderen Perspektive erleben. Dies darf so sein. Es ist für den Helfer wichtig, das subjektive Erleben des Klienten zu kennen und an- und ernstzunehmen, ohne dass er deshalb seine Sicht ändern muss.

ein System einer Veränderung Widerstand entgegen. Das gilt für alle Beziehungen.

4.5.1. Einzelseelsorge mit verheirateten Klienten

In besonders ausgeprägter Weise gilt diese Tatsache aber für die Ehe; sie ist die engste Beziehung, die zwischen Menschen möglich ist. Dies bedeutet, dass der Partner eines Hilfesuchenden der Veränderung, die er sich vielleicht über lange Zeit von Herzen gewünscht hat, auf unbewusste Weise Widerstand entgegensetzen kann und sich weigert, sein Verhalten zu ändern und sich auf das Neue einzulassen. Diesem Phänomen bin ich in meiner Tätigkeit oft begegnet. Es hat mit der Tatsache zu tun, dass wir uns vom anderen ein inneres Bild machen; und wir sind nicht so schnell bereit, ihn aus diesem Bild zu entlassen. Unsere Personbilder sind so aufgebaut, dass wir nur das wahrnehmen, was unser Bild bestätigt. Es braucht also eine lange „Überflutung" mit neuen Informationen, bis wir bereit werden, die Veränderung wahr- und ernstzunehmen und uns darauf einzulassen; uns darauf einlassen bedeutet ja, unsere Sicht- und Reaktionsweise dem anderen gegenüber anzupassen, uns also selber auch zu verändern. Dass das eine herausfordernde Aufgabe ist, habe ich in der Arbeit mit verheirateten Klienten immer wieder erlebt. Hier ein Beispiel (Beispiel 24):

> *Im ersten Gespräch mit diesem Ehepaar war das Thema bald klar: Die Frau war krankhaft eifersüchtig. Seit dem ersten Tag nach den Flitterwochen hatte sie ihren Mann mit misstrauischen Fragen in Bezug auf seine Mitarbeiterinnen bedrängt: „Mit welcher warst du heute zusammen?" Als die Versuche, seine Frau von der Unbegründetheit ihrer Befürchtungen zu überzeugen, nichts fruchteten, zog er sich immer mehr zurück. Beiden war die Liebe zum Partner abhanden gekommen. Es war klar, dass die Not zuerst in Einzelgesprächen mit der Frau angegangen werden musste, bevor es um die Ehebeziehung gehen konnte. Die Frau machte gute Fortschritte in Richtung Selbstwert, Eigenständigkeit und Liebesfähigkeit. So konnte sie ihre misstrauisch-kontrollierende Haltung und die Eifersucht immer mehr überwinden. Von Zeit zu Zeit lud ich den Mann zu einem Gespräch ein. Als mir klar wurde, dass er die Veränderung seiner Frau nicht wahrnahm oder ihr so misstrau-*

te, dass er sein Verhalten nicht ändern wollte, bot ich ihm einen Block persönlicher Gespräche an. In diesen merkte ich bald, dass er nicht bereit war, seine Frau aus dem Bild der „Kranken" zu entlassen; dieses schützte ihn gegen die Notwendigkeit, an seiner eigenen Veränderung zu arbeiten. Ich kam nicht weiter mit ihm. Die Ehe wurde später getrennt oder geschieden.

In der Einzelseelsorge mit verheirateten Klienten ergibt sich also eine doppelte Gefahr:

- Die erste besteht darin, dass der Partner des Klienten zum Gegenspieler unserer Arbeit wird: Aufgrund der obigen Mechanismen bekommen viele Klienten zu Hause immer wieder die entmutigende Rückmeldung, es verändere sich bei ihnen ja gar nichts. So verstärkt der Partner, ohne dass er dies will, im Klienten den Zweifel an seinen Fortschritten und er verbündet sich mit den unguten Kräften im Klienten selber: der Hoffungslosigkeit, der Trägheit und dem Widerstand gegen den Wandel.
- Die zweite besteht darin, dass unsere Arbeit die Ehe des Klienten gefährden kann: Wenn sich der Klient trotz aller Widerstände doch verändert und der Partner nicht bereit ist, sich darauf einzulassen, „funktioniert" die eheliche Beziehung nicht mehr so wie bisher; dies kann eine Ehekrise auslösen.

Aus diesen Erfahrungen heraus habe ich begonnen, den Partner in größeren Abständen zu einem Dreiergespräch einzuladen. Das erste Ziel dieser Gespräche war die fortlaufende Integration der Veränderung des Klienten in die Ehebeziehung; wenn dies gelang, förderte ich indirekt auch die Entwicklung des Partners. In diesen Gesprächen konnte ich zudem darüber wachen, dass die Entfaltung des Klienten nicht aus der Ehe hinaus, sondern in eine tiefere Ehefähigkeit hinein führte. Hier noch ein zweites, sehr ermutigendes Beispiel für das Einbeziehen des Partners (Beispiel 25):

Ich habe den kleinen, rothaarigen Mann in den zwölf Jahren, in denen ich ihn begleitet habe, sehr lieb gewonnen. Trotz seiner Schizophrenie konnte er in seiner Familie bleiben, halbtags in einer geschützten Werkstatt arbeiten und musste während der ganzen Zeit nie in eine Klinik eingewiesen werden. Dies war vor allem das Verdienst seiner Frau. Sie kam etwa alle sechs Monate zu mir. In diesen Gesprächen lernte ich oft mehr von ihr als sie von mir. Sie wurde für mich zum Modell-Beispiel dafür, wie gut sich ein Ehepartner entwickeln und stark werden kann, wenn er freiwillig in einer so schwierigen Ehesituation bleibt. Sie lernte, die Situation ihres Mannes anzunehmen, ohne ihn zum Kranken zu stempeln oder zum Kind zu machen. Sie hatte ein natürliches Gespür dafür, wo und wie viel Verantwortung er tragen konnte; so konnte er zu Hause gewisse Aufgaben übernehmen und hatte seinen Platz im Familiengefüge. Sie hat auch das Entscheidende dazu beigetragen, dass sich mit den drei Kindern eine gute Vater-Sohn-Beziehung entwickelte. Ohne die unterstützende Zusammenarbeit mit dieser Frau hätte ich nie so viel für den gebeugten und geplagten Mann tun können.

4.5.2. Die Ko-Evolution fördern

Die Gesetzmäßigkeit, dass die Veränderung des einen auch die Veränderung des Partners bedingt, bezieht Gott in sein Handeln ein: Die Entfaltung des einen soll auch zur Entfaltung des anderen beitragen; das nennt man in der Eheseelsorge Ko-Evolution.[17] Es hat mich immer wieder beeindruckt, wie sorgfältig und zeitlich koordiniert Gott die Partner aufeinander zu verändert und sie zum anderen hin entfaltet. Aus dem Entwicklungspotential, das in einem Menschen angelegt ist, wählt Gott immer das aus, was die Person selber „makarios“ macht und zugleich die Ausgestaltung der einmaligen Ehebeziehung vorantreibt. Wenn der Seelsorger sich also ganz auf Gottes Wirken einlässt, besteht wenig Gefahr, dass sich ein Partner aus der Ehebeziehung hinaus entwickelt. Trotzdem möchte ich ein paar grundsätzliche Hinweise für die Arbeit mit verheirateten Klienten geben:

- In allem, was wir tun, sollten wir nicht nur unseren Klienten, sondern auch das Wohl des Partners und die Ehebeziehung im Blick haben; alles, was zu deren Entfaltung beiträgt, ist auch für unseren Klienten gut.
- Wir streben nach der göttlichen Haltung der Allparteilichkeit. Deshalb hüten wir uns davor, uns mit dem Klienten gegen den abwe-

17 Vgl. die Begriffserklärung im Anhang.

senden Partner zu solidarisieren. Wir verzichten aber auch auf die Schiedsrichter-Rolle zwischen Mann und Frau.

- Liebesfähigkeit und Achtung dem Partner gegenüber ist ein Ziel unserer Arbeit; deshalb lassen wir herabwürdigende Äußerungen über den Partner nicht unbearbeitet.
- In den oben umschriebenen Dreiergesprächen wollen wir das Vertrauen des Partners gewinnen, damit die seelsorgerliche Einzelarbeit auch der Ehebeziehung zum Segen gereichen kann.

Impuls zur Vertiefung:

Wie kann ich das soziale Umfeld eines Klienten für die Seelsorge besser nutzen?

4.6. Eine Finale Seelsorge abschließen

Wann ein seelsorgerlicher Prozess abgeschlossen werden kann, hängt einerseits von der Zielsetzung ab, die man sich gestellt hat, d. h. von der Definition dessen, worum es geht. Andererseits benötigt uns Gott nur solange, bis die Person den Weg mit ihm alleine gehen kann. Deshalb ist es unser Ziel, die Beziehung des Klienten zu Gott so zu stärken, dass wir möglichst rasch überflüssig werden. Die Frage lautet für uns also nicht: „Sind die Probleme nun gelöst?", sondern: „Kann der durch unsere Arbeit angestoßene Entwicklungsprozess nun auch ohne uns weitergehen?" Oder anders formuliert: Ist Gottes Ziehen und das Laufen des Hilfesuchenden[18] soweit freigesetzt, dass die Entwicklung ohne Gespräche weitergehen wird? Ist das Schwungrad der Veränderung bereits so in Gang gebracht, dass der Motor auch ohne Gespräche weiterdrehen wird?

Woran können wir erkennen, dass dem so ist? Hier ein paar Anzeichen:

---

18 Vgl. dazu nochmals Paulus: *„Ich jage auf das Ziel zu … weil ich auch von Jesus Christus ergriffen bin"* (aus Phil 3,12-14).

- Die Umsetzung der gefällten Entscheidungen geschieht immer effizienter.
- Die Gottesbeziehung des Klienten wächst.
- Er beginnt, in den Gesprächen eingeschlagene Wege der Bearbeitung selbständig auf andere Situationen und Bereiche zu übertragen; er lernt also, sich selbst zu Hilfe zu kommen.[19]
- Der „Domino-Effekt der Gnade" beginnt, sich immer deutlicher zu zeigen, indem sich auch in unbearbeiteten Bereichen Veränderungen einstellen.
- Der Klient kann grundsätzlichere Gesinnungsänderungen vollziehen und umsetzen.
- Er kann sich gut auf größere Abstände zwischen den Gesprächen einlassen.

Die Frage nach dem Abschluss ergibt sich aus der festgelegten Anzahl von Gesprächen meist von selbst. Ist ein Abschluss aber schon früher möglich, kann die Frage in einer Standortbestimmung angeschnitten werden. Wichtig ist, dass der Klient und der Helfer im Gespräch Übereinstimmung finden; bei Bedarf können sie in einer Hör-Stille auch Gott um Rat fragen.

4.6.1. Das Abschlussgespräch

Das Abschlussgespräch muss mit dem Klienten vorbereitet werden. Er sollte Papier und Schreibzeug mitbringen. In meiner Arbeit hat sich eine Form bewährt, die aus drei Teilen besteht:

Im 1. Teil tragen wir zusammen, was sich in der Zeit seit Beginn der gemeinsamen Arbeit bis jetzt verändert hat. Wenn Gott über das Ganze Regie führt, ist es nicht wichtig zu wissen, wie viel davon die direkte Frucht der Gespräche ist und was durch andere Erfahrungen des Klienten ausgelöst worden ist. Seine Veränderung ist Gottes Werk und ein unteilbares Ganzes. Bei diesem Zusammentragen kommt dem Seelsorger die Rolle zu, darüber zu wachen, dass Gottes veränderndes Wirken wirklich auch wahrgenommen wird. Der Vergleich zwischen

19 Vgl. Beispiel 4 in Abschnitt 1.3.4.

dem in mir gespeicherten Gesamtbild über die Situation des Klienten im Erstgespräch und dem, wie ich ihn jetzt erlebe, ermöglicht es mir, die Veränderungen zu erkennen und zu formulieren. Im Sinne der Aufforderung: „*Vergiss nicht, was er dir Gutes getan hat*“[20], ermutige ich den Klienten, sich aufzuschreiben, was wir im Abschlussgespräch gemeinsam erarbeiten. Es kann sinnvoll sein, dieses Sammeln im Gespräch etwas zu strukturieren.

Folgende Aspekte bieten sich an:

- Versöhnung mit dem Leben und in den Beziehungen
- Veränderungen in der Selbstbeziehung, in der Gottesbeziehung, in den wichtigsten mitmenschlichen Beziehungen (z. B. in der Ehe, den Kindern gegenüber usw.)
- Gewinn an Freiheit und Eigenverantwortlichkeit
- Seinen Platz einnehmen in der Familie, im Beruf, in der Gemeinde
- Wichtige Weichenstellungen

Dieses Zusammentragen habe ich immer wieder als beglückenden und den Glauben stärkenden Moment erlebt, der fast immer geprägt war durch das Staunen darüber, dass Gott *„über alles hinaus zu tun vermag, über die Maßen mehr, als wir erbitten oder erdenken, gemäß der Kraft, die in uns wirkt.*“[21]

Der 2. Teil besteht aus einer gemeinsamen Zeit im Gebet: Gott gebühren das Lob, die Ehre und der Dank für alle Veränderung. Diese Zeit gestalte ich als Puzzle-Gebet.[22]

Im 3. Teil geht es um die Frage: Welches ist der Beitrag des Klienten, damit sich das Schwungrad der Veränderung weiterdreht? Für die Antwort auf diese Frage schlage ich meistens eine Hör-Stille vor. Es geht dann immer nur um *einen* Punkt, in dem Gott Treue im Kleinen erwartet. Was mich bei den Ergebnissen immer wieder beeindruckt, ist die Tatsache, dass Gott uns klare, einfache und machbare Aufträge gibt. Hier einige Beispiele, worum es sich handeln kann:

---

20 Ps 103,2 (LU).

21 Eph 3,20.

22 Vgl. Übersicht 23 in Kapitel 6.6.

- Dem himmlischen Vater am Morgen fünf Minuten Zeit schenken, in denen es nur um die Beziehung zu ihm geht.
- Konsequent aus der Vergebung leben.
- Keinen Konflikt unbereinigt stehen lassen.
- Jeden Tag mit einer Zeit des Dankens abschließen.

Wenn der Klient in dem treu ist, was Gott ihm hier zeigt, wird auch der Entwicklungsprozess weitergehen.

Und nachher? Der Klient braucht Mut, nun wieder ganz alleine auf Gott und sich selber geworfen zu sein. Um ihn hier zu ermutigen, mache ich zuletzt meistens ein Angebot: Mit etwas ängstlichen und unsicheren Klienten vereinbare ich in 6 Monaten ein Stützpunkt- oder Standortbestimmungsgespräch. Den anderen Klienten biete ich an, dass sie sich, wenn es ihnen sinnvoll erscheinen sollte, in 1 bis 2 Jahren für einen kurzen Fortsetzungsblock bei mir melden dürfen. Dieses Angebot haben einige meiner Klienten dann auch in Anspruch genommen; dabei hat es sich gezeigt, dass meistens nur wenige Gespräche nötig waren, um das Schwungrad wieder in Bewegung zu bringen. Ein Beispiel (Beispiel 26):

> *Ich hatte die Therapie mit diesem Ehepaar nicht als besonders erfolgreich erlebt. Aufgrund meines Angebotes meldete es sich nach gut zwei Jahren wieder und bat um einen Fortsetzungs-Block. Ich bot ihnen drei Gespräche an. Im ersten Treffen war ich überrascht: Beide hatten sich seit dem Abschluss persönlich und in ihrer Beziehung weiterentwickelt; ich war erstaunt, wie kreativ sie Schwierigkeiten miteinander anpackten. Schon im ersten Gespräch stellte ich fest: Das Schwungrad der Veränderung hat auch ohne Gespräche weitergedreht. Ich drückte ihnen meine Freude darüber aus.*
>
> *Im zweiten Gespräch wollte ich sie fragen, ob ein drittes Gespräch überhaupt noch nötig sei. Bevor ich dazu kam, berichteten sie, dass ihnen durch das letzte Gespräch bewusst geworden sei, wie gut sie als Ehepaar mit Gott unterwegs seien, und machten von sich aus den Vorschlag, unseren kurzen Block mit dem zweiten Gespräch abzuschließen.*

4.6.2. Abbrüche

Und wenn es zum Abbruch kommt? Ich habe dies mehrfach erlebt und jedes Mal war es eine schmerzhafte Erfahrung. Auch Jesus hat im Gespräch mit dem reichen Jüngling etwas Vergleichbares erlebt.[23] Dass auch Jesus das erleben konnte, macht klar, dass das Scheitern nicht immer mit dem Versagen des Helfers zu tun hat, sondern sehr oft mit der Freiheit des Hilfesuchenden, der Gottes Rat und Hilfe ablehnen kann.

Wie kommt es zu einem Abbruch? Mehrere Ursachen können dazu führen:

- Es gibt Abbrüche, die durch die Weigerung des Klienten bedingt sind, sich auf die Voraussetzungen für Veränderung einzulassen[24] oder den Teil des Menschen im Veränderungs-Pingpong mit Gott zu übernehmen. Solche Abbrüche können im Rahmen einer Standortbestimmung gemeinsam beschlossen werden. So können Helfer und Klient ihre Arbeitsvereinbarung im gegenseitigen Einvernehmen auflösen.
- Andere Abbrüche ergeben sich, weil die Person einfach nicht mehr erscheint. Oder sie teilt ohne irgendeine Vorwarnung und ohne Begründung plötzlich schriftlich mit, sie komme nun nicht mehr – zum Beispiel mittels einer Postkarte aus den Ferien … Ich nehme dann jeweils meinerseits mit dem Klienten Kontakt auf und teile ihm mit, dass ich die am Anfang getroffene gegenseitige Seelsorgevereinbarung gerne in einem abschließenden Gespräch beenden möchte. Falls er auch dann nicht antwortet, schreibe ich ihm – meist im Rahmen meiner eigenen Standortbestimmung zum Jahresende – einen abschließenden Brief.
- Als die schwersten Abbrüche habe ich die erlebt, wo der Anstoß von mir ausgehen musste: Entweder war meine Hoffnungskapazität zu Ende – und ohne Hoffnung für einen Menschen zu haben, darf man nicht mit ihm arbeiten – oder mein Beziehungsangebot war ausgeschöpft, sodass ich nichts mehr zu geben hatte (auch helfende Beziehungen scheinen sich verbrauchen zu können). Und dann kommt

23 Mk 10,17–23.

24 Vgl. Übersicht 10, in Kapitel 3.3. und 11 in Kapitel 3.4.

der schwere Moment, wo man das der Person mitteilen muss, indem man 100% der Verantwortung für diesen Schritt übernimmt. Ich erinnere mich an ein solches Gespräch, in dem die Klientin in ihrer Not und Enttäuschung die ganze gemeinsame Arbeit – es war mit über 200 Stunden die längste Therapie, die ich mit jemandem gemacht hatte – in diesem einen Gespräch zunichtemachte und wegwarf. Das tat sehr weh.

In der Gestaltung eines Abbruch-Gespräches ist es mir wichtig geworden, dem Klienten einen letzten Liebesdienst zu erweisen, indem ich ihm meine Vorwürfe erspare, ihm die mir bewussten eigenen Unzulänglichkeiten eingestehe, ihn zu einem neuen Versuch mit einem anderen Helfer ermutige und ihn für den weiteren Weg Gott anbefehle. Es ist mir wichtig, dass er aus dem gemeinsamen Scheitern nicht den Schluss zieht, Gott wende sich nun ab von ihm, es gebe keine Hilfe mehr für ihn, er sei ein hoffnungsloser Fall.

Auch der Selbstmord eines Klienten ist ein „Abbruch", der im Seelsorger viele Fragen aufwirft, z. B. die nach seiner Mitverantwortung. Diesen Fragen müssen wir uns stellen und uns auf einen ehrlichen Verarbeitungsprozess einlassen; gegebenenfalls mit Hilfe von außen. Über dem schweren Erleben muss wieder Frieden einkehren in unserer Seele.

Aus den obigen Beispielen wird klar: Abbrüche müssen verarbeitet werden. Womit wir uns nicht versöhnt haben, was nicht verdaut und eingeordnet ist, gewinnt ungute Macht über uns, löst Angst vor einer Wiederholung aus und fördert damit die Entstehung von Vermeidungsverhalten. Was nicht verarbeitet ist, raubt uns den Frieden und nimmt uns unsere Freiheit. Wie die Aufarbeitung geschehen kann, möchte ich hier kurz andeuten:

- Mein eigenes Versagen anerkennen und von Gott Vergebung empfangen.
- Ungute Verhaltensweisen ablegen und die neuen anziehen.
- Dem Klienten vergeben, wo ich Vorwürfe gegen ihn habe.
- Mich mit dem Geschehen versöhnen und ihm seinen Platz als einmaligem Ereignis in meinem Leben zuweisen.
- Die Konsequenzen annehmen.

- Gott um die Erfüllung der Verheißung von Römer 8,28 bitten: das Geschehen soll allen Beteiligten zum Guten mitwirken.
- Mein Ja geben zur Möglichkeit neuen Scheiterns.

Impulse zur Vertiefung:

Welche neuen Gedanken zum Thema „Eine Seelsorge abschließen" nehme ich auf?

Gibt es Abbrüche, die ich noch verarbeiten sollte?

5. Arbeitsweisen

Bevor wir uns einzelnen Arbeitsweisen zuwenden, möchte ich nochmals die Grundhaltung unserer Mitarbeit mit Gott zusammenfassen, durch welche alles final-seelsorgerliche Wirken gekennzeichnet sein muss. Diese Zusammenarbeit findet dort ihren deutlichsten Ausdruck, wo wir den Glauben in unsere Arbeit einbeziehen können. Wie dies konkret geschehen kann, soll dann im übernächsten Kapitel aufgezeigt werden.

5.1. Mit Gott zusammenarbeiten

Als Gottes Mitarbeiter versuchen wir, uns ganz ins göttliche Handeln einzuordnen; Gott soll in unseren Gesprächen der eigentlich Handelnde sein. Die dazu gehörende Grundhaltung der ganzen Verfügbarkeit für Gott und der freiwilligen Unterordnung unter seinen Willen umschreibt Paulus so: *„Ich diente dem Herrn mit aller Demut“*[1]. Das griechische Wort für *dienen*, das er hier verwendet, bedeutet eigentlich in der Stellung eines Sklaven sein, der nicht über sich selber bestimmen kann, sondern den Befehlen seines Herrn gehorcht. Diese Stellung Gott gegenüber hat er, so wie wir das auch von Jesus wissen, freiwillig eingenommen. Zu dieser Grundhaltung gehören zwei weitere Begriffe: *Demut* und *Treue*. Demut bezeichnet die richtige Selbsteinschätzung des Menschen Gott gegenüber, dass wir anerkennen, wie klein und unbedeutend wir sind, dass wir immer wieder schuldig werden und in einer absoluten Abhängigkeit von Gott stehen. Im Wissen um unsere Unfähigkeit erwarten wir alles von Gott. „Demut hat eigentlich nichts mit Selbstverachtung zu tun, sondern es meint die rechte Selbsteinschätzung vor Gott und dem Mitmenschen.“[2]

An einer anderen Stelle schreibt Paulus: *„Dafür halte man uns: für Diener Christi und Verwalter der Geheimnisse Gottes. Übrigens sucht man*

1 Apg 20,19.

2 *Elberfelder Studienbibel mit Sprachschlüssel, Altes und Neues Testament*, Wuppertal 2005. 4846, S. 2297.

hier an den Verwaltern, dass einer treu befunden werde.“[3] Von seinen Dienern erwartet Gott also nicht Erfolg, sondern einfach Treue; für den Erfolg ist er zuständig. Er setzt sie ein als *Verwalter der Geheimnisse Gottes*. Bezogen auf die Finale Seelsorge können wir hier an das denken, was Jesus Christus am Kreuz für jeden Menschen vollbracht hat, an Gottes Angebote und an all die Schätze, die in Gottes Wort verborgen liegen. Als Mitarbeiter seinem Herrn treu zu dienen, bedeutet aufmerksam, gehorsam, verlässlich, vertrauenswürdig und glaubwürdig zu sein.

Ein anderes neutestamentliches Bild umschreibt das Zusammenwirken zwischen Jesus Christus und denen, die sich ihm unterordnen, so:

Lasst uns … in allem hinwachsen zu ihm, der das Haupt ist, Christus.
Aus ihm wird der ganze Leib zusammengefügt und verbunden …
entsprechend der Wirksamkeit nach dem Maß jedes einzelnen Teils.[4]

Das Bild vom Leib beeindruckt mich zutiefst: Es bezeugt, welch große Liebe Jesus zu uns hat. Der, dem alle Macht gegeben ist im Himmel und auf Erden[5], beschränkt sich darauf, das Haupt zu sein, und setzt uns als seine Glieder ein. Welches Vertrauen, dass er durch uns handeln und seine Werke tun will! Das verleiht uns große Würde, aber auch große Verantwortung: Da ein Haupt ohne seinen Leib nichts bewirken kann, macht sich Jesus ganz von uns abhängig. Wenn ich mir dazu auch noch überlege, wie viele Glieder meines Körpers für eine ganz einfache Verrichtung koordiniert werden müssen, dann verstehe ich, wie wichtig es für Jesus ist, dass jedes Glied prompt gehorcht und zum richtigen Zeitpunkt und auf die rechte Weise das tut, wozu er es gerade beauftragt. Ist das nicht beeindruckend: Jesus als Haupt macht sich von uns abhängig. Dies gilt auch für die Finale Seelsorge. Welch großes Privileg, in den Gesprächen sein Herz, sein Ohr, sein Mund, sein Blick sein zu dürfen!

Als Gottes Diener und Glied des Hauptes muss es uns deshalb ein großes Anliegen sein, dass Gott in unseren Gesprächen zum Zuge kommt, dass Jesu Werk am Kreuz wirksam werden kann, dass Gottes Angebote

---

3 1Kor 4,1–2.

4 Eph 4,15–16.

5 Siehe Mt 28,18.

angenommen werden und unser Gegenüber in seine Bestimmung der Sohn- oder Tochterschaft hineinfindet. Da wir zudem wissen, wie viel Gutes Gott den Menschen tun will[6], ist es uns wichtig, dass Gott eine Chance bekommt zu wirken. Was heißt es, Gott eine Chance zu geben?

ÜBERSICHT 13
Gott im Gespräch eine Chance geben
• Sich Gott als Diener und Mitarbeiter hingeben.
• Denken lernen, wie er denkt (Gottes finale Logik; vgl. dazu Jes 55,8).
• Handeln lernen, wie er handelt (vgl. Eph 5,1); nichts tun, was er nicht auch tut.
• Seine Sicht der Situation erkennen, seinen Hoffnungsblick bekommen und seine Ziele übernehmen (vgl. dazu Jer 29,11 und 32,41).
• Zu erkennen versuchen bzw. sich von ihm zeigen lassen, wo und wie er im Gegenüber bereits am Werk ist (vgl. Joh 5,19–20).
• Wollen, was er will, wie und wann er es will; mich seinem Tun unter- und einordnen.
• Erkennen, was Gottes Teil und was mein Beitrag dazu ist; ihm seine Verantwortung überlassen und die meine in Demut und Treue tragen.
• Meinen Teil, geleitet durch den Heiligen Geist (vgl. Röm 8,14), zum richtigen Zeitpunkt ausführen, damit er durch mich handeln kann.
• Gott fragen, wenn ich seine Gedanken nicht verstehe (Hör-Stille); Gott bitten, wenn es mir an Liebe, Geduld, Weisheit (Jak 1,5) usw. fehlt.

Wenn wir uns vom Heiligen Geist führen lassen, kommt Gott in unseren Gesprächen zum Zuge; dann kann er seine einmaligen Wege beschreiten und seine schöpferischen Lösungen entfalten. Und wir bekommen Anteil an der unendlichen, immer wieder überraschenden Vielfalt seiner Möglichkeiten. Je klarer Gott direkt und durch uns handeln kann,

6 Siehe Jer 32,41: „*Es soll mir eine Freude sein, ihnen Gutes zu tun.*“ (LU).

desto eher wird dem Klienten effiziente Hilfe zuteil, die zu bleibender Veränderung führt.

Ob Gott in unserer Arbeit eine Chance bekommt, hängt aber nicht nur von uns als Seelsorgern ab, sondern auch vom Klienten: seinem Gottesbild, seinem Glauben, seiner Gottesbeziehung und seiner Bereitschaft, durch Veränderung in größere Verantwortung einzutreten. Der Glaube des Klienten ist also ein wichtiger Faktor in unserer Arbeit. Wie er gefördert und konkret zum Tragen kommen kann, werde ich im nächsten Kapitel aufzeigen.

Impulse zur Vertiefung:

Verstehe ich mich als „Diener Christi"?

Was unternehme ich, damit Gott in meinen Gesprächen der eigentlich Handelnde sein kann?

5.2. Den Glauben einbeziehen

Aus allem bisher Gesagten ergibt sich klar, dass das Einbeziehen des christlichen Glaubens ein Kernmerkmal der Finalen Seelsorge ist. Durch den Glauben kommt die stärkste verändernde Kraft zum Tragen; Gott kann dem leidenden Menschen zu Hilfe kommen und ihm das Gute tun, das er für ihn bereit hält. Der zentrale Platz des Glaubens in der Finalen Seelsorge hat zwar zur Folge, dass nur Helfer diesen Ansatz übernehmen können, die selbst im christlichen Glauben stehen, doch heißt das keineswegs, dass unsere Grundannahmen und die Vorgehensweise nicht auch auf die Arbeit mit Klienten ohne Glaubensbezug übertragen werden könnten.

5.2.1. Kanäle für Gottes Kraft

Gottes verändernde Kraft fließt durch vier Kanäle ins Leben eines Menschen: Gott kann ganz direkt handeln, jedoch will er in vielem durch die drei anderen Kanäle wirken, für die der Glaube wesentlich ist. Hier die vier Kanäle für Gottes Kraft:

- Gottes direktes Handeln ohne menschlichen Beitrag. Weil Gott seine Gnade über alles Geschaffene ausgießen will, handelt er an allen Menschen, nicht nur an seinen Kindern. So ist das Leben jedes Menschen voll von Gottes lebenserhaltendem Wirken und seinen Guttaten[7], auch wenn er sich dessen nicht bewusst ist und Gott keinen Dank dafür bringt. Wie wir bereits gesehen haben, bewirkt Gott aber auch bei seinen Kindern Heilung und Veränderung *unter dem Strich*[8].
- Der Glaube der betroffenen Person. Er kann sich in vielerlei Weise ausdrücken: Durch das Vertrauen in Gottes Liebe und Allmacht, das Ernstnehmen von Gottes Verheißungen und Zusagen, das erwartungsvolle Ausführen seiner Anweisungen, das glaubende Annehmen seiner Angebote und das kindliche Erwarten und Bitten. Diese Haltungen bilden den weit offenen Kanal des Glaubens, durch den Gottes Kraft fließen kann. Dafür gibt es zahlreiche biblische Beispiele: die Heilung des Bartimäus (Mk 10,46–52), die Geburt Isaaks (Hebr 11,11), die Heilung der zehn Aussätzigen (Lk 17,12–15), die Heilung der zwei Blinden (Mt 20,32–34), die Heilung der blutflüssigen Frau (Mk 5,25–34) usw.
- Der Glaube des Seelsorgers. Jesus weist seine Jünger immer wieder darauf hin, wie wichtig ihr Glaube ist für das, was Gott durch sie tun will. So etwa nach ihrem vergeblichen Versuch, den epileptischen Jüngling zu heilen (Mt 17,19–20). Beim „*Glauben wie ein Senfkorn*", den Jesus sich für seine Jünger erhofft, geht es wohl um die Gnadengabe des Heiligen Geistes, die Paulus in 1. Korinther 12,9 erwähnt und auf die auch Jakobus Bezug nimmt, wenn er schreibt: „*das Gebet des Glaubens wird den Kranken retten*"[9]. Beim Senfkorn-Glauben geht es nicht um den Glauben, durch den wir das Heil erlangen, sondern um die durch den Heiligen Geist uns vermittelte Gewissheit, dass Gott hier und jetzt handeln und wie er uns dabei einsetzen will.[10]

---

7 Vgl. dazu Hi 34,14–15; Jak 1,16–17; Röm 1,20–21.

8 Vgl. die Begriffserklärung im Anhang und Beispiel 13.

9 Jak 5,15.

10 Diese auf einen konkreten Auftrag bezogene Gabe des Glaubens zeigt sich auch bei Jesus, z. B. bei der Auferweckung des Lazarus: Er wusste, dass er in Übereinstimmung mit dem Willen des Vaters war und dass dieser ihn erhören würde (Joh 11,4.22-23.41–44).

Wie wichtig für das final-seelsorgerliche Handeln aber auch der als Gottesbeziehung im Alltag gelebte Glaube des Helfers ist, zeigt sich an der Tatsache, dass dieser – ob er es will oder nicht – für die Klienten zum Modell wird. Seine Eigenerfahrung im Glauben setzt zudem das Maß fest, wie stark er diesen konkret in seine Arbeit einbeziehen kann. In das, was wir nicht selber erfahren haben, können wir auch andere nicht begleiten[11]

- Der Glaube von Angehörigen und Freunden des Hilfsbedürftigen. Es ist Ausdruck der göttlichen Gnade, dass es „Fürglauben" gibt. Dies gilt ganz besonders für Eltern gegenüber den Kindern und für Verheiratete dem Ehepartner gegenüber[12]; es scheint aber auch für Menschen in einer Autoritäts-Stellung ihren Untergebenen gegenüber zu gelten.[13] Auch das, was die vier Freunde für den Gelähmten tun (Mk 2,3–5.11–12), erkennt Jesus als stellvertretenden Glauben an; und dieser öffnet dem Hilfsbedürftigen den Weg zu Jesus und zur Kraftwirkung Gottes. Dies ist wie ein Gleichnis für das, was wir in der Fürbitte für Notleidende tun können.

5.2.2. Begleitende Fürbitte

In meiner Tätigkeit habe ich mit zwei Formen der begleitenden Fürbitte sehr ermutigende Erfahrungen gemacht: Einerseits haben wir an der Christlichen Beratungsstelle im Laufe der Jahre eine Gebetspermanenz aufgebaut. Andererseits habe ich meine Klienten immer wieder dazu ermutigt, ein bis zwei Personen zu bitten, unsere Arbeit in der Fürbitte mitzutragen. Die dabei gemachten Erfahrungen haben mir gezeigt, dass durch die Fürbitte nicht nur die seelsorgerliche Arbeit an Tiefe und Effizienz gewinnt, sondern dass alle Beteiligten, gerade auch die Fürbitter selbst, dadurch gesegnet werden.

Zuerst ein paar Hinweise zur Gebetspermanenz an der Beratungsstelle. Die Fürbitter beteten je zu zweit und lösten sich in einem Rhyth-

11 Siehe in Kapitel 7.4., „Eigenerfahrung und Golddeckung".

12 Vgl. dazu 1Kor 7,14.

13 Siehe etwa die Heilung des Dieners aufgrund des Glaubens seines Herrn (Mt 8,13).

mus von ca. zwei Stunden ab. Die Therapeuten gaben ihnen unter einem Decknamen kurz die Anliegen für die stattfindenden Gespräche bekannt. Auf einem Rückmeldeblatt konnten die Fürbitter Eindrücke, Bibelstellen, Hinweise aus dem Hören usw. an die Therapeuten weiterleiten. Da die Klienten über die Gebetspermanenz informiert waren, konnten wir wichtige Rückmeldungen der Beter im nächsten Gespräch einbringen; dies geschah bei mir recht oft. Auch die Klienten waren sich des Segens bewusst: Sie wollten möglichst dann kommen, wenn die Gebetspermanenz stattfand.

Damit die Begleitung unserer Arbeit durch einen vom Klienten selbst angefragten Fürbitter wirklich allen Beteiligten zum Segen gereichen kann, müssen gewisse Spielregeln beachtet werden. Hier die wichtigsten Punkte eines Merkblattes für die Fürbitter:

- Der Klient informiert den Beter über die Daten der Gespräche, die bearbeiteten Themen und die im Alltag dann umzusetzenden Schritte. Er ist frei in dem, was er dem Beter mitteilen will.
- Der Fürbitter muss bereit sein, seinen Dienst in großer Demut zu tun. Er soll den Klienten nicht mit Fragen bedrängen und mit dem Therapeuten keinen Kontakt aufnehmen. Er darf nicht zum Co-Therapeuten werden; er muss also bereit sein, auf jeden Kommentar zu den Gesprächen, auf Ratschläge und eigene Hilfsversuche zu verzichten.
- Dieser Dienst verlangt große Liebe, viel Hingabe und weise Zurückhaltung. Es ist also nicht leicht, Menschen zu finden, die dazu bereit sind.

5.2.3. Den Glauben in die Gespräche einbeziehen

Wie das Einbeziehen des Glaubens in der Praxis (vgl. dazu Übersicht 14) ganz konkret geschehen kann, hängt weitgehend davon ab, wie sehr der Seelsorger in seinem Alltag selbst im Glaubensbezug steht, in der Realität der Neuschöpfung und aus Gottes Angeboten heraus lebt, die Beziehung zu Gott und das innere Zwiegespräch mit ihm pflegt, Geistleitung auch im Alltäglichen sucht, in den vorbereiteten Werken lebt usw. Eine ermutigende Eigenerfahrung führt dazu, dass er auch im finalen Seelsorge-Gespräch gut mit Gott verbunden bleiben und sein Wirken erkennen kann, dass ihm Gottes Angebote als etwas Vertrautes in den Sinn kommen, dass das Hören auf Gott für ihn „normal" ist, wenn er den Weg nicht erkennen kann usw. Wenn er das von Gott Empfangene und seine Gedanken als Vorschläge ausdrückt, gibt er dem Klienten so die Freiheit, sich darauf einzulassen, sie abzulehnen oder selbst einen anderen Vorschlag zu machen. Je mehr der Klient in der gemeinsamen Arbeit den Gott der Liebe kennenlernt, der mit seinen Angeboten helfen und Entlastung schaffen will, desto bereitwilliger wird er sich auf die Vorschläge des Helfers zum Einbeziehen des Gebets[14] und der anderen Glaubenswege einlassen.

Wie in Übersicht 14 zum Ausdruck kommt, geht es in der Finalen Seelsorge immer auch um Stärkung und Wachstum im Glauben. Der Glaube als persönliche Beziehung zu Gott ist von zentraler Bedeutung für Gottes Ziel mit dem Klienten, dass er werde, was er in Jesus Christus bereits ist. Wie können wir sein Glaubenswachstum fördern? Je besser es uns gelingt, seinen Glauben konkret in Aktion zu setzen und Gott in unseren Gesprächen eine Chance zu geben, desto mehr wird sich der Glaube des Klienten entfalten. Dabei gilt es einerseits, die Ausprägung und das Maß des Glaubens unseres Gegenübers zu respektieren; andererseits aber wollen wir es so weit herausfordern, wie es heute gehen kann[15]. Eine angemessene Herausforderung bedeutet Förderung und weitet die Grenzen aus.

ÜBERSICHT 14
Den Glauben einbeziehen
• Der Glaube an Jesus Christus ist die stärkste verändernde Kraft.
• Weil der Glaube des Seelsorgers ein Kanal ist für Gottes Kraft, ist es für ihn wichtig, im persönlichen Glaubensleben zu wachsen.
• Er soll in seinem Reden und Handeln im Glauben Golddeckung haben, echt sein und nicht über das Maß seines Glaubens hinausgehen (vgl. dazu Röm 12,3).

14 Mehr dazu in Kapitel 6.6., „Geistgeleitet beten".

15 Vgl. in den Begriffserklärungen unter „Fragen, die drei".

• Der Helfer braucht ermutigende und reiche Eigenerfahrung mit Gottes Wegen und Angeboten, um die Klienten in das von Gott vorbereitete Neue führen zu können.
• Der Helfer muss beachten, dass die Klienten ihn als Modell im Glauben sehen.
• Der Seelsorger sollte seinen Glauben zu Beginn offenlegen (der Klient muss ihn mit seinem Glauben annehmen können) und dann auch das Maß und die Ausprägung des Glaubens des Klienten ausloten: Wie weit kann der Glaube in die Arbeit einbezogen werden; wie weit kann der Klient hier gehen?
• Beim Einbeziehen des Glaubens in die seelsorgerliche Arbeit muss der Helfer den Klienten ganz frei lassen und auf jede Art von Druck oder Manipulation verzichten.
• Es gilt auch, auf religiöse Gewohnheiten und Rituale (z. B. ein gewohnheitsmäßiges Eröffnungsgebet) zu verzichten. Als Regel soll gelten: Der Helfer und der Klient dürfen das Einbeziehen des Glaubens (Gebet, Lesen eines Bibeltextes usw.) als Wunsch äußern; das Gegenüber ist dann frei, darauf einzugehen oder nicht.
• In der Finalen Seelsorge können die verschiedensten Mittel des Glaubens zum Zuge kommen: unterschiedliche Formen des Gebets, Bibeltexte, das Glaubensgespräch, das Hören auf Gott, die Gaben des Heiligen Geistes usw.
• Die Entfaltung des persönlichen Glaubensbezuges des Klienten ist ein wichtiges Ziel der Finalen Seelsorge. Auch hier gilt: Eine angemessene Herausforderung stärkt den Glauben des Klienten, eine Überforderung entmutigt und schwächt ihn.

Dabei wird die Beziehung des Klienten zu Gott – und damit Gott als sein Gegenüber –, immer wichtiger und wir als Helfer verlieren zusehends an Bedeutung. Können wir das verkraften?

Es sollte unser ehrliches Bestreben sein, uns als Helfer möglichst rasch überflüssig zu machen. Deshalb ist Finale Seelsorge eigentlich ein „Johannes-der-Täufer-Dienst“[16]: Wir bereiten den Weg für Jesus vor, da-

16 Johannes hat gesagt: *„Jener muss größer werden, ich aber geringer“* (Joh 3,30; NZH).

mit er seine Herrschaft antreten kann. Abbildung 8 veranschaulicht diesen Prozess des Ab- und Zunehmens.

Abbildung 8: Von der Seelsorger- zur Gottesbeziehung

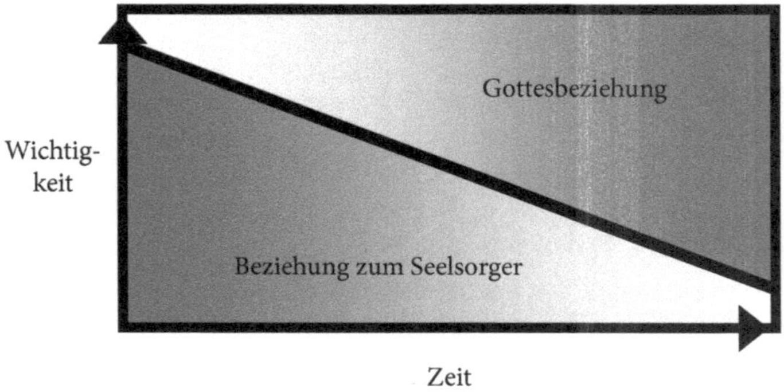

5.2.4. Finale Seelsorge mit Nichtchristen

Nun kommen wir noch zur Frage, ob und wie der finale Ansatz in der Arbeit mit Nichtchristen verwendet werden kann. Zuerst einige grundsätzliche Überlegungen:

Als erstes gilt, dass wir uns des Glaubens nicht zu schämen brauchen[17] und ihn als zentrale Dimension unseres persönlichen Lebens offenlegen wollen. Wir erwarten von den Klienten, dass sie uns mit unserem Glauben annehmen können, so wie auch wir sie mit ihrem „Nicht-Glauben“ respektieren wollen. Dass wir dies gleich zu Beginn der gemeinsamen Arbeit klarstellen, ermöglicht es uns dann, dass wir – ohne irgendwie Druck zu machen – auch wieder auf unseren persönlichen Glauben Bezug nehmen können. So etwa, wenn es um die Frage einer großen Schuld geht, wo wir– falls wir innerlich so geführt werden – darauf hinweisen können, wie dankbar wir selber in einer bestimmten Situation für Gottes Angebot der Vergebung gewesen sind.

17 Vgl. dazu Paulus in Röm 1,16.

Da Gott allen Menschen helfen und Gutes tun will[18], dürfen wir auch bei nicht gläubigen Gegenübern davon ausgehen, dass Gott in ihnen am Werk ist. Oft will er ihnen zuerst ganz konkrete Hilfe schenken, so wie Jesus die zehn Aussätzigen, wohl alles Samariter, ohne Vorbedingungen geheilt hat; nur einer kam dann zurück und wollte mehr als körperliche Gesundheit.[19] Diese liebende und freilassende Haltung, verbunden mit der Hoffnung, „*dass sie zur Erkenntnis der Wahrheit kommen*", wollen wir von Gott lernen. So können wir auch in der Arbeit mit Nichtchristen in unserer Grundhaltung als Mitarbeiter Gottes stehen, bei dem mitwirken, was Gott bereits am Tun ist und die Menschen in Liebe frei lassen.

Eine zweite wichtige Tatsache besteht darin, dass das, wie es Gott mit dem Leben der Menschen und den Beziehungen eigentlich gemeint hat, tief in den Herzen der Menschen eingeschrieben zu sein scheint.[20] Verborgen unter dem Schutt der schwierigen, verletzenden und belastenden Erfahrungen sehnen sich die Menschen noch immer nach einem Leben in Frieden, das Gottes Maßstäben entspricht. Es geht ihnen so, wie Paulus es auch für sich umschreibt: „*Das Gute, das ich will, übe ich nicht aus, sondern das Böse, das ich nicht will, das tue ich.*"[21] Wenn es uns nun gelingt, den Weg zu diesen tiefen Wünschen zu finden, dann können wir unsere nichtgläubigen Klienten auf der Ebene des Herzens und der Gesinnung ansprechen. Wenn wir zudem noch entdecken, welche Ziele oder Werte die Stelle von Gott in ihrem Leben einnehmen – z. B. ein tiefes moralisches Prinzip[22] –, dann entdecken wir auch den Motor, der sie zum Handeln bewegen kann. So habe ich in der Arbeit mit Nichtchristen erstaunlich ermutigende Erfahrungen gemacht. Hierzu ein Beispiel (Beispiel 27):

---

18 „*Gott will, dass allen Menschen geholfen werde und sie zur Erkenntnis der Wahrheit kommen*" (1Tim 2,4; LU).

19 Lk 17,11–19.

20 Auch Paulus betont, „*dass das Werk des Gesetzes in ihren Herzen geschrieben ist, indem ihr Gewissen mit Zeugnis gibt und ihre Gedanken sich untereinander anklagen oder auch entschuldigen*" (Röm 2,15–16).

21 Röm 7,19.

22 Vgl. Mt 7,12. Siehe auch Abb. 2 in Kapitel 2.1.

Das Paar hatte meine Adresse von Freunden bekommen. Der Mann rief mich aus Deutschland an. Bald wurde klar, dass er Ehebruch begangen hatte und beide Partner nicht gläubig waren. Ich ermutigte den Mann, doch jemanden in ihrer Nähe zu suchen; er bestand aber darauf, dass sie zu mir kommen möchten; die 700 km für jedes Gespräch scheuten sie nicht. „Welche Motivation!“, dachte ich, bot ihnen einen Block von 5 Gesprächen in zweimonatlichem Rhythmus an und verpflichtete sie darauf, aus jedem Therapie-Tag etwas für ihre Ehe zu machen.

Schon das erste Gespräch war sehr ermutigend: Beide drückten klar aus, dass es ihnen um den Neuaufbau ihrer Ehebeziehung gehe. Dabei kamen wir auch auf die Treue als unabdingbarer Voraussetzung für einen klaren Neuanfang zu sprechen. Ich fragte den Mann: „Wäre das, wie Sie Ihrer Frau gegenüber gehandelt haben, die für die Gesellschaft beste Lösung; sollten das alle so machen?“ Er schaute mich mit erstaunten Augen an: „Selbstverständlich nicht!“ – „Was wäre dann die für unsere Gesellschaft sinnvollste Regel für das Zusammenleben in der Ehe?“ Und nun legte er ein klares Bekenntnis zur ehelichen Treue ab. „Dann möchte ich sie jetzt bitten, Herr ..., fahren Sie nachher nach Hause und setzen Sie das um.“ Auch die Frau nahm einen klaren Auftrag mit: Sie sollte ihr Leben, besonders die Abende, klarer selbst gestalten und so aus der unguten Abhängigkeit von ihrem Manne austreten. Zudem beschlossen sie, alle zwei Wochen einen Eheabend einzuplanen, den sie abwechselnd gestalten würden.

Als sie nach zwei Monaten wieder kamen, hatten sie zu meiner großen Freude wirklich alles umgesetzt. Das Schwungrad der Veränderung *war schon durch das erste Gespräch in Gang gesetzt worden. In den nächsten vier Gesprächen kamen dann noch andere für den Ehe-Aufbau wichtige Themen auf den Tisch: das verlorene Vertrauen wieder gewinnen; Kommunikation; Konflikte bereinigen; die unabhängige Liebe behalten usw. Auch bei diesem ungläubigen Ehepaar zeigte sich der* Domino-Effekt der Gnade: *Nach fünf Gesprächen ging es ihnen sehr gut und wir konnten die Therapie abschließen. Zwar hatte ich im Innersten gehofft, dass der Glaube einmal zum Thema würde und sie hier dann auch Schritte tun würden, aber dazu kam es zu meinem Bedauern nicht.*

Was das Arbeiten mit Nichtchristen andererseits aber zur großen Herausforderung macht, ist die Tatsache, dass mit dem fehlenden Glauben auch die wichtigsten Mittel und Wege für die Veränderung wegfallen:

Schritte im Gebet als Eintreten in Neues, das Wort Gottes als wirksame Kraft, seine Angebote und die neuen Kleider des Verhaltens, die Hilfe des Heiligen Geistes beim Ausleben im Alltag usw. In der Finalen Seelsorge mit Nichtchristen haben wir also doppelt leere Hände und müssen zusammen mit Gott viel Hilflosigkeit und Not aushalten. Es ist schwer zu ertragen, dass ein reich gedeckter Tisch und frisches Lebenswasser bereit stehen, doch der Hilfe suchende Mensch seine Hände nicht danach ausstrecken will. Das ist die Not der Liebe Gottes, die den Menschen ganz frei lässt; und diese Not mit Gott zusammen auszuhalten, darum kommen wir als seine Mitarbeiter nicht herum.

Impulse zur Vertiefung:

Wie steht es um meinen Glauben? Brauche ich mehr Eigenerfahrung oder Veränderung, um ein ermutigendes Modell zu sein? Wo fehlt es mir an Golddeckung?

Welchen Schritt werde ich als erstes machen?

5.3. Verschiedene Arbeitsweisen

Es ist beeindruckend zu erleben, dass Gott, der große Helfer, vergleichbare Nöte und Situationen, die wir stets gleich lösen würden, so einmalig und unterschiedlich angeht. Als Schöpfer-Gott muss er nicht auf Erfahrung aufbauen, kennt keine Wiederholungen, entwickelt keine Programme, denkt und handelt nicht in Kategorien, stellt keine Statistiken auf und kann auf Systematik verzichten. All dies sind Bedürfnisse des Menschen, dem es an Macht, Kraft, Zeit, Weisheit, Überblick und an der Kenntnis der Zukunft fehlt. Für uns haben diese Dinge Bedeutung; sie sind Strategien, durch die wir unsere Schwachheit und Begrenztheit zu überwinden versuchen. Wir möchten eigentlich nicht von Gott abhängig sein, sondern möglichst viel selber wissen und verstehen. Auch für uns als finale Seelsorger ist es immer wieder eine Herausforderung, uns auf Gottes ganz andere, uns zuerst unlogisch und unverständlich scheinende Wege einzulassen. Wir müssen den „Auf-dein-Wort-hin-Glauben“[23] entwickeln.

Dies gilt nicht nur für den großen Bogen einer gesamten finalen Seelsorge, wo wir die Dinge aus unserem psychologisch geprägten kausalen Denken heraus oft ganz anders angehen würden als Gott, sondern auch für das einzelne Gespräch, in dem wir immer wieder mit Gottes überraschenden Impulsen konfrontiert sind und vor der Wahl stehen, sie beiseite zu schieben oder ihnen zu folgen. Jedes Mal, wenn ich dann gewagt habe, mich darauf einzulassen, staunte ich nachträglich über Gottes klare, entlastende und weise Wege.

Dies möchte ich durch drei Beispiele illustrieren (Beispiel 28–30):

Ich konnte der jungen Frau nur ein einzelnes Gespräch anbieten. Zu Beginn berichtete sie, dass sie schon mehrere Seelsorger aufgesucht habe; aber keiner hätte den Kern ihrer Not erkennen können. Da rutscht einem Seelsorger das Herz in die Hose. So sagte ich ihr denn, dass uns das in einem einzelnen Gespräch sicher auch nicht gelingen werde. Als sie ihre innere Not dann schilderte, ging es mir gleich wie allen anderen: Ich stand völlig im Nebel. Nach wenigen Rückfragen gestand ich ihr meine Hilflosigkeit ein und schlug ihr vor, dass wir Gott bitten könnten, uns einen weiterführenden Hinweis zu geben. In der hörenden Stille vor Gott kam mir Psalm 23 in den Sinn[24]. Innerlich wehrte ich mich – das käme jedem in den Sinn, das ist zu banal. Deshalb bat ich um etwas Zutreffenderes. Aber wieder kam Psalm 23. Alles Sträuben half nichts; hartnäckig drängte sich dieser Psalm in mein Bewusstsein. Irgendwann sagte ich: „Amen!“. Beim Austausch über die Stille fragte ich sie dann, ob ihr der Psalm 23 etwas sage. Und da brach sie in Tränen und Schluchzen aus: Als sie mit zwölf Jahren Vollwaise wurde, hatte man sie bei der Beerdigung ihrer Mutter gezwungen, am offenen Grab den Psalm 23 auswendig aufzusagen ... Gott hatte uns ins Zentrum ihrer Not geführt.

Die junge Frau war mir nach einer Überdosis an Drogen für einen kurzen Gesprächsblock überwiesen worden. Als sie mir ihre Situation schilderte, wurde mein Herz immer stärker berührt:

---

23 Vgl. dazu Lk 5,5 (NZH).

24 *„Der Herr ist mein Hirte, mir wird nichts mangeln. Er lagert mich auf grünen Auen …“*

Ich spürte Gottes Liebe zu ihr in mir. Als sie sich von mir verabschiedete, hatte ich den Impuls, ihr das mitzuteilen: „Wenn sie nur wüssten, wie wichtig sie Gott sind und wie sehr er sie liebt.", – „Wie kann ich erfahren, ob es ihn gibt; wie kann ich ihn kennenlernen?" – „Sie bitten ihn einfach, er möge sich ihnen offenbaren und zu ihnen sprechen." Was würde nun geschehen?

Zu Beginn des nächsten Gesprächs fragte ich sie: „Und nun, haben sie eine Beziehung zu Gott aufnehmen können?" – „Nein, es ging nicht. Ich sah ein hohes, zweiflügliges Tor aus Balken, das mit einem starken Riegel verschlossen war." – „War der Riegel innen oder außen?" – „Innen." – „Sie könnten den Riegel also öffnen. Wissen sie, was der Riegel ist?" Wir fanden die Antwort lange nicht. Dann sagte sie unvermittelt: „Ich habe eine Freundin." Ich verstand, dass es sich um eine lesbische Beziehung handelte. „Ist das der Riegel?" – „Ja!" – „Wie könnten sie das Tor öffnen?" – „Ich müsste diese Beziehung aufgeben." – „Möchten sie das tun?" – „Nein, dazu bin ich nicht bereit." – „Gott lässt ihnen die Freiheit. Sie wissen jetzt, wie Sie eine Beziehung zu ihm finden können." Mit diesem Gespräch beendeten wir die kurze Krisenintervention. Wie ich nach Jahren vernommen habe, hat die junge Frau das Tor später geöffnet, sich einer christlichen Gemeinde angeschlossen und geheiratet.

Sie saßen in einem rechten Winkel zueinander. Die Frau drückte ihr Elend aus, ohne ihren Mann anzusehen: „Ich habe 17 Jahre alles in die Ehe und die Familie investiert, und er hat es nie wahrgenommen und nie dafür gedankt." Sie begann zu weinen und zu schluchzen. Der Mann schwieg. Ich ließ sie weinen und betete innerlich für sie. Da kam ein innerer Impuls: „Sie hat alles an die falsche Adresse geschickt!" Ich verstand, was das hieß, und schlug der Frau nachher vor, jeden geleisteten Einsatz, Punkt um Punkt, von ihrem Mann wegzunehmen und rückwirkend zu Jesus hin umzuadressieren: „Von heute an soll gelten, dass ich ... (z. B. jedes gute Essen) für dich gemacht habe, Jesus, zu deiner Ehre!" Als ich ihr den Schritt erklärte, schien sie zu ahnen, dass das Erleichterung schaffen könnte.

Ich vergaß das nächste Mal nachzufragen, was daraus geworden war; aber beim Abschlussgespräch erwähnte die Frau diesen Auftrag als einen der Meilensteine unserer Arbeit: „Ich ging damals nach Hause und tat es wirklich. Und als alles umadressiert war, empfand ich wieder Liebe für meinen Mann." Welch entlastende Entdeckung!

Jedes Gespräch ist ein einmaliges Ereignis. Ist es dann sinnvoll, einzelne Arbeitsweisen zu unterscheiden? Wenn ich mich ja Gottes Handeln unterordne und mich auf den Klienten einstelle, so ergibt sich die Arbeitsweise eigentlich von selbst. Wenn ich hier trotzdem einige typische Arbeitsweisen der Finalen Seelsorge umschreibe, so sollen diese nicht als Handlungsanweisungen verstanden werden, sondern etwas von der Vielfalt göttlicher Vorgehensweisen aufzeigen.

5.3.1. Spiralen- oder Sektoren-Arbeit?

Gleich zu Beginn einer Finalen Seelsorge haben wir im Hören auf die Bedürfnisse des Klienten und im Hören auf Gott zwischen zwei verschiedenen Vorgehensweisen zu wählen:

Abbildung 9: Spiralen- und Sektoren-Arbeit

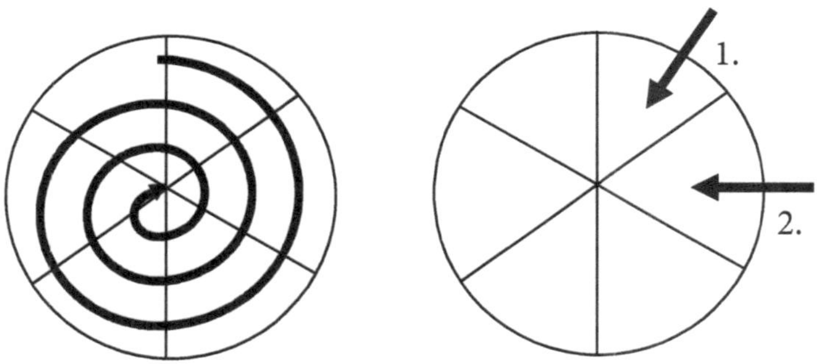

- Die Kreisfläche in Abb. 9. ist unser Leben; die verschiedenen Bereiche, die dazu gehören, z. B. der Beruf, die Ehe, die Familie, der Glaube, die Mitarbeit in einer Gemeinde usw. bilden die Sektoren dieses Kreises. Die spiralförmige Vorgehensweise besteht nun darin, dass wir auf jede äußere Systematik verzichten und das Thema – und damit auch den Sektor – für jedes Gespräch neu bestimmen. So können die Bereiche von Gespräch zu Gespräch wechseln. Da wir aber immer eine Veränderung auf der Gesinnungsebene anstreben, spielt das Thema eine untergeordnete Rolle. Wenn wir in einem der Gespräche die schwierige Beziehung zum Chef angegangen sind und nach mehreren Gesprächen über andere Themen wieder darauf zu sprechen kommen, so wird sich durch die Arbeit in den anderen Bereichen auch in diesem Sektor manches verändert haben, das wir gar nicht bearbeitet haben. Durch dieses spiralförmige Vorgehen entsteht eine immer tiefer greifende Veränderung der ganzen Person. Die für dieses Vorgehen typischste Arbeitsweise ist die „Arbeit am Aktuellen".

- Bei der Sektorenarbeit geht es im Gegensatz dazu um ein systematisches Bearbeiten eines einzigen Lebensbereiches, beispielsweise der Berufssituation. Da wir hier ebenfalls auf der Gesinnungsebene arbeiten, werden sich zum Erstaunen des Klienten auch in vielen anderen Bereichen positive Veränderungen zeigen. Nachdem wir einen besonders drängenden Bereich bearbeitet haben, kann es nachher bei Bedarf noch um einen zweiten gehen, für den wir dann wahrscheinlich aber weniger Zeit aufwenden müssen. Die typischste Arbeitsweise für diese Art des Vorgehens ist die „Thematische Arbeit" mit der Möglichkeit des „Treppenbaus". (Siehe dazu unten.)

5.3.2. Arbeit am Aktuellen

Die Arbeit am Aktuellen ist wohl die häufigste Arbeitsweise in der Finalen Seelsorge. Wir verzichten dabei, wie oben bereits umschrieben[25], auf ein systematisches oder programmatisches Vorgehen. Weil wir uns ganz dem inneren Prozess und dem Weg Gottes mit dem Klienten anzuschließen versuchen, bekommt diese äußerlich betrachtet zufällige und sprunghafte Vorgehensweise eine innere Logik, die wir oft erst nachträglich oder beim Rückblick im Abschlussgespräch erkennen können. Der Versuch, die Weisheit und Sorgfalt des inneren Weges, den Gott den Klienten geführt hat, nachträglich miteinander zu entdecken, ist ein sehr lohnendes und ermutigendes Unterfangen. Es stärkt den Glauben des Klienten und die Bereitschaft des Seelsorgers, sich immer wieder auf

25 Vgl. dazu den Abschnitt 4.4.1., „Wahl und Abfolge der Themen".

das einzulassen, was er von Gott her erkennt, oft ohne es im Moment zu verstehen.

5.3.3. Thematische Arbeit

Die thematische Arbeit eignet sich für spezifische Nöte in bestimmten Lebensbereichen. Am Beispiel der Arbeit an der Beziehungsfähigkeit möchte ich aufzeigen, was wir in der Finalen Seelsorge darunter verstehen. Zuerst soll aber das oben als „Treppenbau" umschriebene Vorgehen erläutert werden, das für diese Arbeitsweise typisch ist (Abb.10).

Treppenbau ist Aufbauarbeit, durch die ein Veränderungsziel stufenweise erreicht werden soll. Jede Stufe beinhaltet im zu entwickelnden Bereich eine bewältigbare, neue Herausforderung. Da jede neue Stufe auf der früheren aufbaut, muss jede tragfähig genug sein, bevor die neue entwickelt werden kann. Wann ist eine Stufe tragfähig? Wenn das neue Verhalten keine besondere Anstrengung mehr verlangt, „natürlich" geworden ist oder bereits gewohnheitsmäßig auftritt. Alle Aufbaustufen sollten Teil des angestrebten Zielverhaltens sein. Übersicht 15 enthält eine Aufbaureihe aus der Arbeit mit Ehepaaren zum Thema der ehelichen Liebe, wie Paulus sie in ihrer männlichen und in ihrer weiblichen Form umschreibt: *„Ein Mann soll seine Frau so lieben wie sich selbst. Und die Frau soll ihren Mann achten und ehren."*[26]

26 Eph 5,33 (HfA).

Abbildung 10: Treppenbau-Arbeit

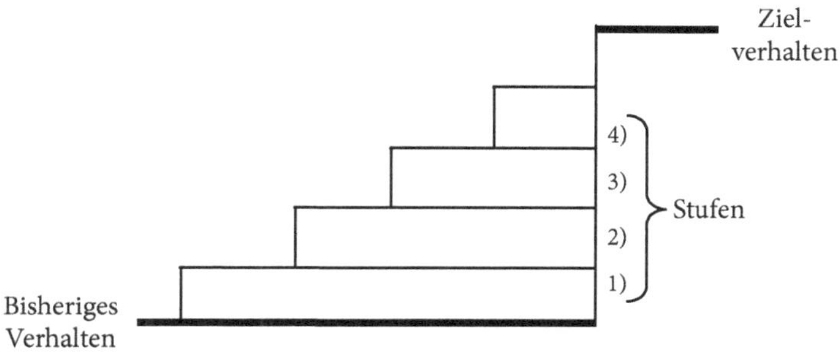

ÜBERSICHT 15

Aufbaureihe zur ehelichen Liebe

- Tägliches ehrliches, den Partner betreffendes Dankgebet für etwas Konkretes, auch wenn es nur eine Kleinigkeit ist.
- Tägliche Fürbitte für die Liebes- bzw. Achtungsfähigkeit des anderen; die Anliegen sollen positiv formuliert werden (Kampf *für* statt gegen).
- Die Frau drückt ihrem Mann an jedem Tag *mindestens einmal* ehrliche Anerkennung für etwas aus; der Mann setzt an jedem Tag *mindestens einen* gottgeschenkten Impuls für eine positive Bezugnahme zu seiner Frau um, einen götlichen Liebesimpuls.
- Tägliches Gebet für sich selbst, dass man den Partner mit Gottes liebendem bzw. achtendem Blick sehen kann.
- *Jeder* innere Achtungs- bzw. Liebes-Impuls soll umgesetzt werden.
- Klarer Verzicht in seinem Denken und Handeln auf Verachtung oder Liebesentzug als Mittel zur Bestrafung oder Erziehung des anderen.
- Austausch über das eigene Erleben während der Treppenbau-Arbeit, über die am Partner wahrgenommenen Veränderungen und über die dadurch bewirkte Entwicklung der Ehebeziehung. Worauf muss nun jeder Einzelne achten, damit die neue Grundhaltung und das entsprechende Verhalten in der Beziehung nicht wieder verloren gehen?

Treppenbau kann also ein Weg sein, auf dem der Klient eine im Gebet gefasste Entscheidung schrittweise in Verhalten umsetzt. Wenn aber hinter dem Verhalten eines Klienten eine grundsätzlich gestörte Beziehungsfähigkeit steckt, kann auch diese treppenbauartig angegangen werden.

So könnte zum Beispiel das für die Aufbaureihe in Übersicht 15 grundlegende Thema „Beziehungsfähigkeit“ treppenbauartig angegangen werden. Zuerst sollten einige grundlegende Stufen gelegt werden, auf denen sich die Beziehungsfähigkeit dann entwickeln kann. Hier ein Überblick über die möglicherweise zu bearbeitenden Basis-Themen:

- Ist der Klient überhaupt bereit, sich auf die göttliche Bestimmung zur Liebesfähigkeit einzulassen?
- Voraussetzung für die Liebesfähigkeit ist, dass der Klient seine Beziehungen in der Freiheit leben kann (vgl. dazu die „Beziehungsformel“[27]). Diese ist zwar ein Geschenk Gottes, aber auch mit der Bereitschaft verbunden, die Verantwortung für sein Sein und Tun ganz zu tragen (Eigenverantwortlichkeit). Frei wird man, indem man sich mehr von Gott abhängig macht; das schafft Freiheit den Menschen gegenüber.
- Hat der Klient gelernt, in der Freiheit zu leben? Weiß er seine Freiheit gegen außen zu bewahren (Fähigkeit zur Abgrenzung)? Kann er auch über sich selbst wachen, um innerlich frei zu bleiben?[28]
- Bei Bedarf muss auch das Thema „Selbstliebe“ bearbeitet werden.[29]

Diese Basis-Themen wollen wir final angehen. Wir gehen also davon aus, dass die Beziehungs- und Liebesfähigkeit Teil der Neuschöpfung ist, die von Gott her für den Klienten bereitsteht. Dasselbe gilt für die Freiheit als göttliches Geschenk[30]. Auch eine positive Beziehung zu sich selbst und Eigenverantwortlichkeit gehören zu Gottes Zielen für uns. Wenn wir dem Klienten Gottes Angebote bekannt und verständlich machen und ihm helfen, in das für ihn Vorbereitete einzutreten, kann er in der Beziehungsfähigkeit grundsätzliche Veränderungsschritte auf der Gesinnungsebene tun.

---

27 F + Z > L (Freiheit und Zuwendung ermöglichen die Liebe). Vgl. dazu und zum Folgenden in *Makarios*: Konzepte für unsere Beziehungen (S. 41ff.) und Freiheit (S. 57ff.).

28 Dies sind biblische Aufträge: Gal 5,1; 1Kor 6,12; 1Tim 4,16.

29 Vgl. das Bild des Röhrensystems (Abb. 2) und Mt 22,39.

30 Siehe Joh 8,36; Röm 8,21; Gal 5,13; Jak 1,25.

5.3.4. Erlebnis-Aufarbeitung

Erlebnis-Aufarbeitung bedeutet Vergangenheitsbewältigung mit finaler Ausrichtung. Dass diese Arbeitsweise eher die Ausnahme bildet[31], wenn wir uns ganz Gottes Handeln anschließen, haben wir bereits aufgezeigt. In seiner Freiheit kann Gott aber auch den Weg zur Aufarbeitung der Vergangenheit einschlagen. Die Bearbeitung früherer Ereignisse kann dann nötig werden, wenn die anderen Wege, wie etwa Versöhnung mit dem Erlebten[32] und Vergebung den schuldigen Menschen gegenüber, nicht zum Frieden führen. Wenn der Weg in den Frieden und ins Neue verschlossen bleibt, können wir Gott in einer gemeinsamen Hör-Stille bitten, uns den nächsten Schritt zu zeigen.

Auch bei der Erlebnis-Aufarbeitung ordnen wir uns Gottes Handeln unter. Sie geschieht final, weil wir auch hier davon ausgehen, dass Jesus Christus am Kreuz alles vollbracht hat, was zur Erlösung unserer Vergangenheit nötig ist. Welche Schritte zu einer von Gott geführten Bearbeitung gehören können, soll am Beispiel der Aufarbeitung eines sexuellen Missbrauches aufgezeigt werden. Dabei gilt es nicht nur das Ereignis an sich, sondern auch die Erlebnisverarbeitung, die inneren Schlussfolgerungen der Person und die daraus entwickelten Verhaltensmuster zu bearbeiten. Übersicht 16 stellt einige wichtige Aufarbeitungsschritte zusammen, nicht nur für das Opfer, sondern auch für den Täter. Es handelt sich bei dieser Aufstellung nicht um ein Programm; die Übersicht soll aufzeigen, dass es auch hier einfach darum geht, die Seele des Betroffenen einen sorgfältigen Weg zu führen, damit er zum Ziel des Friedens gelangen kann. In seiner Freiheit und Kreativität kann Gott uns auch einen ganz anderen Weg führen.

---

31 Die göttliche Regel wäre: „*Denkt nicht an das Frühere, und auf das Vergangene achtet nicht! Siehe, ich wirke Neues!*“ (Jes 43,18–19).

32 Vgl. in Kapitel 1.5., „Finale Logik“, und in *Makarios*: Versöhnt leben (S. 77ff.).

ÜBERSICHT 16	
Die Aufarbeitung von Missbrauch	
Hilfe für das Opfer:	**Aufarbeitung mit dem Täter:**
Abklärung des Vorgefallenen:	
Sorgfältige Abklärung der Ereignisse und ihrer Vorgeschichte. Verzicht auf Neugier und Voyeurismus	
Unabdingbare Voraussetzungen:	
• Missbrauchhandlungen müssen gestoppt sein	• Offenheit und Ehrlichkeit
• Bereitschaft, alle Geheimnisse zu lüften	• Stopp aller Missbrauchshandlungen
• Offenheit und Ehrlichkeit	• Übernahme der ganzen Verantwortung
• Bereitschaft zu Anklage u. Eigenverantwortung	• Echte Buße
Wichtige Schritte der Aufarbeitung:	
• Die emotionale Befindlichkeit heute	• Die emotionale Befindlichkeit heute
• Die Gefühle aus dem damaligen Erleben abfließen lassen	• Das emotionale Erleben damals
• Selbstanklagen – Vergebung empfangen	• Schuld erkennen – bekennen – Vergebung empfangen und annehmen
• Klare Lösung der entstandenen Bindung	• Anklagen gegen andere – ihnen vergeben
• Gebet um Waschung und Reinigung	• Klare Entflechtung und Lösung der Bindung
• Anklage gegen Täter und Mit-Täter – Vergebung gewähren	• Die Folgen unter Gottes Gnade bringen
• Gebet um Löschung der Erinnerungen	• Die Offenlegung klären: wem, wie, wo?

• Gebet für die Wiederherstellung der Integrität der Person	• Wurzeln und Hintergründe bearbeiten
• Ausstieg aus der Opfer-Rolle – Abgrenzungsstrategien und Aufbau eines neuen Verhaltens	• Buße und Umkehr: Wesenszüge, Muster, Haltungen usw. ablegen – Neues anziehen
• Neu-Definition der Beziehung zum Täter	• Maßnahmen gegen einen Rückfall; ein Notfall-Dispositiv aufbauen
Eventuell begleitetes Versöhnungstreffen	
Nacharbeit:	
2–3 Standortbestimmungen in wachsenden Abständen: Hat die Verarbeitung ihr Ziel erreicht? Greifen die Verhaltensänderungen? Sind die Schutzmechanismen wirksam?	

Die Abfolge der Schritte zeigt, dass die sorgfältige Aufarbeitung eines vergangenen Ereignisses eine innere Logik besitzt, welche für das Opfer und den Täter zu analogen Schritten führt. Dies wird verständlich, wenn wir bedenken, dass gemäß dem Gesetz der Perpetuierung[33] aus Opfern immer wieder Täter werden: In beiden spielen sich ähnliche Prozesse der Schwäche, der Hilflosigkeit und der Unfreiheit ab; beide brauchen Erlösung aus diesen Mechanismen. Die Parallelität in der finalen Bearbeitung gründet aber auch auf der Tatsache, dass in der Person Jesu am Kreuz beides vereinigt war, die Not des Opfers und die Strafe des Täters; er ist für beide gestorben, um ihnen Erlösung zu bringen.

Für die zum Teil schweren Schritte, die das Opfer und der Täter zu machen haben, können wir davon ausgehen, dass von Gott her alles für sie bereit ist. Dies gilt z. B. für die Buße des Täters und für die Befähigung des Opfers zu vergeben. Gottes Gnadengeschenke sind so groß, dass wir sogar um an sich Unmögliches bitten dürfen, wie etwa um die Löschung peinigender Erinnerungen oder um die Wiederherstellung der körperlich-seelischen Unversehrtheit der Person des Opfers. Gottes

33 Vgl. die Begriffserklärung zu „Perpetuierung, Gesetz der".

Barmherzigkeit macht es auch möglich, dass die Betroffenen aus ihrer Täter- bzw. Opferrolle austreten und ein neues, sauber abgegrenztes Beziehungsverhalten entwickeln können.

Gott hat aber noch ganz andere Wege, um uns aus den verletzenden Erlebnissen der Vergangenheit zu erlösen. Auf einen davon weist Jesus hin, wenn er sagt: „... *die Wahrheit wird euch frei machen.*"[34] Viel Ungutes entsteht in unserem Leben durch die Erlebnisverarbeitung. Gott kann die falschen Schlussfolgerungen, die wir aus unserem Erleben gezogen haben, korrigieren, indem er uns die Wahrheit erkennen lässt. Dies habe ich in meiner ersten Gebetsseelsorgewoche selber auch erlebt (Beispiel 31):

> *In meiner therapeutischen Ausbildung war mir eine Erfahrung aus meiner Kindheit in Deutschland bewusst geworden: Das Angst machende Erleben der Bombennächte gegen Ende des Zweiten Weltkrieges. Ich erinnerte mich noch ganz genau: Alle Hausbewohner saßen im Keller entlang der Wände. Man hörte das pfeifende, immer lauter werdende Sausen der Bomben und wusste bis zuletzt nicht, wo sie einschlagen würden, im Nachbarhaus, auf der anderen Straßenseite oder bei uns. Alle Erwachsenen, auch meine Eltern, verhielten sich, wie man sie es gelehrt hatte: Sie beugten sich vornüber und erhoben ihre Arme zum Schutz gegen herabfallende Trümmer über ihren Köpfen. Ich aber saß hoch aufgerichtet da und sah mich angsterfüllt um. Niemand kümmerte sich um mich, keiner war um meinen Schutz besorgt. Ich zog meinen Schluss: Du musst dich selber schützen lernen. Unbewusst versuchte ich nun, immer mehr Kontrolle zu gewinnen über das, was um mich herum geschah und für mich hätte bedrohlich werden können. Dies wurde zu meiner Überlebens-Strategie. Soweit waren wir in der therapeutischen Aufarbeitung gekommen; aber Heilung hatte ich dadurch nicht erlebt.*
>
> *Diese Erinnerung brachte ich dann auch in der Gebetsseelsorge ein. Als wir dieses Erleben im Gebet vor Gott ausbreiteten, offenbarte mir Gott die Wahrheit: Ich sah mich mit den Hausbewohnern wieder im Keller sitzen und hörte das Pfeifen der Bomben. Da sah ich eine lichte Gestalt die Kellertreppe herunter kommen; sie kam direkt auf mich zu und stellte sich mit ausgebreiteten Ar-*

34 Joh 8,32.

men schützend vor mich hin. Ein Gefühl von Geborgenheit und Frieden kehrte in mir ein. Jesus hatte mir die Wahrheit offenbart: Ich war nicht verlassen gewesen; er war jedes Mal da gewesen und hatte mich beschützt. Es gab also einen, der für mich sorgte und meinen Schutz übernahm. Wenn der Allmächtige das tat, konnte ich loslassen; ich brauchte die Kontrolle nicht mehr zu haben; ich konnte im Frieden leben. Das hat mein Herz damals so tief verstanden, dass ich die erlösenden Schritte aus dem kontrollierenden Verhalten heraus gleich tun konnte. Diese tiefe Heilung hat zu großen Veränderungen in meinem Leben und zu innerem Frieden geführt.

5.3.5. Entwicklungsarbeit

Finale Entwicklungsarbeit geht von der Überzeugung aus, dass Gott für jede Person ein einmaliges, individuelles Zielbild hat. In diesem sind alle Gegebenheiten der realen Situation dieses Menschen berücksichtigt. Worum es sich hierbei handeln kann, möchte ich an einem Beispiel aufzeigen (Beispiel 32):

Die junge Frau meldete sich telefonisch. Ihre Sprache ließ vermuten, dass sie eine leichte Behinderung hatte. Als Ziel der therapeutischen Arbeit nannte sie den Wunsch, zu Hause ausziehen, den Alltag allein bewältigen und auch finanziell selbstständig werden zu können. Im ersten Treffen erfuhr ich dann, dass sie Einzelkind war, dass eine leichte geistige mit einer körperlichen Behinderung zusammenwirkte und sie deshalb noch zu Hause lebte. Die junge, etwa 22-jährige Frau wirkte auch emotional zurückgeblieben.

Die Arbeit mit ihr wurde sehr lohnend, aber auch herausfordernd: Es galt, die Grenzen ihrer Entwicklungsfähigkeit auszuloten und anzunehmen, ihr aber auch zu helfen, sich bis zu ihren Grenzen zu entfalten. Dabei bestand die Gefahr, dass ich das gute Maß an Herausforderung immer wieder überschritt und sie überforderte. So bat ich sie, mir hier zu helfen. Wenn sie die Grenze ihrer Möglichkeiten erreicht hatte, sagte sie dann jeweils: „Herr Engeli, jetzt stehe ich mit dem Rücken an der Wand." Ausgehend von dem, was Gott für sie in ihrer besonderen Situation vorbereitet hatte, gelang es Schritt um Schritt, ihre Lebensbewältigungsfähigkeit auszudehnen. Sie lernte, sich zu Hause auf gute Art abzugrenzen, konnte im praktischen Bereich immer besser für sich selbst sorgen, fand eine Arbeit als Befragerin eines Meinungsforschungsinstitutes und wurde so auch finanziell unabhängiger. Schließlich fand sie auch eine günstige kleine Wohnung und schaffte den Auszug von zu Hause. Die schwierigsten Bereiche waren die emotionale und die beziehungsmäßige Reifung. Hier musste ich ihr helfen, die Wege zur Stillung ihrer emotionalen Bedürfnisse in ihrer Gottesbeziehung zu finden; daraus ergab sich dann eine wachsende Liebesfähigkeit.

Beim praktischen Vorgehen in der finalen Entwicklungsarbeit gibt es viele Parallelen zur thematischen Arbeit; auch hier kann *Treppenbau* eine hilfreiche Möglichkeit sein. In der Entwicklungsarbeit geht es aber um die ganze Front der Entwicklung der Person und nicht nur um einen spezifischen Lebensbereich. Zwar kann man sich auf einige zentrale Bereiche konzentrieren, aber wir müssen das Ganze einer ausgewogenen Weiterentwicklung im Auge behalten. Neben der grundlegenden Arbeit auf der Gesinnungsebene kann hier, wie dies aus dem obigen Beispiel ersichtlich wird, auch die Arbeit auf der alltäglichen Umsetzungsebene wichtig werden.

5.3.6. Grundstörungen angehen

Unter Grundstörungen[35] verstehe ich durch die Erblinie vermittelte, durch Modelllernen angeeignete oder in schwierigen Kindheits- oder Lebenserfahrungen entwickelte Not und Leiden bewirkende Lebens- und Beziehungsstrategien. Sie bestimmen das Wahrnehmen, Verarbeiten, Denken und Empfinden der Person und dadurch auch das Verhalten in allen Bereichen. So kann beispielsweise Angst eine die Person und das ganze innere und äußere Leben bestimmende Grundstörung sein. Wie kann man seelsorgerlich daran arbeiten? Dies soll am Thema „Angst“ exemplarisch aufgezeigt werden.

Zuerst müssen wir das Phänomen der Angst verstehen und richtig einordnen können: Angst gehört zum Leben. Am richtigen Ort, in einem sinnvollen Ausmaß und zur rechten Zeit hat Angst eine lebensbeschüt-

35 Vgl. dazu Kapitel 2.4., „Nöte und Störungen einordnen“.

zende Aufgabe[36]; angstfreie Menschen leben sehr gefährlich. Angst im Übermaß aber sperrt Menschen in ein Gefängnis ein und ist lebensbehindernd. Durch die *krankhafte* Angst gehen das Vertrauen, dass man nicht immer gerade mit dem Schlimmsten rechnen muss, und die Selbstverständlichkeit des Lebens verloren. Vom Glauben her betrachtet ist ein Übermaß an Angst Ausdruck von Misstrauen gegen Gottes Güte und ein Mangel an Hoffnung.

Die Bibel kennt das Phänomen der Angst. Es scheint Gott nicht um Angstfreiheit zu gehen, sondern um einen sinnvollen Umgang mit der Angst. Hier ist eine Aussage von Jesus hilfreich: „*In der Welt habt ihr Angst; aber seid getrost, ich habe die Welt überwunden.*"[37] Jesus erkennt an, dass Angst zum Leben gehört. Er ruft uns aber auf, um der Erlösung willen getrost zu sein. Er geht also davon aus, dass unsere Seele zwar in der Angst sein, unser Geist aber gleichzeitig im Glauben getrost sein kann, dass wir gleichzeitig mehrere Gefühle in uns tragen können. Jesu Aussage weist auch darauf hin, wie wir mit bedrängenden Gefühlen umgehen können: Es ist fruchtlos, den erschöpfenden Kampf *gegen* die Angst zu führen (der Kampf *gegen* etwas ist immer zum Scheitern verurteilt); statt dessen können wir im Glauben den Kampf *für* Getrostheit aufnehmen; und dieser wird Frucht tragen. Je stärker Menschen mit einer hohen Angstbereitschaft im Vertrauen auf Gott und im Glauben an seine rettende Kraft wachsen, desto besser können sie ihre Angst an- und mitnehmen; sie lassen sich also durch ihr Getrost-Sein im Glauben und die damit verbundene Hoffnung stärker bestimmen als durch ihre Angst. So werden Menschen mit einer an sich hohen Angstbereitschaft immer wieder zu besonders mutigem Handeln fähig.

Es gibt noch andere göttliche Angebote und Hilfestellungen, die angstbereiten Menschen Entlastung schaffen können:

- Gott kommt dem Menschen in der Angst zu Hilfe und tröstet ihn: Ps 4,2 (LU); 34,5.

36 Ein Beispiel: Die Angst vor der heißen Herdplatte schützt das Kind vor Verbrennungen.

37 Joh 16,33 (NZH).

- Gott macht das Angebot, für ihn zu sorgen; deshalb kann der Mensch seine Sorgen und Zukunfts-Ängste auf Jesus werfen: Mt 6,27–34; 1Petr 5,7.
- Die Liebe ist stärker als die Angst und die Furcht; sie treibt diese aus[38]: 1. Joh 4,18.
- Durch den Heiligen Geist bewirkt Gott im Menschen die Gefühle und Grundhaltungen, die Gott entsprechen (die Frucht des Geistes: Gal 5,22; vgl. auch 2Tim 1,7); der Mensch hat die Freiheit, diesen den Vorrang zu geben und in ihnen zu leben.[39]

Auch hier arbeiten wir wieder final und gehen von Gottes Angeboten und der Realität der Neuschöpfung aus. Der Aufbau und die Entfaltung der persönlichen Gottesbeziehung des Klienten bildet die Voraussetzung für die seelsorgerliche Arbeit an einer Grundstörung. Eine persönliche, durch Liebe und Vertrauen geprägte Beziehung zu Gott als dem Vater schafft beim Klienten die Grundlage für die Überwindung seines Grundproblems. So kommt die Erlösung, die Jesus Christus für uns bewirkt hat, zum Tragen.

5.3.7. Die Krisenintervention

Die Krisenintervention gehorcht anderen Regeln als die normale seelsorgerliche Arbeit. In einer Krise ist der Klient nicht mehr voll verantwortungsfähig; so besteht die Gefahr, dass er selber oder andere Menschen durch ihn zu schwerem Schaden kommen. Aus der Hauptregel, dass wir als Seelsorger nur dort Verantwortung übernehmen sollen, wo sie der Klient nicht selber tragen kann, ergibt sich hier nun die Notwendigkeit, dass wir vorübergehend mehr Verantwortung übernehmen, als normalerweise sinnvoll wäre. Es gilt dann aber auch darüber zu wachen, dass wir unsere Verantwortung in dem Maße, wie sich die Situa-

---

38 Vgl. dazu das Röhrensystem (Abb. 2): Die durch uns zu anderen fließende Liebe Gottes reinigt das System und schwemmt die hinderlichen Gefühle, wie z.B. Menschenfurcht, weg.

39 So geht Paulus beispielsweise davon aus, dass wir uns zu jeder Zeit freuen können und dass Gott Freundlichkeit in uns gelegt hat: „*Freut euch im Herrn allezeit! Nochmals will ich es sagen: Freut euch! Lasst alle Menschen eure Freundlichkeit spüren.*“ Phil 4,4–5 (NZH) Vgl. dazu Beispiel 8 in Kapitel 1.4.

tion normalisiert, auch wieder schrittweise abgeben. Welche Regeln in einer Krisenintervention zu beachten sind, habe ich in Übersicht 17 zusammengefasst.

ÜBERSICHT 17

Die seelsorgerliche Krisenintervention

- Anstatt Probleme aufzudecken, arbeiten wir eher zudeckend und betonen alles, was Hoffnung schafft.
- Wir verzichten auf eine tief greifende Bearbeitung der Nöte auf der Gesinnungsebene und begnügen uns mit schadensbegrenzenden und Entlastung schaffenden Maßnahmen.
- So bleiben wir in den Gesprächen ganz in dem, was im Hier und Jetzt geschieht. Wenn es dem Klienten schwer fällt, Bedrängendes aus der Vergangenheit oder in der Zukunft beiseite zu lassen, können wir diese Dinge Punkt um Punkt im Gebet in Gottes Obhut legen. Wir bieten dem Klienten aber auch an, dass wir sie später, falls dies für ihn dann noch wichtig ist, wieder aufgreifen und bearbeiten können.
- Wir stärken und festigen alles, was im Lebensbezug des Klienten noch tragfähig ist (z. B. sein Beziehungsnetz). Wir nehmen auch kleinste positive Veränderungen wahr, anerkennen sie und ermutigen zur Dankbarkeit Gott gegenüber. So führen wir den Klienten in kleinen Schritten durch die Krise hindurch vorwärts.
- Dies bedingt, dass wir in einer Krise direktiver arbeiten, das Gespräch stärker strukturieren, zu überzeugen versuchen, Maßnahmen festlegen, gewisse Dinge verordnen, andere untersagen. Wir können regelmäßige telefonische Rückmeldungen vereinbaren und den Klienten durch einen engen Gesprächsrhythmus fest einbinden. In der akuten Phase organisieren wir bei Bedarf auch Gebetsunterstützung.

Die Rückkehr zu einem normalen seelsorgerlichen Prozess bedeutet eine große Umstellung; sie ist um so schwieriger, je tiefer und akuter die Krise war. Deshalb kann es richtig sein, die Krisenintervention abzuschließen und das dabei Erlebte sorgfältig zu verarbeiten, dem Klienten dann aber eine Erholungszeit vorzuschlagen. Die Frage nach der Wiederaufnahme eines normalen seelsorgerlichen Prozesses kann dann nach einer Pause von beispielsweise 3-4 Monaten in einem Nachgespräch geklärt werden.

Als Beispiel für eine Krisenintervention möchte ich den Umgang mit der Suizidgefährdung eines Klienten kurz darstellen. Auch hier braucht es zuerst einige grundsätzliche Vorbemerkungen. Es ist hilfreich, zwischen verschiedenen Arten von Suiziden zu unterscheiden:

- Es gibt Suizid-Versuche, die als Hilferuf an das Umfeld zu verstehen sind: „Merkt ihr denn nicht, wie schlecht es mir geht? Nehmt mich doch endlich ernst und kommt mir zu Hilfe!" Oft wird eine Schutzmaßnahme eingebaut (z. B. eine mehrfache vorherige Androhung, ein Brief, der rechtzeitig ankommen sollte, ein vorausgehender Telefonanruf o. Ä.). Die für die Tat gewählten Mittel wirken meist nicht tödlich (z. B. eine Überdosis an Schlafmitteln o. Ä.). Gewisse Suizid-Versuche enden aber als tödliche Unfälle, weil das Umfeld die Ankündigungen nicht ernst genommen hat, die Schutzvorkehrungen versagt haben oder die Person die Wirkung der eingenommenen Substanz falsch eingeschätzt hat.
- Es gibt Bilanz-Suizide, welche lange überdacht, sorgfältig geplant, oft geheim gehalten und mit „sicheren Mitteln" ausgeführt werden (z. B. sich an einem sorgfältig gewählten Ort unter einen ganz bestimmten fahrplanmäßigen Zug zu werfen; sich von einer Brücke zu stürzen; sich erhängen; Selbstmord mit einer Schusswaffe o. Ä.). Während das Umfeld bei Suizid-Versuchen oft die Möglichkeit gewinnt, zu Hilfe zu kommen, sodass der Suizid unnötig wird, sind Bilanz-Suizide meist nicht verhinderbar. Falls etwas dazwischen kommt, wird die Ausführung oft einfach verschoben.

Nun kommt aber die wichtige Frage: Wie können wir abschätzen, wie hoch die Suizidgefährdung eines Klienten ist? Die Abklärung des inneren Erlebens und der Tragfähigkeit des sozialen Netzes, in das der Klient eingebunden ist, geben uns wichtige Hinweise.

Je mehr Fragen in Übersicht 18 der Klient in den ersten beiden Teilen mit „Ja" und im letzten Teil mit „Nein" beantwortet, desto höher ist die Suizidgefahr einzustufen. Bei hoher Selbstmordgefährdung sollte der Seelsorger Kontakt mit einer wichtigen Bezugsperson (z. B. mit dem Ehepartner) oder mit einem Arzt (z. B. mit dem Hausarzt des Klienten) aufnehmen.

ÜBERSICHT 18

Fragen zur Suizidalität

Der innere Weg zum Selbstmord:

- Haben Sie in letzter Zeit daran gedacht, sich das Leben zu nehmen? Häufig?
- Drängen sich die Selbstmordgedanken immer wieder in den Vordergrund? Was tun Sie dann?
- Wissen sie schon, wie Sie es machen würden? Haben Sie schon Vorbereitungen getroffen?
- Haben Sie schon mit jemandem über ihre Selbstmordabsichten gesprochen?
- Hat sich schon jemand in Ihrer Familie das Leben genommen? Und in Ihrem Bekanntenkreis?

Die Befindlichkeit und das innere Erleben:

- Halten Sie ihre Situation für aussichts- und hoffnungslos?
- Fällt es Ihnen schwer, an etwas Anderes als an ihre Probleme zu denken?
- Finden Sie oft sogar im Glauben nicht mehr Hilfe in diesen bedrängenden Gedanken?

Die Einbindung ins soziale Netz:

- Haben Sie in letzter Zeit regelmäßig Kontakt zu ihren Verwandten, Freunden und Bekannten?
- Haben Sie noch Interesse an dem, was in ihrem Beruf und in ihrer Umgebung vorgeht? Interessieren Sie Ihre Hobbys noch?
- Haben Sie jemanden, mit dem Sie offen und vertraulich über ihre Probleme sprechen können?
- Wohnen Sie mit Familienmitgliedern oder Freunden zusammen?
- Sind Ihnen Ihre familiären und beruflichen Verpflichtungen noch wichtig?
- Fühlen Sie sich in Ihrem Hauskreis oder Ihrer Gemeinde gut eingebunden? Erleben Sie an anderen Orten Zugehörigkeit und Gemeinschaft?

Mit dieser Drittperson muss die Situation besprochen und entschieden werden, ob der Klient eine medikamentöse Unterstützung braucht (z. B. durch ein Antidepressivum) oder ob zu seinem Schutze gar ein stationärer Aufenthalt in einer Klinik angezeigt sein könnte. Dann muss besprochen werden, wer welche Aufgaben übernimmt und wie die weitere Zusammenarbeit bis zum Ende der Krise gestaltet werden soll. Bei Suizidgefährdung ist es wichtig, den Klienten ans Leben zu binden, z. B. durch regelmäßige Telefonrückmeldungen an den Seelsorger oder durch die Aktivierung seines sozialen Netzes via einer Bezugsperson, sodass immer wieder Treffen mit Freunden stattfinden. In sehr akuten Situationen habe ich mit dem Klienten auch schon einen „Vertrag" abgeschlossen: Der Klient versprach mir, mich vor der Umsetzung seiner Absichten anzurufen; so bekam ich noch eine Gelegenheit einzugreifen.

Selbstmordgedanken können auch geistliche Hintergründe haben. Oft findet sich eine Linie von Suizidalität in der Familie, aus der heraus der Klient Erlösung beanspruchen kann.[40] Selbstmordgedanken können sich in schwierigen Umständen aber auch als Fluchtmöglichkeit aus der Realität anbieten; sie vermitteln einen bitter-süßen Trost. Manchmal sind sie auch mit Bestrafungswünschen nahestehenden Personen gegenüber verbunden. Was anfangs Gedankenspielereien sind, wird dann zum Zwang oder zur Sucht. Hier gilt es, die geöffnete Hintertür durch einen klaren Schritt im Gebet wieder zu verschließen und zurückzukehren in Gottes Ordnung, der es sich vorbehalten hat, unsere Lebensspanne selber zu bestimmen.[41]

Gewisse Krisen, beispielsweise eine tiefe depressive Verstimmung, ziehen aber auch den Glauben in Mitleidenschaft. Die Betroffenen verlieren ihren Kontakt mit Gott; sie haben den Eindruck, dass ihre Hilferufe an der Zimmerdecke hängen bleiben und Gott gar nicht erreichen; dass Gott sie vergessen oder verlassen hat; dass es auch von ihm her keine Hoffnung mehr gibt. Das Einzige, wozu sie dann noch fähig sind, ist, weiter zu Gott zu rufen, sich an ihm und gewissen Verheißungen festzuhalten, sich mit ihrem Rest an Kraft an ihn zu klammern. In die-

40 Vgl. dazu Abschnitt 1.3.3., „Erlösung aus dem unguten Erbe".

41 Vgl. dazu Hi 14,5.

sen Augenblicken können sie vielleicht nicht mehr selbst beten; aber sie sind unsäglich dankbar für unseren Für-Glauben, unsere Für-Hoffnung und für unser stellvertretendes Gebet. Ein Beispiel aus meiner Arbeit zeigt, dass auch der schwache Glaube eines Depressiven Gott verherrlicht (Beispiel 33):

Die Missionarin hatte einen verlängerten Urlaub vorgesehen, um ihre von Zeit zu Zeit wiederkehrenden Depressionen mit mir angehen zu können. Wir bearbeiteten ihre Kindheit und die schwierigen Lebenserfahrungen; wir nahmen Gottes Angebote, wie etwa die Erlösung aus den unguten Erblinien, in Anspruch; wir arbeiteten an ihrer Selbstbeziehung, ihrer Gottesbeziehung und ihren mitmenschlichen Beziehungen (z. B. an der Menschenfurcht). Als ihre Wiederausreise näher kam, hatten wir sorgfältige, gründliche Arbeit geleistet. Wir freuten uns sehr und ich hoffte, sie sei nun ganz frei von ihren depressiven Tiefs.

Sechs Wochen vor der Ausreise rutschte sie unaufhaltsam ins nächste Wellental: Es war kürzer und weniger tief; aber ganz geheilt war sie nicht! Wir waren beide enttäuscht und entmutigt. Die Klientin litt erneut unter dem Erleben, von Gott abgeschnitten zu sein, ihm nicht mehr dienen und nicht mehr zu seiner Ehre leben zu können. Als sie aus dem Tief auftauchte, nahmen wir uns Zeit, miteinander im Gebet vor Gott zu kommen: Wir schütteten ihm unser entmutigtes Herz aus und baten ihn, er möge uns doch etwas zu dem schwierigen Erleben sagen. Ich erinnere mich nicht mehr an alle Eindrücke, doch einer ist mir sehr zu Herzen gegangen: Ich sah eine helle Gestalt, die ein zerrissenes, scharfkantiges Schrottstück (ein Bild für die Depression) in einen Raum trug und dieses in ein Gefäß eintauchte. Als sie es wieder herausnahm, hatte es noch dieselbe Gestalt, war aber in Gold verwandelt und alle Spitzen und Kanten waren abgerundet. Dieses „Schmuckstück" trug sie nun in einen Lagerraum und legte es auf ein Gestell. Dazu sagte sie den Satz: „Dass du in deiner Depression an mir festgehalten hast, soll dir als Gerechtigkeit angerechnet werden."[42] Das war eine tröstliche und erlösende Botschaft: In der Depression an Gott festzuhalten genügt, um Gott zu verherrlichen.

42 Vgl. dazu, was in 1Mo 15,6 steht.

Die Missionarin hat auch später wieder depressive Tiefs erlebt, aber die Depression hatte ihren verletzenden Stachel verloren. Sie hat so gut damit umgehen gelernt, dass sie die Arbeit nie unterbrechen und nach Hause zurückkehren musste.

Gott ist kein Verhinderer-, sondern ein Retter-Gott. Er mutet uns Krisen zu, setzt aber die Grenzen fest und geht mit uns durch sie hindurch. Welch große Hilfe Menschen in Krisen aller Art durch ihren Glauben und ihre Gottesbeziehung finden konnten, davon ist die Bibel voll (man denke etwa an David, an Elia in seiner Depression nach dem Sieg über die Baalspriester, an Hiob und an viele Psalmisten). Wie groß ist dann jeweils der Dank an Gott, wenn die Errettung und Erlösung aus dem Gefängnis der Not erlebt wird.[43] Paulus zeigt im Römerbrief den Weg und die einzelnen Etappen auf, wie er selber „Bedrängnisse"[44] durchlebt hat. Am Ende heißt es dort: *„Die Hoffnung aber lässt nicht zuschanden werden, denn die Liebe Gottes ist ausgegossen in unsere Herzen durch den Heiligen Geist …"*[45] Krisen können mit Gottes Hilfe nicht nur unbeschadet durchlebt werden; sie stehen sogar unter der Verheißung von Römer 8,28: Sie sollen uns stärken und müssen uns zum Besten dienen.

5.3.8. Geistsorge

Mit diesem Begriff umschreibe ich finale seelsorgerliche Hilfe für den Teil der Person, den das Neue Testament den Geist des Menschen nennt.[46] Damit besser verständlich wird, um welch große, heilige Aufgabe es sich bei der Geistsorge handelt, möchte ich noch etwas mehr über Geist – Seele – Leib und die innere Ordnung sagen, die zur Neuschöpfung gehört. In 1. Thessalonicher 5,23–24 schreibt Paulus:

43 Vgl. etwa die Psalmen 40, 42, 57, 116 usw.

44 Das hier verwendete griechische Wort meint Bedrückung, Drangsal, Trübsal.

45 Röm 5,3–5.

46 Vgl. Lk 23,46; Röm 8,16. Mehr dazu in *Makarios*: Die innere Ordnung (S. 69ff.).

Er selbst aber, der Gott des Friedens, heilige euch völlig; und vollständig möge euer Geist, Seele und Leib untadelig bewahrt werden bei der Ankunft unseres Herrn Jesus Christus!
Treu ist, der euch beruft; er wird es auch tun.

Bei der Heiligung geht es Gott um den Frieden in unserer Person. Damit dieser aufgerichtet werden kann, muss unser Geist seinen Platz einnehmen und den anderen beiden Teilen unserer Person gegenüber seine Führungsrolle ausüben können. Im obigen Text werden die Prioritäten durch die sprachliche Struktur klar gemacht. Paulus bringt damit auch zum Ausdruck, dass das Werk des Heiligen Geistes in unserem Geist beginnt und von dort aus dann unsere Seele und unseren Körper erreichen will. Unser Geist ist also Gottes Brückenkopf in unserer Person: Hier wohnt der Heilige Geist. Unser Geist kann Gott erkennen und in einer persönlichen Beziehung zu ihm stehen, das Zwiegespräch mit ihm führen, ihn bitten und ihn anbeten. Er kann Gott vertrauen, die Wahrheit seines Wortes und seinen Willen erkennen. Von ihm gilt: „*Der Geist ist willig*“[47]; in ihm können wir Gott dienen. Durch ihn will der Heilige Geist uns leiten[48]. Unser Geist ist also der Ansatzpunkt für Gottes Wirken in uns. Deshalb will Gott seine Ordnung in unserer Person aufrichten.

Solange die Seele oder der Leib eine Person bestimmen, lebt sie im Zwiespalt mit sich selber und im Unfrieden; darunter leidet ihr Geist. Weil Gottes Werk der Heiligung durch die innere Unordnung gebremst wird, ist es Gott ein großes Anliegen, seine Ordnung in unserer Person aufzurichten. Er will unserem Geist zu Hilfe kommen und ihn stärken, damit dieser in unserer Person die Führung übernehmen, unsere Seele liebevoll und bestimmt leiten[49] und unserem Körper den ihm angemessenen Platz zuweisen kann. Wenn wir in den Evangelien lesen, wie Jesus als Mensch gelebt hat, dann ahnen wir, welch großer Friede eine Per-

47 Mt 26, 41 (..., *das Fleisch aber schwach*).

48 Vgl. etwa Röm 8,14.

49 Vgl. dazu etwa in Ps 103,1–5, wie der Geist des Psalmisten seine Seele führt.

son erfüllt, die durch Gottes innere Ordnung geprägt ist: Geist > Seele > Leib.

Der Geist des Menschen kann in verschiedener Weise Hilfe nötig haben:

- Manchmal braucht er einen „Geburtshelfer“, damit er seinen Platz in der Person einnehmen kann. Oft spüren Klienten, dass in ihnen ein Chaos herrscht, in dem sich Seelisches, Geistliches und Körperliches untrennbar vermischen. Aus diesem Durcheinander resultieren Verwirrung, Unruhe und Unfrieden. Wenn der Klient verstanden hat, wie Gott die innere Ordnung der Person meint, kann er in der Autorität, die Gott uns über unsere Person gibt, im Gebet um Gottes entflechtendes und ordnendes Eingreifen und um die Scheidung von Geist und Seele[50] und Seele und Leib bitten. Diesen schöpferischen Moment begleitet der Seelsorger fürbittend und dankend. Ich habe in den Gesprächen immer wieder mit Freude und Staunen miterlebt, dass Gottes Eingreifen in der Person so etwas wie eine Zellteilung bewirkt, welche Ordnung schafft und Wachstum ermöglicht. Hier eine eindrückliche Erfahrung (Beispiel 34):

  Ich erinnere mich an ein solches Gebet mit einem Klienten. In einem inneren „Film“ konnte ich, während wir beteten, mitverfolgen, was in der Person geschah: Am Anfang bildeten Geist und Seele eine einzige Zelle; in dieser sah ich grüne und rote „Partikel“, wirr verteilt. Als wir für die „Scheidung von Seele und Geist“ zu beten begannen, stülpte sich von zwei Seiten her eine neue Zellwand aus. Die beiden wachsenden Enden fischten nun die roten Partikel und holten sie nach oben, während sie gleichzeitig die grünen nach unten schoben. Als sich die neue Zellwand schloss, war die Ordnung hergestellt: alle Partikel waren an ihrem Platz. Das Bild erlaubte mir zu verstehen, was geschah, und machte mir zugleich deutlich, dass es sich dabei um einen Wachstumsschritt handelte und nicht um eine innere Spaltung: Zellwände sind für das durchlässig, was zwischen zwei Zellen ausgetauscht werden soll; sie ermöglichen es jeder Zelle aber auch, ihre spezifische Aufgabe ungestört zu erfüllen.

---

50 Vgl. dazu Hebr 4,12.

- Der Geist kann Wachstums- und Stärkungs-Hilfe brauchen, um seine Führungsaufgabe in der Person wahrnehmen zu können. Auch hier stehen die Angebote Gottes zur Verfügung. Welches sind Gottes Angebote zur Stärkung des Geistes? – Zuerst einmal ist es das Geschenk des Heiligen Geistes mit allem, was dieser in uns schafft und uns schenkt: die Liebe als Frucht des Geistes, die Geistesgaben, mit denen er uns ausrüsten will, und die geistliche Erkenntnis, die er uns vermittelt.[51] Je mehr der Klient dem Heiligen Geist in seiner Person Raum gibt, desto mehr wird dieser seinen Geist stärken und zurüsten. Die zweite unseren Geist stärkende und zurechtbringende Kraft ist Gottes Wort: Es beurteilt unsere Gesinnung und richtet sie auf Gottes Ziele aus; es vermittelt uns die Wahrheit, die uns frei macht von religiösen Fehlhaltungen und Ängsten; es ist die verändernde Kraft, welche durchdringt bis in die Tiefen der Person.[52]
- Der Geist eines Menschen kann aber auch verwirrt, verzagt, verwundet oder geschwächt sein: Verwirrt durch ein verzerrtes Gottesbild, durch religiöse Fehlhaltungen (z. B. durch gesetzliche Frömmigkeit, ein überstrenges Gewissen, geistlichen Stolz usw.), durch falsche Lehre oder durch ungute Lebensziele; verzagt durch unverarbeitete Schicksalsschläge und Enttäuschungen des Lebens, die Gott zugeschrieben werden; verwundet durch geistliche Verletzungen (durch religiösen Zwang, Manipulation im Bereich des Glaubens, Angst machende Drohungen usw.); geschwächt durch selbstverschuldete geistliche Unterernährung, durch Verharren in der Sünde oder durch Erschöpfung aufgrund religiöser Anstrengungen. Die Bibel weist mehrfach darauf hin, dass Gott den Geist der Gebeugten beleben und einen verzagten Geist aufrichten will; er will Tröstung schaffen und Heilung; er will freimachende Erkenntnis schenken.[53] Wo es dazu vom Klienten her Schritte braucht, z. B. Umkehr, Bekennen der Schuld, Vergebung empfangen, Versöhnung mit dem

---

51 Zu den einzelnen Angeboten: Gal 5,22; 1Kor 12,4–11; Kol 1,9; 2,2-3.

52 Diesbezügliche Bibelstellen: Hebr 4,12; Joh 8,31–32; 1Tim 1,15; Röm 1,16.

53 Entsprechende Bibelstellen: Jes 57,15; 61,3; 57,18; Mal 3,20; Joh 8,32.

Leben, die Bitte um Heilung oder Stillung, da kann der Klient den normalen seelsorgerlichen Weg geführt werden.

Der Geist des Menschen ist der sensibelste und daher auch verletzlichste, aber auch der heiligste Teil der Person. Deshalb braucht es göttliche Liebe, Weisheit, Behutsamkeit und Kreativität, um ihm zu Hilfe zu kommen. Je heiliger etwas ist, desto größer wird die menschliche Unfähigkeit, wirklich zu helfen. So können wir denn in der Geistsorge wirklich gar nichts mehr tun ohne völlige Unterordnung unter Gottes Handeln und ohne Führung und Ausrüstung durch den Heiligen Geist. Was schon für die normale Seelsorge zutrifft, gilt hier in absoluter Weise: „*Ohne mich könnt ihr nichts tun.*“[54] Unser Beitrag als Mitarbeiter Gottes ist in der Geistsorge noch geringer als sonst; dafür ist das, was Gott in seiner Gnade direkt bewirkt, umso entscheidender. Als Seelsorger können wir nur noch auf Gottes Angebote hinweisen, gewisse Prozesse anstoßen und das, was dann zwischen Gott und dem Klienten geschieht, fürbittend umgeben und als Zeugen bestätigen. Beim Ausleben des Neuen können wir den Klienten dann aber auf die gleiche Art begleiten, wie wir es im normalen seelsorgerlichen Prozess auch tun.

5.3.9. Körperliche Heilung

Es gehört zum ganzheitlichen Ansatz der Finalen Seelsorge, dass auch das Gebet um körperliche Heilung Teil unseres Auftrages sein kann. Dass Gott Menschen körperlich heilt, ist schon im Alten Testament Ausdruck seiner Schöpferkraft und seines Wunsches, uns Gutes zu tun (vgl. etwa die Heilung des Königs Hiskia oder des syrischen Generals Naeman). Im Neuen Testament gehört körperliche Heilung zum Auftrag Jesu; er ist der „Heiland“. Seine Heilungen sind Zeichen dafür, dass er der erwartete Messias ist, und durch Zeichen und Wunder bestätigt Gott seine Lehre als Wahrheit.[55] Am Kreuz nimmt Jesus dann alle Krankheit auf sich, damit wir Heilung erleben können.[56] Er gibt den Jüngern den Auftrag

54 Joh 15,5 (LU).

55 Vgl. dazu Mt 11,2-5; Joh 10,37–38.

56 Siehe Jes 53,4–5 (LU).

weiter und stattet sie mit der nötigen Autorität aus, in seinem Namen Kranke zu heilen.[57] Das Gebet füreinander um Heilung gehört zu den Privilegien der Kinder Gottes[58]; der Heilige Geist stattet uns dann, wenn Heilung unser Auftrag ist, mit den „*Gnadengaben der Heilungen*" aus.[59]

Wie alle Angebote Gottes ist auch körperliche Heilung ein göttliches Gnadengeschenk; ein Anrecht darauf gibt es nicht. Obwohl Jesus alle Krankheiten heilen konnte, hat er nicht alle Kranken geheilt, denen er begegnet ist, sondern auch in diesem Teil seines Dienstes nur das getan, wofür er vom Vater beauftragt war.[60] Um uns Gutes zu tun, steht Gott nicht nur die Möglichkeit der Heilung offen; er kann uns eine Krankheit auch zum Segen setzen (vgl. Röm 8,28).

Wie gehen wir in der Finalen Seelsorge mit körperlicher Krankheit um und welchen Platz nimmt das Gebet für Heilung ein? Hier einige Hinweise zu diesen Fragen aus meiner Praxis:

- Auch wenn es um körperliche Heilung geht, gilt es abzuklären, was der Klient wünscht, was Jesus ihm tun soll, und ob er wirklich gesund werden will.[61]
- Der Seelsorger braucht von Gott her einen klaren Auftrag. Wenn er ihn beauftragt, beschenkt er ihn auch mit der nötigen Autorität und der Heilungs-Gabe.
- Gottes Auftrag kann darin bestehen, der Krankheit im Sinne des Gebietens entgegen zu treten.[62] Mit diesem Auftrag ist dann auch die Gabe des Glaubens[63] verbunden, die feste innere Gewissheit, dass Gott jetzt heilend eingreifen will. Wir lassen uns dann Schritt um Schritt vom Heiligen Geist leiten, wie wir beten sollen.

---

57 Bei der Aussendung der Jünger (Lk 9,1–2; 10,9) und bei der Beauftragung nach der Auferstehung (Mk 16,18).

58 Vgl. dazu den Auftrag in Jak 5,16.

59 1Kor 12,9.

60 Unter den vielen Kranken, die am Teich von Bethesda lagen, heilte Jesus nur einen (Joh 5).

61 Vgl. dazu und zum Vorhergehenden: Joh 5,6 und Mt 20,32.

62 Vgl. dazu Jesus, der in Lk 4,39 das Fieber „*bedroht*" und Petrus, der in Apg 3,6–8 dem Gelähmten befiehlt.

63 Es handelt sich dabei um eine der Gnadengaben des Heiligen Geistes (siehe 1Kor 12,9).

- Das Heilungsgebet kann, wenn wir so geleitet werden, auch mit dem Auflegen der Hände oder der Salbung mit Öl verbunden werden. Wir fragen zuerst den Klienten wieder, ob er die Salbung oder das Handauflegen wünscht. Auch in der Art, wie das Handauflegen oder die Salbung geschehen sollen, lassen wir uns führen, sei es, dass wir den entsprechenden Körperteil berühren oder salben, sei es, dass wir die Stirn salben oder die Hände auf den Kopf legen.
- Auch nach körperlicher Heilung folgt ein Lernprozess, in dem unnötig gewordene Gewohnheiten abgebaut werden müssen. Darin brauchen die Klienten Begleitung.
- Wenn der Klient den Wunsch nach einem Gebet für Heilung ausspricht und wir keinen inneren Auftrag dafür spüren, können wir im Sinne der Fürbitte im Gebet für seine Situation einstehen. Auch hier wollen wir geistgeleitet beten.[64]
- Und wenn die Heilung nicht eintritt? Wichtig ist dann, dass wir keinen Schuldigen suchen und uns nicht fragen, was wir falsch gemacht haben. (Das Gebet um Heilung ist ja eine Bitte und kein Anrecht, das man durch die richtige Formulierung herbeizwingen könnte.) Wir wollen uns aber mit dem Klienten zusammen der Enttäuschung und den dadurch ausgelösten Fragen stellen. Dies kann dann zu einer Hör-Stille führen, in der wir Gott um sein Reden bitten.

5.3.10. Befreiung von finsteren Mächten

Dass Satan und die Mächte der Finsternis eine Realität sind, steht für mich außer Zweifel; ich habe in meiner seelsorgerlichen Tätigkeit immer wieder mit ihnen zu tun gehabt. Ebenso gewiss ist aber auch, dass Jesus Christus den Sieg über sie errungen hat und die Machtverhältnisse an sich klar sind. Satan ist zwar besiegt und entwaffnet, aber noch nicht vernichtet; er gibt nicht auf und kämpft weiter, bis Jesus Christus seinen Sieg ganz durchsetzen wird.[65] Satans Taktiken sind immer die gleichen: Er will uns glauben machen, es gebe ihn nicht; er rechnet damit, dass

64 Mehr dazu in Kapitel 6.6., „Geistgeleitet beten".

65 Vgl. dazu die biblischen Aussagen in Kol 2,14–15; Mt 28,18; 1Kor 15,24–26 usw.

wir Jesu Sieg und die uns verliehene Autorität ihm gegenüber[66] nicht kennen oder nicht ernst nehmen; er versucht, uns zu beeindrucken und zu ängstigen[67] und er räumt das Feld nicht, bis wir ihm widerstehen und ihn dazu auffordern.

Auch ein gläubiger Mensch kann in gewissen Bereichen seines Lebens noch von Dämonen beherrscht sein: Etwas in ihm ist stärker als sein Wille; er braucht hier Erlösung, Befreiung. Wenn wir die menschliche Person mit einem Haus mit mehreren Zimmern vergleichen, wird das Ganze verständlicher: Mit der Hingabe unseres Lebens an Jesus Christus hat der Hausbesitzer gewechselt, und Satan hat alle Anrechte verloren; oft versucht er aber, im einen oder anderen unserer Zimmer seine zerstörerische Macht weiterhin auszuüben. Dann gilt es, in Jesu Namen und Autorität dem Feind zu gebieten; und er wird gehorchen müssen. Bei gläubigen Christen ist Befreiung also ein juristischer Akt, in dem der betroffenen Person die Hauptverantwortung zukommt.

Wie können wir erkennen, ob es sich um eine „okkulte Belastung" handelt oder um ein mit anderen seelsorgerlichen Mitteln anzugehendes seelisches Problem? Dies lässt sich aus den Symptomen und dem inneren Erleben der betroffenen Person allein nicht eindeutig erschließen. Es gibt nur *einen* sicheren Weg: Mit dem Klienten zusammen Gott um Klärung und Offenbarung zu bitten (z. B. in einer Hör-Stille). Wir dürfen damit rechnen, dass Gott uns hier Klarheit schenkt. Dies kann aber auf verschiedene Art geschehen. Hierzu ein Beispiel aus meiner Praxis (Beispiel 35):

> *Heute wolle er über ein etwas schwieriges Thema sprechen, sagte der Mann. Es ging um die Masturbation. Er müsse es einfach immer wieder tun; es sei wie ein Zwang, er könne nicht widerstehen. So war der Mann zur Vermutung gelangt, er könnte okkult belastet sein. Als wir an ein, zwei konkreten Situationen herausgearbeitet hatten, wie es sich jeweils abspielte, war ich je länger desto weniger davon überzeugt, dass dieses Verhalten ok-*

66 Siehe Lk 10,19. Jeder Auftrag von Gott ist mit der entsprechenden Autorität verbunden. Dies bedeutet hier, dass wir im Namen und der Kraft Christi seinen Sieg über die Mächte der Finsternis durchsetzen können.

67 Vgl. 1Petr 5,8–9 (Aufgrund von Jesu Sieg ist Satan ein zahnloser Löwe).

kult verursacht sei. Ich fragte ihn, welches sein Verständnis der Sexualität sei: „Ist es für Sie ein Trieb wie Hunger und Durst, für den man nicht verantwortlich ist und den man immer wieder stillen muss? Oder ist es ein Bedürfnis, für das wir die Verantwortung übernehmen können und müssen?" Die zweite Sicht war ihm völlig neu: „Bis jetzt fühlte ich mich meinen sexuellen Bedürfnissen wie ausgeliefert; ich habe die Verantwortung für meine Sexualität noch nie übernommen." Ich schlug nun vor, Jesus im Gebet darum zu bitten, er möge ihm bis zum nächsten Gespräch klar machen, ob sein ungutes Verhalten durch eine finstere Macht bestimmt sei oder ob er einfach die Verantwortung für seine Sexualität zu übernehmen habe.

Im nächsten Gespräch berichtete er: „Es wurde mir sehr schnell klar, welches die Ursache meiner Not war. Ich übernahm im Gebet die Verantwortung für meine Sexualität und damit war der Zwang gebrochen. Ich habe zwar noch Kämpfe, aber ich muss diese Bedürfnisse nicht mehr befriedigen, ich kann ihnen auch widerstehen."

Wenn Klient und Seelsorger zur Überzeugung gelangt sind, dass eine Not wirklich okkult bedingt ist und es Schritte der Befreiung braucht, kommt der betroffenen Person dabei die Hauptverantwortung zu: Sie muss frei werden wollen und bereit sein, in diesem Bereich die Eigenverantwortung zu übernehmen. Da sie Autorität über die eigene Person hat, kann sie nun im Gebet Satan im Namen Jesu alle Rechte in diesem Bereich absprechen und sie klar Jesus übergeben. Sie kann die finsteren Mächte aus ihrer Person wegweisen und den Heiligen Geist bitten, diesen Raum zu reinigen und ganz zu erfüllen[68]. Der Seelsorger unterstützt den Klienten, stellt sich im inneren Gebet schützend hinter ihn und bestätigt das Geschehen nachher als Zeuge im Gebet. Dass das persönliche Handeln der betroffenen Person im Gebet der entscheidende Teil einer Lossprache ist, habe ich in einem Gespräch auf eindrückliche Weise erfahren (Beispiel 36):

Die Frau entstammte einem jahrhundertealten deutschen Adelsgeschlecht. Als die Frau die Vermutung äußerte, es seien noch finstere Mächte aus ihrer Familienlinie in ihr am Werk,

68 Vgl. dazu die Warnung in Mt 12,43–45.

begannen wir im Gespräch zu sammeln, was ihr bewusst war, und baten Gott dann im hörenden Gebet, das noch Verborgene aufzudecken. Es entstand eine eindrückliche Liste. Ich erklärte der Frau, wie wir vorgehen würden und dass sie im Namen Jesu diesen Mächten selber entgegentreten könnte. Sie nannte eine nach der anderen mit Namen und gebot ihr, ihre Person zu verlassen. Anschließend berichtete sie, was sie dabei erlebt hatte: „Die Dämonen sahen aus wie kleine Kobolde. Wenn ich sie nannte, fuhren sie sofort aus und stürzten sich in ein Feuer." Das Wesentliche war also durch ihr Gebieten geschehen, bevor ich das Ganze als Zeuge und Seelsorger durch mein Gebet bekräftigen und die nun gültigen „Rechtsverhältnisse" bestätigen konnte.

Um Satan den Boden ganz zu entziehen, braucht es dort, wo aus der okkulten Belastung Schuld entstanden ist[69], ein klares Schuldbekenntnis und den Zuspruch der Vergebung. Die schuldhaften Verhaltensweisen müssen ab- und die der Neuschöpfung gemäßen angezogen werden. Nach einer Lossprache braucht es auch, wie überall, die Umsetzung im Alltag mittels der Kunst der kleinen Schritte, damit die alten Verhaltensmuster ab- und neue aufgebaut werden können.

Auch wenn es um Befreiung geht, wollen wir auf Programme verzichten und uns ganz auf Gottes Führung verlassen. Wenn wir als Seelsorger beim Klienten eine dämonische Belastung vermuten, gilt es zuerst zu erkennen, ob es von Gott her dran ist, den Klienten darauf anzusprechen und ob die allenfalls nötige Befreiung ein für uns vorbereitetes Werk sein könnte. Wenn dies geklärt ist und der Klient dies seinerseits auch will, brauchen wir uns nicht davor zu fürchten und auch keine „Spezialisten" hinzuzuziehen. Es ist aber wichtig, dass wir nicht in der Sünde leben und wir mit Gott, den Nächsten und uns selbst ganz im Reinen sind.[70] Beim Ausführen von Gottes Auftrag geht es nicht darum zu wissen, „wie man es machen muss" – dies wäre magisches Denken –, sondern um ganze Abhängigkeit von Gott und um Geistleitung. Auch in dem, wie Jesu Angebot der Befreiung in Besitz genommen werden kann, will Gott die Klienten einmalige, individuelle Wege führen; sei-

69 Dies ist praktisch immer der Fall!

70 Eine Seelsorgerin sollte prüfen, ob sie für eine Lossprache einen männlichen Begleiter als geistlichen Schutz haben sollte.

ner Leitung wollen wir uns anvertrauen. Dass eine Lossprache nicht der einzige Weg ist und Gott Menschen auch ohne Befreiungsgebete von dämonischen Belastungen freisetzen kann, habe ich in meiner Praxis auch erlebt (Beispiel 37):

Im ersten Gespräch sagte mir die Frau: „Meine Schwierigkeiten haben mit meiner Lossprache begonnen." Beim Erkunden ihrer Lebenssituation und ihres Erlebens bei der Lossprache wurde mir klar, dass sie zu den Menschen gehörte, für die die Konfrontation mit den Tiefen der eigenen Person eine Überforderung bedeutet und panische Angst auslöst. Wie sollte ich mit ihr arbeiten? Nach dem Erstgespräch nahm ich mir Zeit im Hören auf Gott. Dabei wurden mir drei Dinge klar: Diese Seelsorge schien ein von Gott für mich vorbereitetes Werk zu sein (dies bestätigte sich dann im hörenden Gebet mit meiner Frau); die Frau war immer noch dämonisch belastet; Jesus warnte mich: Mach keine Lossprache mehr mit ihr; ich werde sie unter dem Strich *befreien.*

Unsere Arbeit bestand dann in einfachen Gesprächen über das, was sie je gerade beschäftigte. Ich verzichtete auf jeden Versuch, in die Tiefe zu gehen. Als wir die Gespräche abschlossen, fühlte sich die Frau freier und glücklicher. Ich empfing im Gebet die Bestätigung, dass Satan seine Macht über sie auch ohne Lossprache wirklich verloren hatte.

Impulse zur Vertiefung:

Welche persönlichen Schritte sind aufgrund der Beispiele und konkreten Situationen für mich dran?

Welche Arbeitsweisen sprechen mich besonders an?

5.4. Möglichkeiten und Grenzen der Finalen Seelsorge

Auf die Frage, welchen Nöten und Herausforderungen wir uns in der Finalen Seelsorge stellen können und welche wir uns nicht zumuten sollten, werde ich keine objektive, sondern eine subjektive Antwort geben. Diese Frage sollte nicht von den Symptomen, vom „Krankheitsbild" des

Klienten oder von diagnostischen Kriterien her beantwortet werden, sondern aus der Klarheit und Sorgfalt, mit der ein finaler Seelsorger Gottes konkreten Auftrag zu erkennen versucht. Während der telefonischen Kontaktnahme des Klienten und nach dem ersten Gespräch gilt es im Hören auf Gott sehr sorgfältig abzuklären, ob die seelsorgerliche Arbeit mit dieser Person von Gott her vorbereitet ist, worin Gottes Auftrag konkret besteht, welche Nöte oder Bereiche des Klienten zu bearbeiten und welche auszuschließen sind, ob und wie die Zusammenarbeit mit einem Arzt oder einer anderen Fachperson anzustreben ist und wie lange die gemeinsame Wegstrecke sein soll.[71] Wir dürfen gewiss sein, dass Gott uns nur dort in sein Handeln einbeziehen wird, wo wir von ihm her dafür befähigt sind oder werden. Wenn wir uns nach sorgfältigem Prüfen dann ganz von ihm abhängig machen, wird Gott Gelingen schenken.[72]

Dies habe ich auch als gut ausgebildeter Psychotherapeut immer wieder erfahren: Vor gewissen göttlichen Aufträgen hatte ich Angst; ich erlebte sie als völlige Überforderung. Ich habe dann aber jedes Mal die Erfahrung gemacht, dass Gottes Treue mich nie im Stiche ließ. Hier eine meiner ermutigendsten Erfahrungen (Beispiel 38):

> *Die Frau hatte mir schon bei der telefonischen Kontaktnahme gesagt, worum es ging. Mit diesem Thema war ich noch nie konfrontiert worden: sexueller Missbrauch im Satanskult. Ich ahnte, dass Unerhörtes auf mich zu kam. Ich fühlte mich wie am Rand einer Wüste, die es ohne Weg zu durchqueren galt, und war mir bewusst, dass die totale Abhängigkeit von Gott und die Geistesgaben meine einzige Chance sein würden. Beim Prüfen der Anfrage wurde klar, dass Gott mich beauftragen, aber auch hindurchführen wollte. Gleich zu Beginn der Arbeit mit dieser Klientin kamen wir vor Gott, um den gemeinsamen Weg vor ihm auszubreiten und auf ihn zu hören. In dieser Zeit schenkte er uns ein Bild, das uns in der Folge immer wieder erlaubte zu erkennen, ob wir noch auf Gottes Weg waren, wo wir jetzt standen und welche Etappen vor uns lagen. Das Bild zeigte einen Weg; dieser führte in Windungen in eine canyonartige, tiefe, finstere Schlucht hinab, überquerte den Fluss und schlängelte sich am gegenüberliegenden Steilufer*

71 Vgl. dazu die Kapitel 6.1. und 6.2.

72 Dazu einige Bibelstellen: Spr 2,6–7 (LU); Lk 11,11–13; Eph 2,10; 2Tim 2,21.

wieder nach oben; auf der Hochebene lief der Weg dann geradeaus weiter.

Die Seelsorge verlief dem Bild gemäß: Zu Beginn unserer Arbeit ging es der Klientin zusehends schlechter und es kamen immer erschreckendere Dinge ans Licht. In den regelmäßigen Standortbestimmungen gab uns Gott dann mit Hilfe des Bildes neuen Mut und Wegweisung. Ich erinnere mich, welch große Ermutigung es für uns dann war, als wir die Talsohle erreicht hatten und wussten, jetzt geht es aufwärts. Ohne diese göttliche Hilfe hätten wir den Mut nicht gefunden, in diese Finsternis einzutreten; wir wären wohl umgekehrt.

Meine lange Erfahrung hat mich auch die Grenzen der Finalen Seelsorge erkennen lassen. Da wir Veränderung anstreben durch Erkenntnis und Schritte auf der Gesinnungsebene, kommt dem Beitrag des Klienten eine große Bedeutung zu. Dieser sollte also einsichts- und entscheidungsfähig sein. Daraus ergibt sich, dass die Finale Seelsorge bei tiefen Störungen der Persönlichkeit und bei chronifizierten psychischen Nöten nur soweit eingesetzt werden kann, wie die betroffene Person noch fähig ist, Erkenntnisse über Gottes Angebote und ihre eigene Situation zu gewinnen, in Klarheit freiwillige Entscheidungen im Gebet zu fällen und diese dann im Alltag umzusetzen.

Aus der Definition der Finalen Seelsorge als Geburtshilfe für die Neuschöpfung und aus dem Ordnungsschema für die in der Finalen Seelsorge häufigen Nöte[73] ergibt sich, dass diese Arbeitsweise v. a. dort zum Tragen kommen kann, wo Menschen in ihrer persönlichen Entwicklung stecken geblieben sind, Defizite und Mangelerscheinungen ihr Verhalten prägen, Beziehungsfähigkeit und soziale Kompetenzen nach-gelernt werden müssen oder wo sie in der Dimension des Glaubens Heilung oder Entfaltung brauchen.

In meiner langjährigen Praxis habe ich aber auch gute seelsorgerliche Erfahrungen mit Menschen mit z. T. schweren psychiatrischen Diagnosen gemacht: Schizophrenie, schweren Depressionen, Manisch-depressiven Störungen usw. Die seelsorgerliche Hilfe führte zwar oft nicht zur definitiven Heilung, aber zu einem besseren Umgang mit der Not und

73 In Kapitel 2.4., „Nöte und Störungen einordnen".

zu mehr Lebens- und Beziehungsfähigkeit. Ein schizophrener Mann, den ich während etwa 12 Jahren monatlich seelsorgerlich begleitet habe, wurde wieder fähig, halbtags in einer geschützten Werkstatt zu arbeiten und brauchte in all den Jahren keine stationäre Behandlung.[74] Eine Frau, die wegen einer schweren Depression zu mir kam, wurde nach sieben Jahren definitiv frei. Eine manisch-depressive Frau lernte, sowohl in den Tiefs als auch in den Hochs, immer besser zur Mitte der Ausgeglichenheit hin zu streben, sodass sich die Ausschläge ihrer Schwankungen verringerten. Dass auch mit diesen Klienten seelsorgerlich am Kern des Menschseins, der Beziehungs- und Liebesfähigkeit, und am ganz Alltäglichen gearbeitet werden kann, möchte ich an einem Beispiel aufzeigen (Beispiel 39):

> *Fräulein C. war eine pensionierte Schneiderin. Sie war als Vollwaise bei zwei strengen, harten Tanten aufgewachsen und hatte eine schwere Kindheit erlebt. Dank ihres festen Glaubens, ihres großen Fleißes, ihrer Bescheidenheit und ihrer Einbindung in eine kleine christliche Gemeinde hatte sie das Leben trotz vieler Ängste und Minderwertigkeitsgefühlen gemeistert. Nun teilte sie ihre Sozialwohnung mit einer etwa gleichaltrigen Diakonisse, Sr. S.*
>
> *In einem kurzen Einstiegs-Block erfuhr ich ihre Lebensgeschichte und ihre psychiatrische Diagnose; ich sagte ihr, dass sie sich bei mir melden dürfe, wenn sie Hilfe brauche. Dies geschah nach einiger Zeit, weil sie sich von den anderen Bewohnern des Altstadthauses bedroht, verfolgt und abgehört wähnte, kaum noch schlafen konnte, Stimmen hörte und gefährliche Gerüche wahrnahm. Nach der Bearbeitung dieser Episode trafen wir die Abmachung, dass mich ihre Mitbewohnerin, Sr. S., in einer solchen Situation jeweils anrufen und sagen dürfe: „Herr Engeli, ich denke sie sollten Fräulein C. wieder einmal einen Termin geben." Dies tat ich dann jeweils und bestellte sie für ein Gespräch.*
>
> *Die Arbeit mit ihr lief immer ähnlich ab: Ich fragte sie, ob sie in der letzten Zeit etwas Schwieriges erlebt habe. Dann kam jeweils eine verletzende beziehungsmäßige Erfahrung ans Licht, die sie nicht hatte verdauen können und die ihr deshalb die Ruhe und das*

74 Vgl. Beispiel 25 in Kapitel 4.5.

Gleichgewicht geraubt hatte. In zwei bis drei Gesprächen ging es dann einfach um Verdauungs- und Vergebungsarbeit. Wenn die schwierige Erfahrung verarbeitet und aufgeräumt war, fand Fräulein C. ihr Gleichgewicht und ihren Humor wieder und unsere Arbeit war für diesmal beendet. Dann ging es meist mehrere Monate, bis wieder ein Anruf von Sr. S. kam.

All diese Klienten standen parallel zur Seelsorge in ärztlicher Behandlung und nahmen regelmäßig Medikamente ein. Da mir bei vielen Christen Bedenken gegen Psychopharmaka begegnet sind, möchte ich hier dazu Stellung nehmen. Psychopharmaka sind keine wirklichen Heil-Mittel; sie heilen die Seele nicht vom zugrunde liegenden Übel, schaffen ihr aber Entlastung. Deshalb vergleiche ich sie mit einer Krücke: Diese heilt das gebrochene Bein nicht; sie bewirkt aber so viel Entlastung, dass die Heilung ermöglicht und beschleunigt wird. So erlaubt in gewissen Situationen erst die Einnahme von Medikamenten, dass wir seelsorgerlich mit jemandem arbeiten können. Viele Psychopharmaka haben zwar gewisse unangenehme Nebenwirkungen, bewirken aber keine irreversiblen Schäden. Auch die Angst vor einer Medikamentenabhängigkeit ist bei vielen Psychopharmaka überflüssig. Dass es nach längerer Einnahme dann aber Mut braucht, auf die medikamentös bewirkte innere Ausgeglichenheit zu verzichten und die Verantwortung für sein inneres Gleichgewicht wieder selbst zu übernehmen, soll auch gesagt sein.

Von den Klienten, die regelmäßig Psychopharmaka einnahmen, erbat ich mir jeweils das Einverständnis, mit ihrem Arzt Kontakt aufnehmen zu dürfen. Wie wichtig der Kontakt zum Hausarzt des Klienten sein kann, habe ich beim Thema Suizidalität bereits erwähnt. Ich erlebte den Austausch mit den meisten Ärzten, v. a. mit den Allgemeinpraktikern und den Hausärzten, als sehr gut. Viele waren für die Zusammenarbeit motiviert und dankbar. Als wir dann einen Psychiater und später noch eine Psychiaterin ins Team der Christlichen Beratungsstelle beriefen, entwickelte sich für beide Seiten, für die Ärzte und für die Psychologen, ein gegenseitig befruchtender Austausch und ein entlastendes Miteinander. Wenn sich bei einem meiner Klienten die Frage stellte, ob Medikamente Erleichterung bringen könnten, bat ich meinen Kollegen, ihn einmal zu sehen. Falls eine Unterstützung durch Psychopharmaka sinnvoll erschien, übernahm er die ärztliche Betreuung mittels sporadischer Kontroll-Termine. Die seelsorgerliche Arbeit lag aber weiterhin ganz bei mir. Ich möchte jedem Seelsorger empfehlen, sich entweder einen „Vertrauensarzt“ zu suchen, der psychiatrische Grundkenntnisse und Erfahrung mit Psychopharmaka besitzt, oder die Zusammenarbeit mit den Hausärzten seiner Klienten aufzubauen.

Impulse zur Vertiefung:

Wo sehe ich meine persönlichen Grenzen als Seelsorger?

Was sagt Gott dazu? Wo will er meine Grenzen erweitern?

6. Finale Gesprächsführung

Die Gesprächsführung ist das Herzstück der Finalen Seelsorge und jeder helfenden Tätigkeit. Sie ist die Kunst, die es zu lernen gilt. Von ihr hängt es ab, ob ein Gespräch gelingt und Gott sein Ziel durch uns erreichen kann; oder ob er es an uns vorbei, ohne uns oder trotz uns tun muss. Dies gilt aber auch fürs Ganze eines seelsorgerlichen Prozesses: Seine Qualität und die Erreichung des göttlichen Zieles hängen weitgehend von der Gesprächsführung des Seelsorgers ab.

6.1. Gesprächsführung und Grundeinstellungen

Die Gesprächsführung ist das sichtbare Verhalten des Seelsorgers. Es wird durch seine Grundhaltung, seine Theorien[1] und durch das bestimmt, was er in seinem Leben davon umsetzt[2]. Alles, was für die Gesprächsführung letztlich wichtig ist, muss Gott bei seinen Mitarbeitern durch eine wachstümliche Gesinnungs-Veränderung bewirken. Zwischen dieser und dem Einüben der finalen Gesprächsführung entsteht eine verstärkende Interaktion: Die Gesinnungsänderung ermöglicht das erwünschte Gesprächsverhalten und das Einüben des angemessenen Verhaltens festigt die Gesinnungsänderung.

Einige Beispiele genügen, um diese theoretischen Überlegungen zu verdeutlichen. Zuerst zur Auswirkung der Grundhaltungen auf die Gesprächsführung: Wenn Gottes Agape-Liebe die Grundhaltung des Seelsorgers bestimmt, wird sein Gesprächsverhalten anders sein, als wenn es ihm um „Erfolg" geht. Wenn die eigentliche Verantwortung für den seelsorgerlichen Prozess bei Gott liegt, wird der Helfer ein Gespräch anders führen, als wenn er selber die Verantwortung für die Lösung des Problems zu tragen hat. Ebenso drücken sich unsere Theorien im Gesprächsverhalten aus: Es ist offensichtlich, dass eine auf der kausalen Logik beruhende und auf die Vergangenheitsbewältigung ausgerichtete

1 Siehe dazu in Teil I., „Grundentscheidungen".

2 Mehr dazu im Kapitel 6.4., „Eigenerfahrung und Golddeckung".

Gesprächsführung zu völlig anderen Interventionen führt als die finale Sichtweise und die vorwärtsgerichtete Arbeitsweise der Finalen Seelsorge.[3] Ebenso starke Auswirkungen hat das Ziel, das sich der Helfer seiner Theorie gemäß setzt – ob es etwa darum geht, Lösungen für die Probleme des Klienten zu finden, oder darum, diesen in die von Gott her bereitstehenden Lösungen hineinzuführen.

Die große Bedeutung der Gesprächsführung ergibt sich aber noch aus einem weiteren Aspekt: Finale Seelsorge ist zuerst einmal ein bedingungsloses Beziehungsangebot an einen Hilfe suchenden Menschen. Gottes Hinwendung zu ihm will sich durch uns als Helfer ausdrücken; es ist Gottes Auftrag an uns, das Gegenüber bedingungslos anzunehmen: *„Nehmt einander auf, wie auch der Christus euch aufgenommen hat, zu Gottes Ehre!"*[4] Dies gilt nicht nur für die Finale Seelsorge; die Psychotherapie-Forschung vermutet, dass das Beziehungsangebot des Helfers in aller therapeutischen Arbeit, aus welchem Ansatz heraus auch immer sie geschehen mag, der wirksamste Faktor ist. In einer durch bedingungslose Annahme, Wohlwollen und Ermutigung geprägten Beziehung öffnet sich ein Mensch und beginnt, sich nach Veränderung auszustrecken und zu wachsen. Bedingungslose Liebe hat für den Menschen die gleiche Bedeutung wie das Licht für eine Pflanze. In der Finalen Seelsorge geht das Beziehungsangebot aber über die horizontale Ebene hinaus. Durch den Einbezug des Glaubens eröffnet sich ein Beziehungsraum, in welchem wir den Klienten mit Gott in Beziehung bringen, dem einzigen in vollkommener Weise liebenden Gegenüber. Durch die Förderung der persönlichen Gottesbeziehung des Klienten gewinnt der mächtige Veränderungsfaktor „Glaube" immer mehr Raum.

Der in der Finalen Seelsorge entstehende Beziehungsraum kann als Dreieck dargestellt werden:

---

3 Vgl. dazu Abb. 1 und Kapitel 1.5.

4 Röm 15,7.

Abbildung 11: Der Beziehungsraum der Finalen Seelsorge

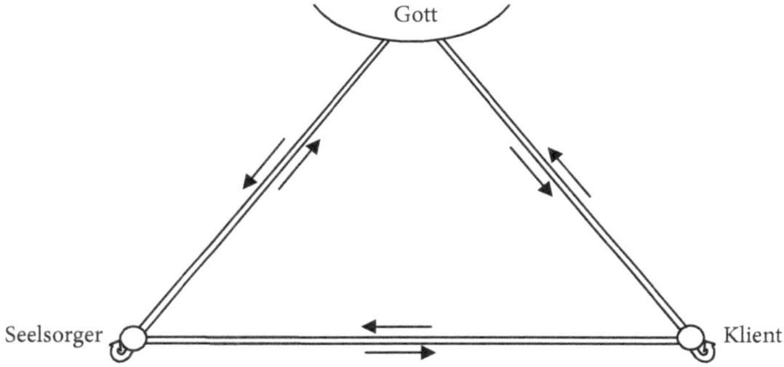

Welche Auswirkungen auf die Gesprächsführung ergeben sich nun daraus, wenn wir das Beziehungsdreieck[5] auf die Seelsorge übertragen? Bevor ich auf diese Frage eingehe, möchte ich noch einige Hinweise zum durch das Dreieck umschriebenen Beziehungsraum machen. Dieser wird dadurch gebildet, dass sich der Klient und der Seelsorger in allen drei Dimensionen ihres Menschseins[6] begegnen. Welch wichtige Bedeutung für die Gesprächsführung auch der Selbstwahrnehmung des Seelsorgers zukommt, wird weiter unten deutlich werden.[7] Die Pfeile deuten an, dass alle drei Beteiligten je mit den zwei anderen in Beziehung stehen. So ergeben sich vom Seelsorger zum Klienten hin zwei Beziehungswege: der direkte auf der Horizontalen und durchs Gebet der Weg „oben durch" über Gott. Aber auch Gott kann sowohl durch den Seelsorger mit dem Klienten kommunizieren als auch direkt in ihm wirken, in Vielem sogar „unter dem Strich". Im seelsorgerlichen Beziehungs-Dreieck kommt Gott der wichtigste Platz zu; von der Spitze her kann er das ganze Geschehen lenken und koordinieren. Wenn wir unseren Platz als Seelsorger bewusst im Dreieck einnehmen, wird unsere Gesprächsführung

5 Mehr dazu in *Makarios*: Konzepte für unsere Beziehungen (S. 41ff.).

6 Vgl. dazu Abb. 2 in Abschnitt 2.1.4.

7 In Abschnitt 6.2.4.

ebenso stark durch das Hören auf Gott bestimmt werden wie durch das Hören auf den Klienten. Das innere Zwiegespräch mit unserem Meister erlaubt es uns immer wieder zu erkennen, welche Aussagen des Klienten aus Gottes finaler Sicht wichtig und deshalb aufzunehmen sind und welche wir „liegen lassen" können. Andererseits wird unsere Gesprächsführung durch göttliche Impulse und gottgeschenkte Erkenntnis[8] stark mitbestimmt.

Wie die final-seelsorgerliche Gesprächsführung eines Mitarbeiters Gottes aussehen könnte, lässt sich aus gewissen Begegnungen Jesu in den Evangelien herauslesen. Weil Jesus Christus unser Vorbild ist, wollen wir eines seiner Gespräche etwas genauer ansehen: Wie hat Jesus mit der Samariterin am Brunnen gesprochen? Aus dem Bericht in Johannes 4,5–30 ergeben sich folgende Kennzeichen der Gesprächsführung im Seelsorge-Dreieck:

- Jesus knüpft an der aktuellen, ganz alltäglichen Situation an.
- Er geht dann aber gleich in die Tiefe und spricht die Situation der Frau auf der grundsätzlichen Ebene der tiefen Bedürfnisse und der Angebote Gottes an.
- Er erklärt und begründet Gottes Angebot nicht, er versucht die Frau nicht davon zu überzeugen; er stellt Gottes Angebot einfach hin und lässt Gott sein Werk in ihr tun.
- Anstatt sich durch ihre Argumente auf die Verhaltens- und auf die Sachebene ziehen zu lassen, führt er die Frau geduldig auf die Ebene der Wahrheit.
- Als sie bereit geworden ist, sich auf Gottes Angebot (*lebendiges Wasser*) einzulassen, trifft Jesus sie durch sein Wort mitten ins Herz (Jesus kannte ihre Geschichte nicht; auch er war auf die Gaben des Heiligen Geistes angewiesen; was er sagt, ist ein *Wort der Erkenntnis*).
- Im Vertrauen darauf, dass Gott sie „an der Angel hat", lässt er es auch zu, dass sie noch widerstrebt, bevor sie sich Gott ganz ergibt.

8 Unter den Gnadengaben des Heiligen Geistes findet sich „*das Wort der Erkenntnis*" (1Kor 12,8).

- Als die Frau erkennt, mit wem sie es zu tun hat, fallen auch noch die letzten Widerstände weg und sie nimmt Gottes Angebot der Erlösung an.
- Ihr tiefes Berührt-Sein treibt sie zu den Menschen hin, die sie bis anhin gemieden hatte.

Impulse zur Vertiefung:

Welche Grundeinstellungen drücken sich in meiner Gesprächsführung aus?

Was möchte ich daran ändern?

6.2. Die Kunst der Gesprächsführung

Wenn ich die finale Gesprächsführung als Kunst umschreibe, so drücke ich damit drei wichtige Tatsachen aus:

- Die seelsorgerliche Gesprächsführung ist anders als unser natürliches Reden in den mitmenschlichen Beziehungen; wir müssen sie also erlernen und werden sie nie ganz beherrschen; es gibt aber die Möglichkeit, in dieser Kunst zu wachsen.
- Für jede Kunst braucht es eine Begabung; diese kann natürlicherweise in einem Menschen angelegt sein oder von Gott geschenkt werden. Für die Finale Seelsorge genügt eine menschliche Begabung aber nicht; es braucht auf jeden Fall eine göttliche Begabung[9], die mit der Berufung in Gottes Mitarbeit aber auch zugesagt ist.
- Durch eine Kunst sollen Werke entstehen, die charakterisiert sind durch Ganzheit, Vollendung und Schönheit. Diese Kriterien können auch auf eine Seelsorge übertragen werden: Sie soll zu einem göttlichen Kunstwerk werden, das den Klienten in mehr Entfaltung und Makarios-Sein führt und „*zum Lob seiner Herrlichkeit*“[10] dient.

---

9 Vgl. etwa Jes 50,4–5 oder die Frucht des Heiligen Geistes (Gal 5,22) und seine Gnadengaben (Röm 12,4–8; 1Kor 12,4–12).

10 Eph 1,12 (LU).

Unser normales Beziehungsverhalten und unser spontanes, alltägliche Reden stehen in starkem Kontrast zur seelsorgerlichen Gesprächsführung. Dies darf durchaus so sein, da wir als Freunde oder als Nachbarn ja in einer anderen Art von Beziehung zum Gegenüber und in einer anderen Rolle stehen als in der Seelsorge. Es ist unnatürlich und verletzend, wenn wir in allen Situationen und Beziehungen „helfende" Gespräche führen wollen. Die Gegenüberstellung in Übersicht 19 zeigt auf, dass unser spontanes Reden oft durch wenig edle bzw. eigensüchtige Motive geprägt ist und dem Gebot der allparteilichen Nächstenliebe nicht entspricht:

ÜBERSICHT 19	
Spontanes Reden und Verhalten	**Reden und Handeln in der Finalen Seelsorge**
diagnostizieren, prognostizieren	anhören, Gottes Hoffnung vermitteln
belehren, moralisieren	verstehen, bedingungslos annehmen
Rezepte vermitteln, Ratschläge erteilen	Gottes Lösungen finden helfen
beurteilen, richten, Schuld verteilen	das Herz und die Not sehen, ermutigen
unberührt bleiben, bemitleiden	warme Barmherzigkeit, mittragen
sich mit dem Gegenüber solidarisieren	Gott verpflichtet und abgegrenzt bleiben
sich gegen Dritte verbünden	Allparteilichkeit, Loyalität gegen Dritte
sich unentbehrlich machen	Eigenverantwortung fördern
bei Widerstand: enttäuschte Abwendung	freilassen, aber weiter ringen um die Person
zuerst Aufopferung, dann Rückzug	klare Abmachungen, Grenzen setzen

Die rechte Spalte in Übersicht 19 lässt erahnen, was es konkret heißen kann, wenn wir in der helfenden Gesprächsführung unserem göttlichen Vorbild nachfolgen wollen. Die Art, wie er mit uns redet und umgeht, ist ganz Ausdruck seiner Person: „*Gott ist Liebe*“[11]. Gottes Beziehungs- und Gesprächsverhalten kann durch drei Begriffe charakterisiert werden: unabhängige Liebe, Freiheit und Treue.[12] In diese göttliche Grundhaltung hineinzufinden, aus der dann die entsprechende Gesprächsführung erwächst, ist eine große Herausforderung für uns; und wir wissen, dass wir dieses Ziel aus eigener Kraft nicht erreichen werden. Es gibt aber Hoffnung, weil es auch für uns als Seelsorger eine Neuschöpfung gibt[13] und Gott uns befähigen will, ihm ähnlich zu werden.

6.2.1. Aufgaben der Gesprächsführung

Die oben angedeutete Grundhaltung und die sich daraus ergebende Gesprächsführung sind mit einer Reihe von Aufgaben verbunden, denen wir uns zu stellen haben. (Vgl. dazu Übersicht 20 unten.)

Die Übersicht zählt auch einige Fallstricke und Seelsorger-Versuchungen auf. Wie können wir diesen entgehen? Es ist die Grundhaltung der Abhängigkeit von Gott, welche uns hilft, diese Fallen zu erkennen und zu vermeiden. Zuerst sind da die Fallstricke, welche die Klienten uns bewusst oder unbewusst immer wieder legen. Wenn wir ihrem unguten Verlangen jeweils nachgeben würden, wären sie sehr enttäuscht von uns und würden uns ihr Vertrauen entziehen. In der Gesprächsführung gilt es aber auch, den spezifischen Seelsorger-Versuchungen zu widerstehen, die mit der menschlichen Natur an sich zu tun haben oder persönliche Stolpersteine sind: Bestätigung suchen, um Anerkennung betteln, Feigheit, Menschenfurcht, Stolz und Überheblichkeit, Rechthaberei, andere beherrschen und Macht ausüben wollen usw. Es gehört zu unserem Auftrag, in diesen Punkten über uns selber zu wachen.

---

11 1. Joh 4,16.

12 Vgl. dazu Übersicht 22 in Abschnitt 6.5.1.

13 Vgl. wieder Eph 2,10.

ÜBERSICHT 20
Aufgaben und Gefahren der Gesprächsführung
Aufgaben der Gesprächsführung:
• Annahme des Hilfesuchenden als Person, seiner Lebensgeschichte und seiner aktuellen Situation; Allparteilichkeit gegenüber Dritten.
• Eine Atmosphäre von Wärme, Offenheit, Klarheit, Freiheit und Sicherheit schaffen.
• Hoffnung vermitteln; Vertrauen ermöglichen.
• Als Gottes Mitarbeiter dort stehen, wo er steht, und Hand anlegen, wo er bereits wirkt.
• Entlastung schaffen durch Gottes Angebote, durch neue Sichtweisen und Informationen.
• Hoffnung wecken durch kleine Veränderungsschritte.
• Destruktive innere und äußere Kämpfe unterbinden; den „Waffenstillstand“ überwachen.
• Den Glauben zu Nutze ziehen; die Gottesbeziehung fördern; Gott im Gespräch eine Chance geben.
• Spielregeln der Zusammenarbeit einführen und einhalten lehren.
• Eigenverantwortlichkeit fördern; den Hilfesuchenden nach dem Maße seiner Möglichkeiten herausfordern.
• Gottes Lösungswege finden helfen, die der einmaligen Person und Situation gemäß sind.
• Mit Hilfe der 3 Fragen (vgl. im nächsten Kapitel) den roten Faden finden und Schritte auf der Gesinnungsebene ermöglichen (die Seele einen Weg führen); die Umsetzung überprüfen.
• Keinen Faden im Gespräch verlieren; unbearbeitete Themen deponieren; den noch nicht abgeschlossenen Bereich unter Gottes Schutz stellen (die Baustelle abdecken).
• Modell sein für die Gottes-, die Selbst- und die Nächstenliebe.

Zu vermeidende Fallstricke:
• Mehr Verantwortung übernehmen, als unbedingt nötig ist.
• Sich mit dem Hilfesuchenden gegen Drittpersonen verbünden.
• In Beziehungskonflikten die Schiedsrichter-Rolle übernehmen.
• Botschafter-Aufträge von Angehörigen oder anderen gegenüber annehmen.
• Die „Echtheit" verlieren.
Versuchungen für den Seelsorger:
• Seine seelsorgerliche Kompetenz beweisen durch Erklären und Diagnostizieren.
• Überzeugungsarbeit leisten; belehren, moralisieren, richten.
• Sich unentbehrlich und den Hilfesuchenden von sich abhängig machen.
• Ratschläge erteilen; zum Berater in allen Fragen werden.
• Die Retter- oder Beschützer-Rolle übernehmen; entmündigen und bemuttern.
• Den Hilfesuchenden bemitleiden; alles tolerieren; die lieblose Barmherzigkeit.
• Zuerst Aufopferung, dann Rückzug.

Auf einige besondere Herausforderungen der Gesprächsführung gehe ich nun noch etwas ausführlicher ein.

6.2.2. Das Gespräch als Rangierbahnhof

Ein Gespräch ist mit einem Rangierbahnhof zu vergleichen (vgl. Abb. 12), auf dem es eine Vielzahl von Weichen gibt; je nachdem, wie wir die einzelnen Weichen stellen, kommen wir an einem anderen Ziel an. Einerseits trägt der Klient eine gewisse Verantwortung für den Gesprächsverlauf und stellt seinerseits Weichen durch das Thema, das er auswählt, und durch die Dinge, die er uns darüber erzählt oder vielleicht auch verschweigt. Andererseits sind die mehr oder weniger bewussten Entscheidungen des Seelsorgers, welche Äußerungen des Klienten er aufgreift und wie er darauf eingeht, wichtige Weichenstellungen. Aus dem gleichen Anfang heraus können sich also im Zusammenspiel von Klient und Helfer ganz verschiedene Gespräche mit unterschiedlichen Ergebnissen entwickeln.

Abbildung 12: Das Gespräch als Rangierbahnhof

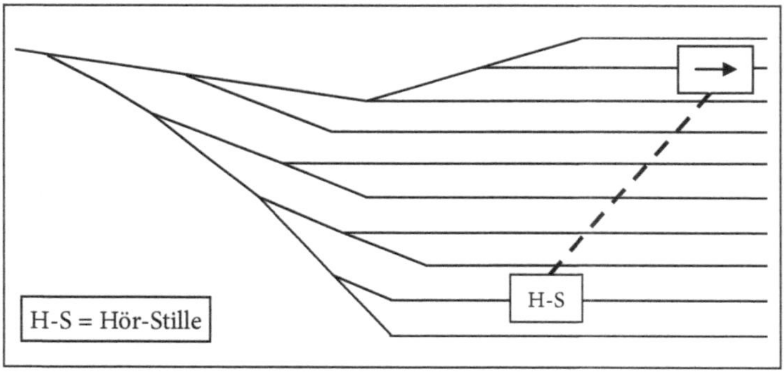

Wenn wir nun aber davon ausgehen, dass Gott für jedes Gespräch ein Ziel hat, stellt sich uns die wichtige Frage: Wie können wir unsererseits die Weichen so stellen, dass wir zu Gottes Ziel gelangen? Oder anders gesagt: Wie können wir den roten Faden auf Gottes Ziel hin entdecken und an ihm bleiben? Das erste, was es hier zu beachten gilt: Wir können in jedem Gespräch nur *einen* roten Faden verfolgen; es kann normalerweise nur *ein* Thema wirklich bearbeitet werden. Die einzige Antwort auf die obige Frage liegt in der inneren Haltung der Abhängigkeit von Gott, auf dessen Wirken wir vertrauen und dem wir uns als dem eigentlich Handelnden ganz unterzuordnen suchen. Wenn wir uns die Frage stellen: „Wo ist Gott in meinem Gegenüber bereits am Wirken?"[14], wird unsere Wahrnehmung auf diesbezügliche Hinweise ausgerichtet. Wenn

14 Vgl. dazu in Abschnitt 6.3.2., „Die drei Fragen".

wir diese dann aufgreifen, können wir den Klienten auf den tiefen inneren Weg führen, den Gott mit ihm gehen möchte.

Und wenn wir uns doch einmal auf dem Rangierbahnhof verfahren haben, gibt es dann noch die Möglichkeit zur Korrektur? Menschlich gesehen ist das Gespräch dann verloren; es gelingt uns meistens nicht zu erkennen, wo wir uns verfahren haben, und das Gespräch von diesem Punkt aus neu aufzugleisen. Mit Gottes Hilfe ist es aber auch dann noch möglich, zum von ihm vorgesehenen Ziel zu finden. Die erste Voraussetzung dafür ist das Eingeständnis, sobald es uns bewusst wird, dass wir uns verrannt haben und nicht mehr weiter wissen. Dann schlagen wir dem Klienten vor, damit im Gebet vor Gott zu kommen. In einer anschließenden Hör-Stille[15] bitten wir ihn, uns zu zeigen, was ihm nun wichtig ist. Durch die Eindrücke kann Gott uns so ins Zentrum der von ihm für heute vorgesehenen Portion an Veränderung führen, dass die verbleibende Zeit sogar noch ausreicht, um die nötigen Bearbeitungs-Schritte auf gute Weise zu tun. Diese Erfahrung habe ich in meiner Tätigkeit mehrfach gemacht.

6.2.3. Die Kunst des Weiterführens

- Um mit dem Klienten in die Tiefe zu kommen, ist die Kunst des Weiterführens wichtig, durch die wir seinen inneren Prozess fördern: In der Art, wie wir seine Aussagen aufnehmen – oft genügt es, nur das wichtigste Wort nochmals zu wiederholen; oder etwas, das in der Aussage impliziert ist, deutlich herauszustellen[16] – gehen wir einen halben Schritt über das hinaus, was unser Gegenüber ausgedrückt hat. So entrollt sich der Faden des göttlichen Wirkens immer deutlicher und das Gespräch gewinnt eine innere Folgerichtigkeit und Zielgerichtetheit, die dann zu klaren Schritten auf der Gesinnungsebene führen kann.
- Eine weitere Möglichkeit, mit dem Klienten in die Tiefe zu kommen, steht mit einer zweiten Frage in Zusammenhang: Was beschäftigt

15 Mehr zur Hör-Stille in Abschnitt 6.6.4., „Hörendes Gebet“.

16 Klient: „Ich wusste ja, dass es nicht recht ist.“ - Seelsorger: „Sie *wussten* es!“ / Oder: „Eigentlich hatten sie ein schlechtes Gewissen.“

mein Gegenüber zutiefst?[17] Wenn wir uns im Gespräch durch diese Frage leiten lassen, hören wir auf das Herz des Gegenübers. Beim Hinhören bildet sich in uns eine Antwort-Hypothese; diese nehmen wir weiter mit und überprüfen sie, auch im inneren Zwiegespräch mit Gott, bis sie sich immer mehr bestätigt. Dann lassen wir uns die Art und den Moment zeigen, wo wir das, was der Klient selber vielleicht gar nicht ausdrücken kann, formulieren und ihm als Vermutung vorlegen können.[18] Die Art, wie wir etwas, das der Klient nicht ausgesprochen hat, formulieren, darf nicht entlarvend, demütigend, bloßstellend oder richtend sein; sie soll durch Rücksicht, Liebe und Ermutigung geprägt sein und ihm die Türe dafür öffnen, etwas klarer zu erkennen oder sich selber etwas einzugestehen.

6.2.4. Die Echtheit bewahren

Die letzte Herausforderung, die ich noch aufgreifen möchte, ist der Auftrag, „die Echtheit zu bewahren".[19] Echt zu bleiben heißt, in Einheit mit mir selber zu bleiben; Echtheit ist eine der Voraussetzungen dafür, dem Gegenüber in allem in Liebe begegnen zu können. Wann stehen wir in Gefahr, die Echtheit zu verlieren, und was können wir dann tun? Wenn unsere Gefühle mit dem Auftrag der Liebe nicht mehr übereinstimmen, ist unsere Echtheit gefährdet. Wenn uns das bewusst wird, beginnt ein wichtiger innerer Prozess:

- Wir versuchen, die aufkommenden negativen Gefühle dem Klienten gegenüber im inneren Gebet abzulegen.
- Falls dies nicht gelingt, fragen wir uns, was uns denn am Klienten jetzt gerade so „stört" und die bedingungslose Annahme verunmöglicht. Dies versuchen wir dann abzulegen.
- Wenn es auch so nicht gelingt, die negativen Gefühle loszuwerden, könnte es sein, dass das Verhalten des Klienten etwas in uns anrührt,

17 Vgl. dazu wieder Abschnitt 6.3.2., „Die drei Fragen".

18 Seelsorger: „In mir ist die Vermutung entstanden, ..." Oder: „Könnte es sein, dass sie ...?" Vgl. dazu auch Beispiel 41 und 42 in Abschnitt 6.3.2.

19 Unter den „Fallstricken" in Übers. 20 findet sich: „Die Echtheit verlieren".

das mit uns selbst zu tun hat. Falls wir erkennen, dass dem so ist und worum es sich handelt, können wir die Bearbeitung auf später verschieben und so unsere Echtheit wiedergewinnen. Dieser Weg zurück in die ungeteilte Zuwendung zum Klienten ist wirklich erfolgreich, solange wir uns der Bearbeitung unserer eigenen Betroffenheit nach dem Gespräch dann wirklich auch ehrlich stellen. Dazu ein persönliches Beispiel (Beispiel 40):

In der Arbeit mit einer jungen Frau ging es um ihre Vater-Beziehung. Als sie berichtete, welche seiner Äußerungen sie so verletzt hatten, erwähnte sie eine Aussage, die ich vor wenigen Tagen einer unserer Töchter gegenüber auch gemacht hatte. Ein Schrecken durchfuhr mich: „Was habe ich da angerichtet? Hat sie das wohl auch so tief verletzt?" Ich entschloss mich, dem nun nicht weiter nachzuhängen, sondern mich nach dem Gespräch wieder damit auseinanderzusetzen. Nach diesem kurzen inneren Weg konnte ich mich wieder ungeteilt der Klientin zuwenden; ich hatte meine Echtheit wieder gewonnen.

- Wenn ich aber merke, dass meine Gefühle nichts mit mir selbst zu tun haben, sondern mit dem, was alle Menschen in dieser Situation empfinden würden, muss ich es dem Klienten gegenüber ansprechen. Dies ist ein sehr schwerer Auftrag; wenn wir ihn aber richtig angehen, kann er seelsorgerlich sehr ertragreich sein. Hier die wichtigsten Regeln:
  - Bei der ersten Möglichkeit drücken wir aus, dass sich im Verlauf des Gesprächs eine emotionale Reaktion dem Klienten gegenüber in uns aufgebaut hat.
  - Wir formulieren sie in Ich-Form und übernehmen damit die Verantwortung für unsere Gefühle. Z. B.: „Ich wurde beim Zuhören innerlich ärgerlich über sie. Ich weiß nicht genau weshalb."
  - Nun warten wir ab, wie der Klient reagiert. Mehrfach habe ich die Antwort bekommen: „Sie sind nicht der erste, der mir das sagt; es geht anderen auch so."
  - Wir lassen dem Gegenüber nun die Freiheit, ob es sich der Herausforderung stellen und sein Verhalten genauer anschauen möchte. Falls es dazu bereit ist, können Themen, die sonst kaum auf

den Tisch kämen, dank unseres Bemühens um Echtheit bearbeitet werden. So ergeben sich aus diesem schwierigen Auftrag immer wieder sehr tiefe und wichtige Gespräche.

Impulse zur Vertiefung:

Was charakterisiert bislang meine Gesprächsführung?

Wo möchte ich wachsen und Fortschritte machen?

6.3. Finale Gesprächsführung

In Kapitel 6.1. dieses Teiles haben wir bereits festgestellt, dass die Gesprächsführung stark durch unsere Theorien und Grundeinstellungen geprägt wird. Deshalb sollte sich die finale Ausrichtung unserer Seelsorge auch in einer spezifischen, vorwärtsgerichteten Gesprächsführung ausdrücken. Wodurch ist diese charakterisiert?

Die finale Gesprächsführung kann durch zwei Begriffe umschrieben werden: Tiefgang und Zielgerichtetheit. Beim Tiefgang geht es um das Bemühen, von der Oberfläche des Verhaltens auf die Gesinnungsebene zu kommen, damit eine tief greifende und sich auf ein breites Spektrum des Verhaltens auswirkende Veränderung möglich wird. Zielgerichtetheit drückt aus, dass wir in jedem Gespräch ein von Gott vorbereitetes (Teil-) Ziel anstreben. Beides gleichzeitig zu verfolgen, stellt für den Seelsorger eine große Herausforderung dar; es ermöglicht aber eine sehr effiziente Arbeitsweise. Abb. 13 stellt den finalen Gesprächsverlauf dar, der durch die Gesprächsführung erreicht werden soll.

Abbildung 13: Der finale Gesprächsverlauf

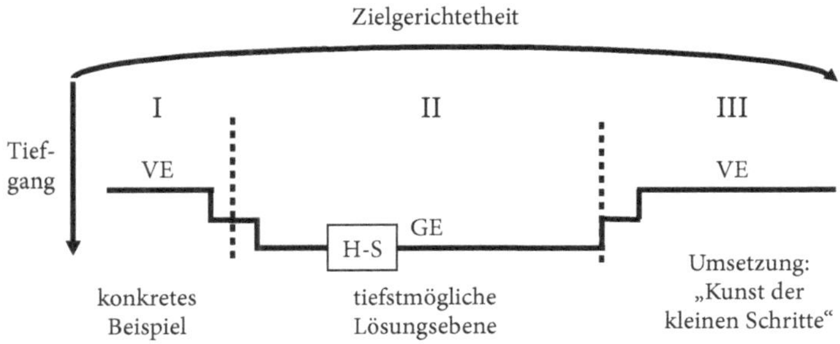

VE = Verhaltensebene GE = Gesinnungsebene I II III = Phasen des Gesprächs
H-S = Hör-Stille

6.3.1. Zielgerichtetheit

Im final-seelsorgerlichen Gespräch gehen wir davon aus, dass jedes Gespräch von Gott her vorbereitet ist, dass es ein konkretes Ziel zu erreichen gilt und dass eine Ernte[20] einzubringen ist. Aus dieser Sicht ist jedes Gespräch ein einmaliges Ereignis mit Ewigkeitswert[21]. Dies ist zwar sehr ermutigend, aber es schafft auch eine herausfordernde Situation: Wenn das Thema geklärt ist, können wir zwar gewiss sein, dass Gott Angebote bereithält, die dem Klienten eine neue Portion an Erlösung und an *„Neuheit des Lebens“*[22] ermöglichen. Aber worin Gottes konkretes Ziel für dieses Gespräch genau besteht und auf welchem Weg er den Klienten ins noch unbekannte Neue führen will, wissen wir zu Beginn noch nicht. Es gilt also, in der Hoffnung ein Ziel anzustreben, das sich erst im Laufe des Gesprächs klären wird. Wie finden wir dorthin? Indem wir uns Schritt um Schritt führen lassen. Wenn wir uns im Vertrauen auf Gott je mit dem nächsten Schritt begnügen, wird der Zeitpunkt kommen, an

20 Finale Seelsorge ist „Erntearbeit“ (vgl. dazu Mt 9,36–38); die in Portionen einzubringende Ernte ist die Neuschöpfung, die Jesus Christus für jeden Menschen bereitgestellt hat.

21 Es soll Frucht entstehen, die bleibt (vgl. Joh 15,16).

22 Röm 6,4.

dem wir das Ziel und die restlichen Schritte zu ahnen beginnen. Aber auch dann gilt es, noch ganz in der Abhängigkeit zu bleiben, denn Gottes Weg bleibt oft bis zum Schluss überraschend.

Welche Informationen benötigen wir, um zum göttlichen Ziel eines Gesprächs zu kommen? Die innere Zielgerichtetheit des finalen Seelsorgers möchte ich mit der Einstellung eines Orientierungsläufers vergleichen: Er sammelt nur die Informationen, welche für die Zielfindung und -erreichung wichtig sind. Wenn wir uns im seelsorgerlichen Prozess Gott ganz unterordnen und uns seiner Leitung anvertrauen, kommen wir mit sehr wenig Informationen aus; viele lebensgeschichtliche Hintergrundinformationen, die für Ansätze mit einer kausalen Vorgehensweise wesentlich sind, müssen wir nicht kennen. Es fällt uns oft aber gar nicht leicht, sei es nun aus dem Verhaftetsein in der kausalen Denkweise heraus oder aus Neugierde, darauf zu verzichten, uns ein möglichst vollständiges Bild der Hintergründe eines Problems machen zu wollen. Je mehr uns aber bewusst wird, dass alles für die finale Vorgehensweise Unnötige, das wir durch unser Nachfragen ans Licht ziehen, dann auch zu bearbeiten ist und dadurch die Zielerreichung gefährdet wird, desto eher werden wir bereit, uns auf die für die finale Ziel- und Wegfindung relevanten Informationen zu beschränken.

6.3.2. Die drei Fragen

Die zwei für uns wichtigen Informationsquellen sind einerseits das, was der Heilige Geist uns offenbart und wie er uns leitet, und andererseits das aktuelle Erleben des Klienten. Dieses drückt sich in seinen Worten und in seinem nonverbalen Verhalten aus.[23] Die Informationsflut ist so groß, dass wir gar nicht alles aufnehmen können. Da Wahrnehmung immer ein selektiver Prozess ist, müssen wir unsere Aufmerksamkeit auf das für uns Wesentliche richten. So ist es z. B. wichtiger, unsere Wahrnehmung auf das nonverbale und zwischen den Worten ausgedrückte tiefe Erleben des Klienten auszurichten, als zu versuchen, kein Detail der äußeren Tatsachen zu verpassen. Unsere finale Ausrichtung bewirkt

23 Mehr dazu in Abschnitt 6.5.2., „Hören".

eine vorwärtsgerichtete, selektive Wahrnehmung. Um beim Zuhören die Aufmerksamkeit auf die Informationen zu lenken, welche für eine zielgerichtete und Tiefgang anstrebende Gesprächsführung relevant sind, haben sich die folgenden drei Fragen als hilfreich erwiesen.[24] Wenn wir sie in uns tragen, werden sie unser Zuhören und unsere Gesprächsführung auf das für unseren Ansatz Wesentliche ausrichten.

1. Die erste Frage: *Was bewegt den Klienten jetzt gerade zutiefst?* Welches sind die tiefen Beweggründe (sein Selbstbild, Grundhaltungen, Lebensziele, Motive, Ängste usw.) seines Erlebens, Redens, Reagierens und Handelns? Wie wirken sie sich auf sein Denken und Planen aus? Welches sind die Folgen für seinen Lebensvollzug? Wenn wir diese Beweggründe erahnen und dem Klienten helfen können, sie selber zu erkennen und zu formulieren, gewinnt das Gespräch an Tiefgang. Zur Bedeutung der ersten Frage ein Beispiel (Beispiel 41):

   Das Ehepaar stand kurz vor der Pensionierung des Mannes. Diese brachte die Notwendigkeit finanzieller Einsparungen mit sich. Das Paar hatte bereits darüber gesprochen, wo etwas eingespart werden könnte, und der Mann hatte daraufhin ein Budget erstellt. In diesem fehlten dann aber zum Erschrecken der Frau die monatlichen Gaben, der Zehnte[25]. Daraus war ein großer Konflikt entstanden, den das Paar nun in unserem Gespräch angehen wollte. Obwohl der Mann erklärte, dieses Budget sei doch nur eine *mögliche Variante, es sei ja noch gar nichts entschieden usw., ließ sich die Frau nicht beruhigen und begründete dies mit allerlei Argumenten: Es entspreche nicht den Abmachungen, sie fühle sich nicht ernst genommen usw. Ihre starke emotionale Reaktion löste bei mir aber die 1. Frage aus. Im weiteren Gespräch zeigte es sich immer deutlicher: Was sie zutiefst bewegte, war die Angst, ihr Mann könne vom Glauben abkommen. Als ich diese Angst dann ansprach, war das eigentliche Thema auf dem Tisch, und der auslösende Konflikt hatte keine Bedeutung mehr.*

24 Auf die erste und die zweite Frage habe ich bereits im vorherigen Kapitel hingewiesen.

25 Siehe in 3Mo 27,30.32; Mal 2,10.

2. Die zweite Frage: *Wo ist Gott im Klienten bereits am Wirken?*
   Da Gottes veränderndes Handeln auf der Gesinnungsebene ansetzt, ist die zweite Frage eng mit der ersten verbunden: Gott will die Person des Klienten durch die Veränderung der problematischen Gesinnungen entfalten. Deshalb richten wir unsere Aufmerksamkeit darauf, wie sich das göttliche Wirken in den Empfindungen, Überlegungen und Äußerungen unseres Gegenübers direkt oder indirekt ausdrückt. Hier ein Beispiel für die zweite Frage aus dem obigen Paargespräch (Beispiel 42):

   Was den inneren Prozess des Mannes anbetraf, ergab sich in einer seiner Äußerungen ein hilfreicher Hinweis: Als er zu begründen versuchte, weshalb er in dieser Budget-Variante den Zehnten weggelassen hatte, tauchte mitten in einem Satz ein leise gesprochener Einschub auf: „... Ich wusste ja eigentlich, dass es blöd war ..." Dies war für mich der Hinweis, dass Gott an diesem Punkt in ihm am Werk war und er diese Lösung innerlich schon verworfen hatte. Die Bereitschaft, den Zehnten trotz aller Schwierigkeiten weiterhin zu geben, war in ihm eigentlich vorhanden; die Frau musste gar nicht mehr darum kämpfen. Was ihn zu dieser Lösung verführt hatte, waren sein Verantwortungsgefühl und die große Sorge um ihr finanzielles Auskommen. Nun verstand seine Frau auch, dass ihre Angst, er wende sich vom Glauben ab, völlig unbegründet war.

3. Die dritte Frage: *Wie weit kann der Klient heute gehen?*
   Wie groß ist die momentane Bereitschaft für einen nächsten Wachstumsschritt? Wie groß kann dieser sein? Bei einem solchen Schritt kann es sich beispielsweise um das Annehmen eines göttlichen Angebotes, um das Ablegen einer unguten Verhaltensweise und das Eintreten in eine Portion der Neuschöpfung, um Vergebung anderen Menschen gegenüber o. Ä. handeln. Wir wollen den Klienten bis an die Grenze seiner Bereitschaft führen, aber auch darüber wachen, dass er sich selbst nicht überfordert.

Was wir im Verlauf des Gesprächs als Antwort auf die drei Fragen zu erkennen glauben, können wir als Hypothesen mitnehmen und im inneren Zwiegespräch mit Gott überprüfen. Wenn wir unsere Vermutungen klar formulieren können, warten wir, bis der günstige Zeitpunkt dafür gekommen ist, um den Klienten darauf anzusprechen. Die drei Fragen sind also eine große Hilfe, um den *roten Faden* von Gottes Handeln zu erkennen und den nächsten Veränderungsschritt auf der Gesinnungsebene herauszuarbeiten. Falls unser Zuhören mit Hilfe der drei Fragen beim einen oder anderen Punkt nicht zu genügender Klarheit führt, können wir dafür eine Zeit der Stille zum Hören auf Gott vorschlagen. Diese Hör-Zeit sollte so früh angesetzt werden, dass nachher noch genügend Zeit bleibt zum Zusammentragen des Empfangenen, für die Verwandlung in Schritte im Gebet und für das Erarbeiten der Umsetzungs-Aufgaben.[26]

6.3.3. Leitung durch den Heiligen Geist

Nun wenden wir uns dem wichtigsten Punkt des Themas *Zielgerichtetheit* zu, der Leitung durch den Heiligen Geist. Wie geschieht Geistleitung[27] konkret im Gespräch? Wir haben bereits verstanden, dass Gott seinen Mitarbeitern keine Werkzeugkiste und keine Standard-Programme zur Verfügung stellt, sondern sie mit dem Heiligen Geist ausrüstet.[28] Durch ihn können wir im engen Kontakt mit unserem Meister bleiben; er ist aber auch der kreative Schöpfer-Geist, unser Lehrer und Führer, der Erinnerer, er teilt uns die zur Ausführung von Gottes Aufgaben nötigen Gnadengaben zu, stattet uns mit Autorität und Kraft aus und schafft in uns die Frucht der Liebe. Er wohnt in uns, drängt sich aber nicht vor; er nimmt nur so viel Platz ein, wie wir ihm geben. Wenn wir ihm Raum geben und ihn bitten, uns zu leiten, wird er es gewiss tun. Es gibt mehrere Möglichkeiten, wie wir seine Leitung erfahren können:

- Wir können ihn innerlich zu Hilfe rufen und um etwas bitten; er wird es uns geben.[29] Eine besondere Form, ihn um Antwort zu bitten, sind die Hör-Stillen, das hörende Gebet.
- Er kann uns klare Aufträge erteilen.

26 Vgl. oben in Abb. 13: H-S.

27 Sie ist uns verheißen: Röm 8,14.

28 Siehe dazu Übersicht 6 in Kapitel 1.6.

29 Vgl. dazu Lk 11,9–13; Röm 8,26; Jak 1,5.

- Wir können im inneren Austausch mit ihm stehen.[30]
- Wir können innerlich „online“ sein, sodass der Kanal zwischen ihm und uns offen ist.
- Er kann uns die Worte eingeben, die wir zu sagen haben.[31]
- In besonders schwierigen Situationen führt er uns Schritt um Schritt, wie ein Vater sein Kind auf einem schwierigen Wegstück geleitet.
- Wenn wir nicht gehorchen, kann er auch liebevoll hartnäckig sein und uns drängen. Dazu ein persönliches Beispiel (Beispiel 43):

> *Eine Grippe hatte mich für ein paar Tage ins Bett geworfen. Ein Erst- oder Einzelgespräch hatte nicht abgesagt werden können, da ich die Telefonnummer der Person nicht erfragt hatte. Als sie dann kam, hatte meine Sekretärin ihre Telefonnummer notiert und ihr versprochen, ich würde wieder Kontakt mit ihr aufnehmen. Diese unerledigte Aufgabe blieb während einiger Zeit liegen. An einem Donnerstagmorgen, während ich Administratives erledigte, erhielt ich innerlich den Auftrag: „Ruf diese Frau an!“ Ich tat es nicht sofort und dachte bald nicht mehr daran. Die Aufforderung kam wieder; der Heilige Geist ließ nicht locker, bis ich anrief. Die Frau nahm ab: „Ich rufe Sie wegen des vereinbarten Termins an“, sagte ich. „Aha! Werden Sie dann auch mit mir sprechen, bevor Sie mich hypnotisieren?“ „Sie verwechseln mich wohl mit jemandem. Ich bin von der Christlichen Beratungsstelle; wir hatten einen Termin vereinbart, aber ich war krank geworden.“ „Es handelt sich also nicht um den Termin am Montag mit dem Hypnotiseur?“ „Nein. Falls Sie das ausgefallene Gespräch nachholen möchten, habe ich am Samstag noch einen freien Termin.“ Sie nahm das Angebot an.*
>
> *Ihre Situation war schlimm: Sie stammte aus Südamerika. Mit ihrem Mann zusammen, einem Schweizer, hatte sie sich tief in esoterische und okkulte Praktiken verstrickt. Nachdem sie von ihrem Mann und ihrem Sohn verlassen worden war, fand sie sich im Leben und im fremden Land nicht mehr zurecht. Sie verlor ihr seelisches Gleichgewicht und wurde in eine psychiatrische Klinik eingewiesen. Vor kurzem hatte man sie entlassen; sie war noch schwach und hilflos. Wie konnte es für sie weitergehen? Ich sag-*

---

30 Ein biblisches Beispiel dafür und für das Vorherige: Petrus in Apg 10,9–20.

31 Siehe Ps 81,11; Lk 12,12.

te ihr: „Ohne die Hilfe von Jesus Christus werden Sie den Ausweg aus Ihrer Verstrickung und Verwirrung nicht finden." Wir sprachen über den Glauben und über das, was Jesus am Kreuz für sie getan hatte. Sie wollte Gottes Angebot gleich annehmen. Ich bat sie aber, sich den Schritt gut zu überlegen, und bot ihr in der nächsten Woche einen Termin an. „Ich will von all dem wirklich frei werden. Kann ich denn nicht jetzt schon etwas tun?" fragte sie. Sie schien fest entschlossen zu sein: „Wenn ich heim komme, werfe ich all die esoterischen Mittel weg; und den Termin mit dem Hypnotiseur sage ich auch ab."

Als sie ein paar Tage später kam, um ihr Leben Jesus zu übergeben, hatte sie alles umgesetzt. Sie wurde von ihren Bindungen und Verstrickungen frei. In den anschließenden Gesprächen konnte ich sie in die Freiheit der Kinder Gottes und in eine durch Liebe geprägte, persönliche Gottesbeziehung hinein begleiten. Ich staunte darüber, wie rasch sie im Glauben wuchs und sich veränderte.

6.3.4. Tiefgang

Das zweite Merkmal der finalen Gesprächsführung heißt *Tiefgang*. Die natürliche Tendenz des Menschen ist, an der Oberfläche zu verharren, „Small Talk" zu machen und auf der Sach- und der Verhaltensebene stehen zu bleiben. Wie also kommen wir im Gespräch auf die Gesinnungsebene, auf der die Veränderung ja beginnen sollte? In Abbildung 13 ist angedeutet, dass dies meist nicht durch einen Sprung in die Tiefe geschieht, sondern stufenweise[32], bis wir die tiefstmögliche Ebene erreicht haben, die der Klient bei diesem Thema zulassen kann[33]. Über einige Hilfen haben wir bereits gesprochen: Die Anstöße des Heiligen Geistes führen in die Tiefe; ebenso das Zuhören mit Hilfe der ersten zwei Fragen; auch die im vorherigen Kapitel erwähnten Möglichkeiten der Gesprächsführung, die *Kunst des Weiterführens* und *Unausgesprochenes formulieren*, führen den Klienten auf die Gesinnungsebene.

32 Vgl. dazu auch Übersicht 10 und Abschnitt 3.3.1., „Die Etappen der Veränderung".

33 Bei einigen Menschen löst es große Ängste aus, sich in gewissen Bereichen mit ihren tiefen Beweggründen und Haltungen auseinanderzusetzen. Deshalb ist die Frage: „Wie weit kann der Klient gehen?" auch für den Tiefgang wichtig.

6.3.5. Konzeptuelles Arbeiten

Es gibt noch eine weitere, spezifisch final-seelsorgerliche Möglichkeit, um auf die Gesinnungsebene zu kommen: das konzeptuelle Arbeiten. Das Arbeiten mit Konzepten[34] entspricht dem, was Gott tut, wenn er zu den Menschen spricht. Gott will die Menschen ins Leben hinein locken und ihnen zu Herzen reden[35]; dies tut er durch Bilder und Gleichnisse. Unser Herz erfasst Bilder und Gleichnisse sehr schnell, intuitiv und ganzheitlich; sie prägen sich leicht ein und können dann in konkreten Situationen handlungsleitend wirken. Gott spricht die Menschen immer zuerst auf der Ebene des Herzens an; erst wenn das Herz Gottes Reden aufgenommen hat, kann der analytische Verstand zu Hilfe gezogen werden, um Gottes Gedanken noch tiefer zu erfassen.

ÜBERSICHT 21
Vom Wert der Konzepte
Wie Konzepte entstehen:
Weil Gott „zu Herzen reden" will, sind Konzepte sein Geschenk an von ihm abhängige Mitarbeiter. Deshalb entstehen Konzepte nicht am Schreibtisch oder durch Nachdenken; sie werden uns in einer konkreten Situation in der Finalen Seelsorge „geschenkt". Wenn sie beim Gegenüber eine klärende und entlastende Wirkung erzeugen, werden sie uns in späteren Gesprächen wieder in Erinnerung gerufen. Bewirken sie auch dort wieder ein Aha-Erlebnis, schaffen Verständnis und Erkenntnis oder zeigen einen Lösungsweg auf, prägen sie sich uns ein. Durch die mehrfache Verwendung werden sie in ihrer Aussage geschärft und in ihrer Anwendbarkeit ausgeweitet. Neben diesen sich als allgemeingültig erweisenden Konzepten führt die konzeptuelle Arbeitsweise aber auch zu vielen einmaligen Bildern und Veranschaulichungen, die Gottes Geschenk für die spezifische Situation eines Klienten sind.

34 Vgl. die Begriffserklärung im Anhang, Übersicht 21 unten und in *Makarios*: Konzepte für unsere Beziehungen (S. 41ff.).

35 In Hos 2,16 steht: „... *ich locke sie ... und dann werde ich ihr zu Herzen reden.*" (NZH)

Konzepte sind wie Gleichnisse:
Sie stehen im Einklang mit der biblischen Wahrheit und drücken Gottes Gedanken in intuitiv und ganzheitlich erfassbarer Weise aus. Sie vermitteln Gottes Hoffnungsblick auf unsere Situation und helfen uns, unseren Weg hinein in Gottes Zielbild zu finden.
Sie sprechen zu Herzen:
Ihre bildhafte Form entspricht der „Logik" unseres Herzens. Wenn dieses angesprochen ist, kann unser Verstand das Erkannte dann mit anderen Wahrheiten verknüpfen.
Sie fordern heraus, ohne zu über- oder unterfordern:
Sie locken aus Altem heraus und schließen den Weg auf in die von Gott für uns vorbereitete Neuschöpfung. Sie zeigen auf, welche Möglichkeiten wir von Gott her haben. Sie enthalten Handlungsanweisungen; sie zeigen uns unseren Teil auf, lassen uns aber die Freiheit.
Sie geben uns einen Platz und ermöglichen Eigenverantwortung:
In den Beziehungen zeigen sie uns den von Gott uns und den anderen zugeordneten Platz. Auf diesem können wir vor Gott die Verantwortung für unser ganzes Sein und Tun tragen.
Sie ermöglichen Liebesfähigkeit:
Sie sind Ausdruck der göttlichen Liebe zu uns. Sie zeigen, wie wir aus dieser Liebe leben können. Sie führen uns aber auch in die unabhängige Liebe zu den anderen hinein.

Konzepte sind Bilder, die wie Gleichnisse wirken. Nehmen wir das Grundkonzept für die mitmenschlichen Beziehungen als Beispiel: das Beziehungsdreieck (vgl. Abbildung 11). Was ich im Kapitel „Gesprächsführung und Grundeinstellungen" über die Beziehung zwischen Klient und Helfer mit Worten gesagt habe, ist durch die Zeichnung eingängig geworden und hat sich dem Leser über die visuelle Veranschaulichung und Verankerung eingeprägt. Denselben Weg können wir auch mit den Klienten beschreiten. Beim konzeptuellen Arbeiten geht es aber nicht nur um den Einsatz einiger bewährter Konzepte, sondern um eine besondere Arbeitsweise: Mithilfe von oft spontan im Gespräch geschenkten und dann gezeichneten Veranschaulichungen, Bildern oder Vergleichen (Gleichnissen) wollen wir das Herz des Gegenübers ansprechen. Viele der kleinen Zeichnungen landeten dann jeweils beim Klienten zu Hause an der Türe des Kühlschrankes und erinnerten ihn an die wichtigen Aha-Erlebnisse und die im Gespräch vollzogenen Schritte. In konkreten Alltags-Situationen wurden sie so immer wieder zu Wegweisern ins Neue hinein.

Unter den vielen in meinen Gesprächen spontan entstandenen Konzepten haben sich einige als so aussagekräftig erwiesen – wie etwa das Dreieck –, dass sie sogar über die Kulturen hinweg die Herzen ansprechen. So habe ich erlebt, wie das Dreieck, als Gott-Ehe-Dreieck auf die Ehe übertragen, bei französischen, englischen, slowakischen, afrikanischen und iranischen Ehepaaren spontan entlastende Aha-Erlebnisse ausgelöst hat. Sie erkannten intuitiv, welch freisetzende Auswirkungen es hat, wenn Gott zum wichtigsten Partner in der Ehe wird. Konzepte vermitteln also Gottes Lösungsansätze in bildhafter Art; sie zeigen auf, wie Gott es eigentlich gemeint hat. So werden sie einerseits zu einem wichtigen Weg hinab auf die Gesinnungsebene; andererseits lassen sie erkennen, welche göttlichen Angebote den Weg ins Neue bahnen, und locken in Gottes Leben hinein.

Im Gespräch und der seelsorgerlichen Arbeit mit Menschen aus anderen Kulturen habe ich erlebt, dass die Grund-Konzepte, die sich in meiner Arbeit entwickelt haben, über die kulturellen und sprachlichen Grenzen hinweg immer dieselbe Botschaft vermitteln. Auch hierzu ein Beispiel (Beispiel 44):

> *Ein afrikanisches Ehepaar hatte sich für einige Paargespräche angemeldet. Er stammte aus dem Kongo, sie aus Angola; sie sprachen französisch mit mir und untereinander. Werde ich sie tief genug verstehen? Ist mein Eheverständnis für sie hilfreich? Werden die Konzepte sie ansprechen? Vor dem ersten Gespräch war ich etwas angespannt. Nachdem sie ihre Situation vor mir ausgebreitet hatten, zeichnete ich ihnen das Hauptkonzept für mein Eheverständnis auf, das Gott-Ehe-Dreieck, und erläuterte es. Sie hörten aufmerksam zu. Dann schauten sie sich an und riefen aus: „Das ist es! Genau so haben wir uns die Ehe schon immer vorgestellt, wir konnten es einfach nicht richtig ausdrücken." Auch in ihren Kulturen redete dieses Konzept also zu den Herzen. Es war möglich, in gewohnter Weise mit ihnen zu arbeiten.*

Den Menschen zu Herzen zu reden, ist Gottes Weg, um sie in die Erlösung und in das neue Leben hineinzulocken. Deshalb ist die konzeptuelle Arbeitsweise ein zentrales Merkmal der Finalen Seelsorge. Wenn Gott jemanden als Mitarbeiter in diesen Dienst beruft, wird er ihn auch dazu befähigen, die Herzen seiner Klienten ansprechen zu können. Wenn wir uns dafür öffnen und darum bitten, wird der Heilige Geist uns mit göttlicher Kreativität für die konzeptuelle Arbeitsweise beschenken.

Impulse zur Vertiefung:

Wie beurteile ich meine bisherige Gesprächsführung bezüglich Tiefgang und Zielgerichtetheit?

Was brauche ich, damit ich vermehrt das Herz ansprechen, konzeptuell arbeiten kann?

6.4. Die Phasen und Stationen des finalen Gesprächs

Abbildung 13 zeigt die einen „normalen" finalen Gesprächsverlauf charakterisierenden Phasen auf. In der Zeichnung wird auch angedeutet, wie viel Zeit jeweils eingesetzt werden sollte. In jeder Phase sind bestimmte Stationen in der richtigen Reihenfolge zu durchlaufen. Es ist wie in einem Orientierungslauf: Wenn man eine Station verpasst oder ihre Aufgabe nicht lösen kann, erreicht man das Ziel nicht. Abbildung 14 zeigt die einzelnen Stationen auf und erläutert ihre Bedeutung.

Abbildung 14: Die Stationen des finalen Gesprächsverlaufs

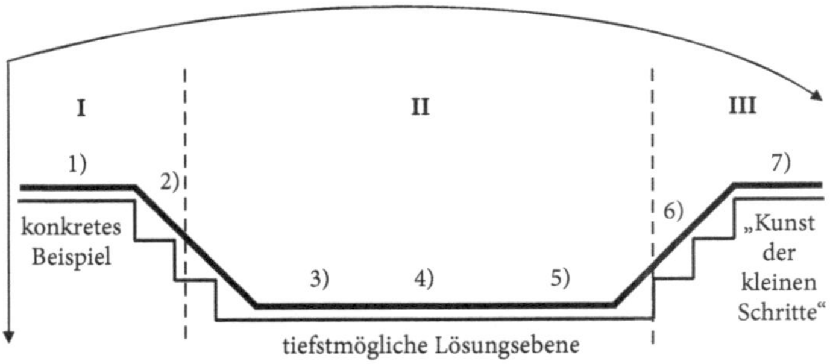

1) Die Hilfe suchende Person formuliert ihr Thema. Ein Beispiel lässt uns ihr Erleben in einer konkreten Situation erkennen.
2) Wir versuchen im Gespräch, in die Tiefe zu führen, damit die eigentliche Not ausgedrückt oder das Herz vor Gott ausgeschüttet werden kann (Psalmotherapie). Dabei kann auch schon klar werden, wo die Veränderung auf der Gesinnungsebene ansetzen muss.
3) Hör-Stille: Welches ist Gottes Angebot für diese Not? – Austausch über das Empfangene. – Gottes Angebot verstehen.
4) Die Seele der Hilfe suchenden Person „einen Weg führen“, damit sie Gottes Angebot in Freiheit annehmen kann.
5) Das Entscheidungs-Gebet vorbereiten. – Die Hilfe suchende Person nimmt Gottes Angebot an. – Zeugen-Gebet des Seelsorgers.
6) Planung der Umsetzung im Alltag (Kunst der kleinen Schritte). Den Umgang mit Rückfällen besprechen.
7) Im Alltag „in Neuheit des Lebens wandeln“; ein neues Verhalten aufbauen.

1. Phase I und Stationen 1) und 2):
   Wenn zu Beginn eines Gespräches das Thema geklärt ist (Station 1)[36], geht es darum, dieses mit dem Hilfesuchenden im Hinblick auf die Bearbeitung auszuloten. Wir wollen die Wurzeln der Not auf der Gesinnungseben erkennen. Dafür stehen etwa 15 Minuten zur Verfügung. Es ist wenig hilfreich, wenn der Klient uns das Problem umschreibt; auf diese Weise lernen wir zwar seine Sicht dessen kennen, aber sein Erleben erfahren wir nicht. Am meisten können wir über die inneren und äußeren Zusammenhänge in Erfahrung bringen, wenn der Klient uns die letzte konkrete Situation, in der das Problem aufgetreten ist, erzählt. Wo nötig, können wir dann auch nachfragen, um innere Prozesse und Zusammenhänge besser zu verstehen.[37] So entwickeln sich in uns mit Hilfe der drei Fragen bereits erste Hypothesen, wo eine Veränderung auf der Gesinnungsebene ansetzen könnte. Wenn die tiefere Problematik unscharf bleibt, können wir eine Hör-Stille vorschlagen und Gott um Klarheit bitten.[38]

2. Phase II und Stationen 2) bis 5):
   Hier hat die wichtigste seelsorgerliche Arbeit zu geschehen; deshalb muss genügend Zeit dafür zu Verfügung stehen. Die erste Herausforderung besteht nun darin, nicht auf der Verhaltensebene des konkreten Beispiels hängen zu bleiben und eine Lösung durch eine Verhaltensänderung anzustreben; wir wollen ja die Wurzeln der Not auf der Ebene des Herzens erkennen.[39]

   Station 2): Die Treppenstufen in Abbildung 14 zeigen auf, dass dieses In-die-Tiefe-Gehen mit dem Klienten[40] in mehreren Erkenntnis-Schritten geschehen kann. Hier sind die konzeptuelle Arbeitsweise und der Einsatz der Konzepte hilfreich. Beim Herausschälen des Themas fördert die Gesprächsführung des Seelsorgers den inneren Prozess des Klienten, zu entdecken, was ihn am tiefsten beschäftigt

36 Vgl. Abschnitt 4.4.1.

37 Vgl. Beispiel 35 und 41.

38 Vgl. Beispiel 28 in Kapitel 5.3.

39 Vgl. die Aussage Jesu in Lk 6,45.

40 Vgl. Beispiel 2, 29, 41 und 42.

und wo Gott schon dran ist. Dabei soll auch die unter dem unguten Verhalten des Klienten verborgene Not auf den Tisch kommen. Statt sie vor uns auszubreiten, kann er sein Herz auch im lauten Gebet vor Gott ausschütten.[41] Der Seelsorger kann es nur dann aushalten, die Not ans Licht kommen zu lassen, wenn die Verantwortung für die Lösung nicht bei ihm liegt und er Gott vertrauen kann, dass er seine Lösung bereit hält und sie zeigen wird. Sonst wird er das Aufbrechen der Not unterbinden.

Stationen 3) und 4): Beim Ausbreiten der Not vor Gott kann sich die Sicht des Klienten auf seine Not verändern, und manchmal erahnt er sogar schon Gottes Lösung. Vielleicht möchte Gott den Klienten durch ein biblisches Angebot aus dem Alten heraus ins Neue führen. Wenn wir aber den Eindruck gewinnen, Gott möchte dem Klienten ein ganz individuelles Angebot machen, bedarf es hier einer Hör-Stille.[42] Diese sollte zeitlich so früh angesetzt werden[43], dass wir nachher noch genügend Zeit haben, die Schritte zur Annahme von Gottes Angebot vorzubereiten. Es fällt unseren Gegenübern manchmal ja nicht leicht, das Alte loszulassen und sich auf Gottes Angebot und das Neue einzustellen. Dann braucht es die seelsorgerliche Hilfestellung, die wir als „Mit der Seele einen Weg gehen" umschreiben.[44]

Station 5): Wenn wir ausgelotet haben, wie viel Neues der Klient heute aufnehmen kann und wozu er bereit ist, können wir zum Kernpunkt des Gesprächs kommen: den Schritten auf der Gesinnungsebene, die, wo immer möglich, im Gebet vor Gott gefällt werden.[45] Diese Gebetszeit muss mit dem Klienten sorgfältig vorbereitet werden: Worin besteht Gottes Angebot? Kann er es in Freiheit annehmen? Wie wird er sein Gebet formulieren? Welche Konsequenzen werden diese Schritte haben? Wir begleiten den Klienten auf diesem Weg. Falls nötig, dürfen wir auch das Gebet unterbrechen und unklare For-

41 Dieses Vor-Gott-Ausbreiten im Gebet findet sich in vielen Psalmen (z.B. Ps 3; 22; 42; 56 usw.); deshalb nenne ich es „Psalmotherapie".

42 Vgl. Beispiel 6 in Abschnitt 1.3.5.

43 Siehe in Abb. 13.

44 Vgl. Übersicht 10 in Kapitel 3.3. und die Erläuterungen zu 5. mit Beispiel 15.

45 Vgl. auch hier Übersicht 10 und die Erläuterungen zu 6. mit Beispiel 16.

mulierungen klären. Als Zeugen bestätigen wir die getroffenen Entscheidungen (Zeugen-Gebet) und treten dann in der Fürbitte für die Umsetzung im Alltag ein.

3. Phase III und Stationen 6) und 7):
Diese Gebets-Entscheidungen brauchen nun Umsetzung im Alltag. Nur ein bewusstes Zeitmanagement in den beiden vorausgehenden Phasen ermöglicht es, dass diese unumgänglich wichtige dritte Phase des Gesprächs nicht zu kurz kommt. Die Umsetzung gemäß der *Kunst der kleinen Schritte*[46] braucht im Gespräch sorgfältige Vorbereitung (Station 6). Unsere Aufgabe als Helfer besteht dabei meist darin, darüber zu wachen, dass die Portion und der Bereich, in dem das Neue ausgelebt werden soll, so klein gehalten werden, dass die Umsetzungs-Chancen 95% betragen.[47] Zudem ist es für die Selbstkontrolle des Klienten (Station 7) ein großer Vorteil, wenn die Umsetzung in einer gut überprüfbaren Form geschieht. Zu Beginn des nächsten Gespräches wollen wir dann nachfragen, ob und wie die Umsetzung gelungen ist. Dabei werden wir erkennen, wo etwas präzisiert oder korrigiert werden muss, bevor wir ein neues Thema angehen können.

Der Verlauf eines final ausgerichteten Gesprächs führt also von der Ebene des Erlebens und Verhaltens hinab auf die Ebene der Gesinnung und des Herzens, wo Gottes Lösungen ansetzen wollen, und dann im Blick auf die Umsetzung wieder hinauf auf die alltägliche Verhaltensebene. Auf diesem Weg begleiten wir den Klienten unter der Leitung des Heiligen Geistes. Wir vertrauen darauf, dass Gott für dieses Gespräch Angebote und ein Ziel vorgesehen hat, welche dem Klienten eine neue Portion gottgeschenkten Lebens ermöglichen sollen. Welches diese Angebote und Gottes Ziel sind, werden wir zwar erst im Verlauf des Gesprächs entdecken können; aber von Anfang an wissen wir, dass Gott sie vorbereitet hat. Die Herausforderung, sowohl das konkrete Ziel als auch den Weg

46 Vgl. wieder Übersicht 10 und die Erläuterungen zu 7. mit Beispiel 17 und 18.

47 Siehe nochmals Beispiel 18.

dorthin entdecken zu müssen, behält uns in der Abhängigkeit von ihm und bewirkt in uns eine hoffnungsvolle, gespannte Zielgerichtetheit.

Impulse zur Vertiefung:

Welches sind die besonderen Herausforderungen für mich im finalen Gesprächsverlauf?

Womit beginne ich, wenn ich meine Gesprächsverläufe verändern möchte?

6.5. Liebe im Gespräch

„*... Und hätte die Liebe nicht...*“[48] Ohne Liebe hilft auch in der Finalen Seelsorge alles nichts; ohne Liebe ist all unser Einsatz letztlich wertlos. Paulus weiß um diese herausfordernde Tatsache und stellt sich ihr. Auch wir müssen uns ihr stellen und auf eine ganze Reihe von Fragen unsere Antworten finden: Was ist Liebe? Wie drückt sie sich im Hören und Reden aus? Woher nehmen wir die Liebe und was können wir tun, wenn sie uns fehlt?

6.5.1. Agape-Liebe

Da wir uns als Gottes Mitarbeiter verstehen, ist klar, dass wir uns nach der göttlichen Agape-Liebe ausstrecken wollen.

Was charakterisiert die Liebe, die wir von Gott lernen wollen und wie können wir sie empfangen? Übersicht 22 versucht, auf diese Fragen Antwort zu geben.

48 1.Korinther 13,1–3 (LU)

ÜBERSICHT 22

Lieben, wie Gott liebt

Gottes Agape-Liebe:

- Der Grund für Gottes Liebe liegt in seinem Herzen und nicht im Gegenüber.
- Gott ist den Menschen gegenüber völlig frei, er ist uns nichts schuldig; aber er ist sich selbst und uns gegenüber treu in dem, wozu er sich aus freier Liebe entschlossen hat.
- Mit der Hingabe seines Sohnes hat Gott den höchsten Preis für seine Liebe bezahlt.
- Gottes Liebe wird uns frei geschenkt; wir können und brauchen sie uns nicht zu verdienen; sie ist gratis; Gott liebt uns bedingungslos.
- Gottes Liebe sucht uneigennützig das Beste des anderen. Sie tut das, was die geliebte Person braucht, und nicht, was diese verlangt; sie kann also auch nein sagen und widerstehen.
- Gottes Liebe sieht uns so, wie wir wirklich sind. Sie hat aber Hoffnung für uns und ringt darum, dass wir so werden, wie er uns in seiner Liebe gemeint hat.
- Gott bindet uns durch seine Liebe nicht an sich. Er drückt zwar aus, was er sich wünscht, aber er lässt uns frei.
- Gottes Liebe ist Ausdruck seiner Stärke. Er ist bereit mitzutragen, mitzuleiden, zurückgewiesen zu werden, trotz allem zugewendet zu bleiben und immer wieder zu vergeben.

Die seelsorgerliche Liebe:

- Den Klienten zur Ehre Gottes lieben (Römer 15,7); alles für Jesus Christus tun.
- Den Klienten höher achten als sich selbst (Philipper 2,3–4).
- Bedingungslos „ja" zu ihm sagen, so wie er ist. Aber darum ringen, dass er wird, wie Gott ihn gemeint hat.
- Ihm Angebote machen, aber ihn freilassen, damit er seine Eigenverantwortung tragen lernen und ganz er selber werden kann. Nichts zurück erwarten.

• Ihn mit den liebenden Augen Gottes sehen. Hoffnung für ihn haben, dass er durch Gottes Kraft verändert werden und sich entfalten kann.
• Sich entscheiden, ihm zu vertrauen.
• Ihn und seine Last in der Fürbitte zu Gott bringen.
• Bibeltexte: Johannes 13,34–35; 1Kor 13,4–7; Kolosser 3,12–17; 1. Thessalonicher 2,3–12
Wie wir liebesfähig werden können:
• Um lieben zu können wie Gott, braucht es Hingabe an ihn, Stillung durch ihn und Demut.
• Durch eine enge Gottesbeziehung werden wir in sein Bild hinein verändert (2. Korinther 3,18).
• Sich Gott als Kanal für seine Liebe zur Verfügung stellen (vgl. Abb. 2).
• Gottes Liebe holen und anziehen wie ein Kleid (Kolosser 3,14).
• Dem Heiligen Geist Raum geben, damit er Agape-Liebe als Frucht schafft (Galater 5,22).
• Um Liebe bitten und sie empfangen (Matthäus 7,7–8).

Zu allererst müssen wir uns hier aber bewusst werden, welch großer Unterschied zwischen Gott und uns besteht: Gott *ist* Liebe[49]; Liebe ist seine ureigenste Natur; alles, was er tut, kommt aus seiner Liebe; er kann gar nicht anders handeln als aus Liebe. Im Gegensatz dazu entspricht Liebe nicht mehr der Natur des gefallenen Menschen; wir können zwar Liebe *haben*, manchmal etwas mehr, manchmal etwas weniger, aber unsere Liebe ist oft eigensüchtig und abhängig vom Verhalten des Gegenübers. Um so lieben zu können, wie Gott liebt, müssen wir uns zuerst von ihm lieben lassen; seine Liebe muss unser Herz ausfüllen; dann kann sie überfließen zu unseren Gegenübern hin[50]. Agape-Liebe muss uns von Gott geschenkt werden; wir müssen von ihm dazu befähigt werden.

49 1. Johannesbrief 4,8.16

50 Siehe Röm 5,5 und Joh 7,38–39.

6.5.2. Hören

Agape-Liebe sollte unser Herz erfüllen und alles prägen, was wir in der Beziehung zum Hilfe suchenden Menschen sind und tun. Die Liebe zum Klienten zeigt sich zuerst in unserem Hören. Es gilt, gleichzeitig in allen drei Beziehungsdimensionen[51] zu hören: Auf Gott hören und was er uns sagt – zwischen den Worten des Klienten hindurch auf dessen Herz hören – und wahrnehmen, was das Gehörte in uns auslöst. Es ist eine der großen Herausforderungen der Kunst der Gesprächsführung, zu lernen, in allen drei Richtungen gleichzeitig *online* zu bleiben. Wenn diese drei Hör-Dimensionen miteinander verbunden werden, gewinnen wir die reichste, umfassendste Fülle an relevanten Informationen, die ich mir vorstellen kann.

Da der innere Prozess des Auf-Gott-Hörens und die Bedeutung der Wahrnehmung dessen, was durch das Gespräch in mir selber ausgelöst wird, bereits angesprochen worden sind[52], möchte ich den Akzent hier auf das mitmenschliche Zuhören legen. Die Fülle der Information, welche das Gegenüber uns gewollt, ungewollt und unbewusst liefert, ist so groß, dass wir nicht alles aufnehmen und speichern können. Zuhören ist deshalb immer ein selektiver Prozess. Wie wird der Auswahl-Prozess gesteuert? Wir hören, was wir hören wollen; wir sammeln die Informationen, die im Rahmen unserer Theorien wichtig sind. Im finalen Ansatz bilden die drei Fragen eine effiziente Hilfe zur Strukturierung unseres Zuhörens.

Für ein gezieltes Zuhören sind noch zwei weitere Entscheidungen zu fällen: Auf welcher Aussageebene höre ich zu? Und: Auf welche Ausdrucksmodalitäten des Gegenübers richte ich meine Aufmerksamkeit? Für unseren Zusammenhang ist es sinnvoll, vier Aussageebenen zu unterscheiden: Sachinformationen (z. B. Verwandtschaftsbeziehungen, Daten und Zahlen, die genaue Abfolge der Ereignisse usw.), die berichteten Ereignisse (was geschehen ist), das innere Erleben des Klienten (Gedanken, Gefühle, innere Prozesse, Reaktionen, Schlussfolgerungen,

---

51 Vgl. dazu Abb. 2 in Abschnitt 2.1.4.

52 Vgl. die Abschnitte 6.3.3. und 6.2.4.

Entschlüsse usw.) und die Ebene der Gesinnung. Da wir nicht fähig sind, alles wahrzunehmen und zu behalten, müssen wir die Prioritäten festlegen. Von unserer Arbeitsweise her ist klar, dass Informationen über das Geschehen auf der Gesinnungsebene die höchste und Sachinformationen die niedrigste Priorität besitzen.

Welche Kommunikationskanäle liefern uns die wichtigen Informationen? Zu Beginn der Arbeit werden die Worte des Klienten v. a. Informationen aus den zwei obersten Ebenen vermitteln. Erst mit zunehmendem Vertrauen zum Helfer und wachsender Fähigkeit, sein inneres Erleben wahrnehmen und auch ausdrücken zu können, wird der Klient beginnen, auch über sein inneres Erleben zu sprechen. Aber auch dann, wenn der Klient mit Worten wenig über die tieferen Ebenen sagt, kommen diese auf indirekte Weise zum Ausdruck: durch die Wortwahl, die Satzstellung, den Sprachstil (z. B. Ironie), durch Auslassungen (unfertige Sätze usw.), den Tonfall, Stimmschwankungen, die Atemfrequenz, den Sprechrhythmus, die Stimmfärbung, die Lautstärke, die Artikulation usw. Wir registrieren Wiederholungen und wiederkehrende Themen. Auch „herausgerutschten" Einschüben und Nebensätzen kommt oft hohe Wichtigkeit zu.[53] Wenn wir diese indirekten Botschaften mit den weitgehend unwillkürlich gesteuerten nonverbalen „Aussagen" in Verbindung bringen, der Mimik, der Gestik, der Körperhaltung und -bewegung, ergeben sich viele Hinweise auf verbal nicht ausgedrückte innere Vorgänge. Darauf dann auch einzugehen, indem man diese Wahrnehmungen zum richtigen Zeitpunkt formuliert („Da wurden Ihre Augen feucht …"), kann den Klienten in die Tiefe führen und zur Wahrnehmung seines inneren Erlebens ermutigen.

Unser Zuhören hat ein Ziel: Wir wollen unser Gegenüber in der Tiefe verstehen, um es weiterführen zu können. Für das Verstehen kommt der Fähigkeit, sich in den inneren Bezugsrahmen des Klienten zu versetzen, große Bedeutung zu; sie ist Ausdruck echter Barmherzigkeit. Diese Fähigkeit will Gott seinen Mitarbeitern schenken.[54] Ein Beispiel kann verdeutlichen, worum es hierbei geht (Beispiel 45):

---

53 Vgl. nochmals Beispiel 42.

54 Vgl. Paulus in Röm 12,15.

Als ich die ca. 45-jährige Frau und Mutter im Wartezimmer abholte, war mir sofort klar: Es geht ihr sehr schlecht. Sie war auf meiner Warteliste und hatte sich gemeldet, als sie unaufhaltsam in eine tiefe Depression rutschte. Bis wir mit der eigentlichen Arbeit beginnen konnten, hatte ich ihr ein monatliches Stützgespräch angeboten. Nun war sie wieder da, es ging ihr schlecht, und ich wusste: Ich habe eine Stunde Zeit, und dann muss sie wieder einen Monat lang durchkommen. Der innere Druck führte dazu, dass ich sie unbedingt aus dem Loch herausholen wollte. Nach der Hälfte der Zeit wurde mir bewusst, was sich zwischen uns abspielte: Ich ging eigentlich gar nicht auf ihr Erleben ein; ich stand oben am Loch, in dem sie hockte, streckte ihr meine Hand entgegen und sagte: „Kommen Sie heraus; kommen Sie doch heraus!" Und sie schlug auf die ihr entgegengestreckte Hand. „Was will sie denn eigentlich?", fragte ich mich. Und es wurde mir gleich klar: Dass ich sie verstehe, einen Moment mit ihr im Loch sitze. So entschloss ich mich, dies zu tun. Ich begab mich in ihr Erleben hinein und formulierte dann, wie ich mich dabei fühlte: „Es ist eng hier und dunkel ... Angst machend einsam ... Nur weit oben ein kleines Stückchen Himmel ... unerreichbar ... hoffnungslos. Wie lange schon – wie lange noch?" Und dann konnte auch sie ausdrücken, was sie empfand. Als die Zeit dann um war, ging sie fast beglückt weg: Es hatte sie jemand verstanden und ihr erlaubt, dass es ihr schlecht gehen dürfe. Was für ein Trost!

Und ich? Ich hatte mich durch dieses Mich-hinein-Begeben selber nicht verloren, ich war nicht depressiv geworden. Im folgenden Gespräch konnte ich mit dem nächsten Klienten dankbar und glücklich sein über Gottes Eingreifen in seine Situation.

Wenn wir aus der Grundhaltung der bedingungslos annehmenden Liebe heraus zuhören, äußert sich dies in den anteilnehmenden und wohlwollenden Zuhörsignalen („Ah!"; „Aha!"; einem kleinen Schnaufer usw.), mit denen wir auf das Gesagte reagieren. Aber auch ohne Worte und Laute, nur aufgrund unserer Körpersprache, würde unser Gegenüber unsere Liebe wahrnehmen. Das schafft Vertrauen, ermutigt zu Offenheit und führt in die Tiefe.

6.5.3. Reden

Dem Zuhören kommt die erste Priorität zu: *„Jeder Mensch sei schnell zum Hören, langsam zum Reden!"*[55] Wenn sich die Liebe in unserem Reden ausdrücken soll, muss dieses aus dem Hören heraus kommen; es soll zu dem, was die Person innerlich bewegt und zutiefst beschäftigt, in Bezug stehen. Unser Verstehen kann sich außer durch die Zuhörsignale auch darin ausdrücken, dass wir von Zeit zu Zeit kurz zusammenfassen, was wir verstanden haben. Unser Reden darf sich aber nicht darauf beschränken, der Person zu spiegeln, was sie mit anderen Worten selber schon gesagt hat oder nicht klar ausdrücken kann. Indem wir behutsam einen halben Schritt voraus gehen, wird der innere Prozess des Klienten vorangetrieben und er wird zum Weiterreden ermutigt. Die Liebe, die sich in unserem Reden ausdrückt, will das Gegenüber in Bewegung setzen und weiterführen.[56]

Die Liebe macht den Klienten auf Gottes Angebote und Lösungen aufmerksam, drängt sie ihm aber nicht auf; sie ringt um sein Wohl, lässt ihm aber die Freiheit. Wenn wir betrachten, wie Gott in seiner Liebe mit uns umgeht, können wir feststellen, was die Liebe nie tut: Sie macht keinen Druck, sie erpresst niemanden, sie überlistet und manipuliert nicht, sie leistet keine bedrängende Überzeugungsarbeit. Bei Gott sehen wir aber auch, dass die Liebe nicht non-direktiv und „immer lieb" ist: Sie kann dem Gegenüber zu seinem Wohl auch Grenzen setzen, sie kann es konfrontieren, vor die Wahl stellen, herausfordern, vor den Konsequenzen warnen, zu Schritten ermutigen oder gar auffordern; sie will es nicht in seinem Elend zugrunde gehen lassen.[57] In all dem ist sie aber frei von Eigennutz und hat nur des anderen Wohl im Auge.

Was die Kunst des seelsorgerlichen Redens aus Liebe wohl am deutlichsten charakterisiert, ist der Verzicht auf viele, das Gegenüber überflutende Worte. Das bereits erwähnte Gespräch Jesu mit der Samariterin

---

55 Jak 1,19.

56 Vgl. Übersicht 20 in 6.2.1.und den Abschnitt 6.2.3.

57 Es gibt eine lieblose Barmherzigkeit, die das Gegenüber entschuldigt, ihm nichts zutraut und nichts zumutet. Gottes Liebe will uns zurückführen in seine Ordnungen, wo wir wieder im Frieden leben können; Gottes Gnade hat ein Ziel mit uns. Vgl. Jesus und die Ehebrecherin (Joh 8,3–11).

am Brunnen[58] kann uns als Modell dienen: Jesus macht sehr wenig Worte, aber jedes hat Gewicht und löst beim Gegenüber etwas aus, das weiterführt. Beim Zuhören eines Paargespräches ist mir das Bild eines Weihers gekommen (das hilfesuchende Paar, in dem etwas ausgelöst werden soll), in den man Steine wirft (die Interventionen des Helferpaares): Ein Hagel von Steinen löst nichts Sinnvolles aus; der aufgewühlte Weiher wird zum trüben Tümpel. Worte mit Kraft aber, die man wirken lässt, lösen im Gegenüber eine klare Reaktion aus; sie gleichen dem gezielten Wurf eines Kieselsteines. Wenn die Reaktion an die Oberfläche gestiegen ist, ist es Zeit für die nächste Intervention. So führt die Liebe das Gegenüber schrittweise zum Ziel des Gesprächs.

Und wenn es uns an dieser Liebe fehlt, ohne die alles nichts bringt, was können wir dann tun? In Übersicht 22 finden sich einige Hinweise, die ganz praktisch in Schritte im Gebet umgesetzt werden können. Eine dieser Möglichkeiten ist mir persönlich besonders wichtig geworden und ich möchte sie an einem Beispiel genauer aufzeigen (Beispiel 46):

> *Im ersten Paargespräch wurde deutlich, dass die krankhafte Eifersucht der Frau eine größere Anzahl von Einzelgesprächen nötig machen würde. Es fiel mir schwer, mich darauf einzulassen, da die Frau nichts an sich hatte, weder von ihrer Gestalt noch von ihrer Art her, was mir liebenswert erschien. Meine natürliche menschliche Liebesfähigkeit, mit der ich immer wieder rechnen konnte, ließ mich völlig im Stich. Was tun? Da wurde ich an die Bibelstelle erinnert, die bei mir vor Jahren ein großes Aha-Erlebnis und die Entdeckung ausgelöst hatte, dass Gott einen Kleiderschrank hat, in dem wir uns frei bedienen dürfen:* „Über alles aber zieht an die Liebe, die da ist das Band der Vollkommenheit.“[59] *Das wollte ich ausprobieren.*
>
> *So nahm ich mir denn vor dem nächsten Gespräch Zeit im Gebet: Ich gestand Gott meine Lieblosigkeit ein; in seiner Garderobe holte ich* seine *Liebe zu dieser Person und zog sie über meine Lieblosigkeit an; in Gottes Liebe wollte ich ihr begegnen. Ich war gespannt, ob das ging. Und zu meiner Überraschung und Freude spürte ich im Gespräch sogar mit Gottes Liebe verbundene Emotionen. Im*

58 In Kapitel 6.1. (Joh 4,5–30).

59 Kol 3,14 (LU).

nächsten Gespräch war derselbe Schritt aber wieder nötig; und so zwei-, dreimal. In den Gesprächen im Mantel der Liebe Gottes fiel mir auf, dass unter seiner *Liebe die meine sich zu regen und zu wachsen begann. Nach drei oder vier Gesprächen war meine eigene Liebe schon so erstarkt, dass ich seinen Mantel vor dem Gespräch nicht mehr anzuziehen brauchte. Diese Frau ist mir sehr lieb geworden und ich habe mich für dieses Ehepaar mit großer Geduld und Ausdauer eingesetzt wie kaum für jemanden sonst.*

Impulse zur Vertiefung:

Wie drückt sich die Liebe in meinem seelsorgerlichen Zuhören und Reden bis jetzt aus?

Wie gehe ich mit der Herausforderung um, dass ohne Agape-Liebe alles nichts nützt?

6.6. Geistgeleitet beten

Der Platz, den wir in der Finalen Seelsorge Gott einräumen, und unsere Unterordnung unter sein Handeln sind die Kernstücke unseres Ansatzes. Deshalb kommt dem Einbeziehen des Glaubens bei den Klienten, die dafür offen sind, größte Bedeutung zu, und das Gebet wird zum wichtigsten „Werkzeug" unserer Arbeit, Beten zur Grundkompetenz des finalen Seelsorgers.

Was verstehen wir in der Seelsorge unter Gebet? Das Gebet ist zuerst einmal Ausdruck unserer persönlichen Beziehung zu Gott; es ist Kommunikation mit Gott. Zu diesem Dialog mit ihm gehört nicht nur unser Beten als Reden zu Gott, sondern auch das betende Auf-ihn-Hören. Im finalen Ansatz ist das Gebet aber auch der kraftvollste Weg für den Klienten, um in Freiheit und Eigenverantwortlichkeit klare Entscheidungen zu fällen und Schritte zu tun. Im Gebet können Helfer und Klient um Gottes Eingreifen bitten und ihm dann auch den Dank bringen für sein Wirken. In der Fürbitte kann der Seelsorger für den Klienten einstehen;

er kann dessen Schritte durch sein Zeugen-Gebet bestätigen[60]. Wenn Gott uns beauftragt, in seinem Namen und in seiner Autorität zu handeln, geschieht dies ebenfalls im Gebet. Wir sehen: Das Gebet kommt in der Finalen Seelsorge in einer großen Vielfalt von Formen zum Zuge (vgl. dazu Übersicht 23).

Zuerst wollen wir die Bedeutung des Gebets für den Seelsorger selber betrachten. Das Gebet ist das Kommunikationsmittel unserer Zusammenarbeit mit Gott:

- Im Gebet prüfen wir, ob eine Seelsorge ein für uns vorbereitetes Werk ist.
- Im Gebet bereiten wir uns auf die einzelnen Gespräche vor, geben uns Gott als Mitarbeiter hin, unterstellen uns der Leitung durch den Heiligen Geist und öffnen uns für seine Gaben, bekleiden uns mit Gottes Liebe, nehmen die Person im Namen Jesu auf usw.
- Auch während des Gesprächs gilt: „*Betet unablässig*!"[61] Solange wir das innerlich tun, bleiben wir in der Stellung der Abhängigkeit von Gott, in der Freiheit und in der Liebe.
- Im inneren Gebet stehen wir im Zwiegespräch mit Gott, schicken in schwierigen Momenten Stoßgebete hinauf, ringen betend um einen Durchbruch, unterstützen wichtige Prozesse im Klienten durch unsere Fürbitte und unseren Dank usw.
- Das innere Zungengebet[62] bewirkt die stärkste Öffnung für die Gaben und das Wirken des Heiligen Geistes und ermöglicht uns die höchstmögliche innere Konzentration zur Ausrichtung auf Gott und zur Einordnung in sein Handeln. Es ist eine unschätzbare Hilfe für die Momente, wo man sich im Gespräch wie ein Seiltänzer fühlt, der jeden Schritt mit großer Genauigkeit und Richtigkeit tun muss, wo es auf jedes kleine Wort ankommt.

---

60 Vgl. Übersicht 23.

61 1Thess 5,17.

62 Vgl. die Begriffserklärung im Anhang.

- Im Gebet geschieht dann auch die Nachbearbeitung des Gesprächs, die Intra- und Supravision[63] und die Rückgabe des abgeschlossenen Werkes an den Meister, damit er es zurechtbringen kann.

6.6.1. Gebet als Grundkompetenz

Lautes Beten ist eine Kunst, *„denn wir wissen nicht, was wir bitten sollen, wie es sich gebührt"*[64]. Wie können wir als Seelsorger laut beten, sodass es Gott wirklich gemäß ist, dass das Gebet das Maß unseres Glaubens nicht übersteigt, dass es den Klienten nicht unter Druck bringt oder verletzt, dass es nur und ganz an Gott gerichtet ist und keine indirekten Botschaften für unser Gegenüber enthält?

Wie können wir beten lernen? Hier ein paar Anregungen:

- Wir können uns vom Heiligen Geist leiten lassen, wofür und wie wir beten sollen.
- Wir dürfen darauf vertrauen, dass der Heilige Geist unsere hilflosen Gebete zurechtbringt, sodass sie wirklich Gott-gemäß sind: *„Der Geist nimmt sich unserer Schwachheit an."*[65]
- Wir können bitten, wie es die Jünger Jesu getan haben: *„Herr, lehre uns beten!"*[66]
- Wir können unser persönliches Gebetsleben entwickeln.
- Gebetsgruppen, in denen wir einander Rückmeldungen über die Art des Betens geben, sind sehr wertvoll.
- Wir können gewisse Klienten in den Standortgesprächen um Rückmeldungen bitten.

6.6.2. Seelisches Gebet

Das geistgeleitete Gebet (vgl. unten) ist die Art des lauten Betens, die unserem Ansatz am besten entspricht; sie ist die zu erlernende Kunst. Dem

63 Siehe in Abschnitt 8.2.1., „Intravision und Supravision".

64 Röm 8,26.

65 Ebd.

66 Lk 11,1.

natürlichen Menschen entsprechen die seelischen Arten des Betens. Sie sind Ausdruck unserer Religiosität; Jesus hat nie so gebetet. Ich möchte drei davon anführen; für jede finden sich Beispiele in der Bibel[67]:

- Seelische Wunsch-Gebete: Sie drücken aus, was wir uns für unser Gegenüber oder eine Situation jetzt gerade wünschen; häufig entspringen sie unserer emotionalen Betroffenheit. Es sind oft Bitten für kurzfristig wirksame Sofort-Lösungen, die aus der menschlichen Frosch-Perspektive heraus formuliert werden. Wir fragen dabei nicht nach Gottes Gedanken oder Plänen. Oft überprüfen wir nicht einmal, ob die betroffene Person sich das selber auch wünscht: Wir wissen, was sie jetzt nötig hat, und darum bitten wir Gott.
- Wir stehen auch in der Gefahr, das Gebet als Machtmittel einzusetzen, um Gott etwas abzuringen. Dies zeigt sich meist in der Art, wie wir unsere Bitten formulieren, und in einem fordernden Tonfall. Dahinter steht einerseits das Bild eines ungnädigen, harten lieblosen Gottes; andererseits ist diese Art zu beten Ausdruck von magischem Denken: In der Magie und in heidnischen Kulten lässt sich durch die richtigen Worte und Formeln oder die richtige Art des Handelns, durch Unablässigkeit, Wiederholungen, Lautstärke usw. das Gewünschte herbeizwingen.
- Programm-Gebete gehen vom Wissen aus, welches der einzige und immer richtige Weg ist, oder von der Erfahrung, was bisher gewirkt hat. So nehmen wir Gott die Freiheit, einmalig-kreative Wege zu wählen und es ganz anders zu machen. Bei Gebetsgewohnheiten, -formeln und -ritualen besteht die Gefahr, dass wir sie im Moment des Sprechens als Person nicht mehr füllen.

---

67 Eine seelische Wunsch-Bitte: Mt 20,20–22; magisches Beten: Mt 6,7; ein aus der Erfahrung und menschlichen Überlegungen abgeleitetes Gebet: Apg 1,24–26.

6.6.3. Geistgeleitet beten

Für geistgeleitetes Gebet gilt: *„Der Heilige Geist bewirke euer Gebet in allen Formen.“*[68] Wenn wir ernst nehmen, dass wir eigentlich nicht wissen, was und wie wir beten sollen, lassen wir uns im seelsorgerlichen Gebet gerne durch den Heiligen Geist anstoßen und führen. Dafür gibt es zwei Möglichkeiten:

- Wir empfangen vom Geist inhaltliche Leitung: Durch einen geistgeschenkten Eindruck erkennen wir, wofür wir beten sollen und beten dann mit unseren Worten dafür.
- Der Geist gibt uns die Worte ein, die wir im Gebet aussprechen sollen.

Geistgeleitet zu beten ist die Art von Gebet, die in der Finalen Seelsorge unserer Unterordnung unter Gottes Wirken und der Liebe zum Klienten am besten entspricht. So zu beten setzt voraus, dass wir unsere eigenen Wünsche und Gedanken beiseitelegen, uns Gottes Weisheit unterordnen, auf den Geist harren und dann aussprechen, was er uns gibt. Es verlangt Demut, innere Konzentration, warten zu können und Stille auszuhalten, Genauigkeit im Ausdruck und den Willen, nicht über das Erhaltene hinauszugehen. Während wir geistgeleitet beten, kommen immer wieder Gaben des Geistes[69] zum Tragen: Worte der Weisheit, der Erkenntnis, göttliche Zusagen (Prophetie), Glaube usw. Wenn wir geistgeleitet beten, bleiben wir in der Liebe, weil die Frucht des Geistes[70] zur Wirkung kommt.

Übersicht 23 stellt die für die Finale Seelsorge wichtigsten Formen des Gebets zusammen, von denen wir einige bereits erwähnt und in Beispielen in Aktion gesehen haben. In all diesen Gebetsformen haben wir die Wahl, ob wir uns durch unsere Seele oder durch den Heiligen Geist leiten lassen wollen.

---

68 Eph 6,18 nach der Übersetzung TOB: *„Que l'Esprit suscite votre prière sous toutes ses formes.»*

69 Siehe 1Kor 12,7–11.

70 Siehe Gal 5,22.

ÜBERSICHT 23

Formen des Gebets

Gebets-Entscheidungen (5Mo 30,19; Epheser 4,23–25)

Im Gebet gefällter, freiwilliger, die eigene Person betreffender Entschluss des Klienten.

Zeugengebet (Johannes 8,17)

Bestätigendes Gebet des Seelsorgers; er ist der zweite Zeuge.

Puzzle-Gebet

Ein aus kurzen Beiträgen (je ohne Amen) sich formendes gemeinsames Gebet von Helfer und Klient. In diesem brüderlichen, geistgeleiteten Zusammenwirken stehen beide auf der gleichen Ebene vor Gott.

Hörendes Gebet (Jak 1,5–8)

Hör-Stille, um zu einer klar formulierten Frage von Gott Antwort oder Rat zu erbitten. Möglichst zu zweit (Bestätigung, zweiter Zeuge).

Gemeinsam danken (1. Thessalonicher 5,18)

Danken ist unsere Antwort auf Gottes Wirken. Damit „begießen" wir, was Gott Neues gepflanzt hat.

Seelsorgerliches Dank- und Fürbitte-Gebet (Kolosser 1,3.9)

Dankend und fürbittend vor Gott für jemanden eintreten; der Heilige Geist ist unser Modell dafür (vgl. Röm 8,26–27). Ein Beispiel: Eph 3,14–19.

Verheißungsorientiertes Gebet (Jesaja 62,6–7)

Gebet, das auf einer göttlichen Verheißung aufbaut (z. B. Röm 8,28).

Gebietendes Gebet (Matthäus 18,18; Lk 10,19)

Wenn wir in Jesu Auftrag handeln, stattet er uns mit seiner Autorität aus. Wir können an seiner Stelle binden und lösen und Jesu Sieg den Mächten der Finsternis gegenüber durchsetzen.

6.6.4. Hörendes Gebet

Dem bereits mehrfach erwähnten hörenden Gebet, der Hör-Stille, kommt in der finalen Gesprächsführung große Bedeutung zu. Diese Form des Gebets ist die mächtigste Öffnung für Gottes Wirken in einem Gespräch; der Moment, wo Gott am direktesten sprechen und eingreifen kann. Es ist für mich immer wieder beeindruckend, wie klar und präzise Gott in den Hör-Stillen spricht, auch zu Klienten, die dies das erste Mal erleben. Der richtige Einsatz und Umgang mit der Hör-Stille bedarf aber einer biblischen Grundlegung und einiger praktischer Hinweise:

- *„Wenn aber jemand von euch Weisheit mangelt, so bitte er Gott, der allen willig gibt und keine Vorwürfe macht, und sie wird ihm gegeben werden.“*[71] Dieser Text enthält die klare Zusage, dass Gott uns Antwort geben wird. Er weist aber auch auf das Motiv hin, aus dem heraus wir ihn fragen sollen: Das Eingeständnis, dass es uns an Weisheit mangelt. Unsere Angst, er wolle uns seinen Rat nicht geben oder wir würden durch irgendeine andere Stimme getäuscht, ist völlig ungerechtfertigt.[72]
- Wenn wir Gottes Rat suchen, sollte damit auch die Bereitschaft verbunden sein, sich seiner Antwort zu unterstellen und seinen Rat zu befolgen.
- Wenn wir den Wunsch nach einer Hör-Stille haben, sei es, weil der Klient einen Rat braucht, wir nicht klar sehen, uns verfahren haben, nicht weiter wissen oder weil wir den Eindruck haben, Gott möchte eine Chance bekommen, direkt zum Herzen des Klienten zu reden, dann sollten wir diese vorschlagen und unsere Motive klar nennen.
- Beim ersten Mal braucht es eine kleine Einführung. Es muss erklärt werden, dass wir in der Stille nicht vor Gott nachdenken wollen, sondern innerlich horchen und warten, ob ein Wort, eine Bibelstelle, ein Lied, eine Erinnerung, ein Bild, ein Gefühl o. Ä. bei uns „landet“. Wenn ein Eindruck kommt, behalten wir ihn und warten, bis er sich klärt und schärft.

---

71 Jak 1,5. Vgl. dazu auch die mehrfache Aussage, dass Gott uns seinen Rat gerne schenkt und uns antworten wird, wenn wir seinen Willen suchen: Hi 12,12; Ps 16,7; 34,5; Spr 1,29–31.

72 Siehe Mt 7,7–10.

- Zuerst muss die Frage, die wir in die Stille mitnehmen wollen, klar herausgearbeitet werden. Wenn Klient und Helfer von unterschiedlichen Fragen ausgehen, können die Antworten nicht in Zusammenhang gebracht werden. Die Frage formulieren wir so, dass eine einfache Antwort möglich wird.
- In einem einleitenden Gebet stellen wir uns gemeinsam in Gottes liebevolle, schützende Gegenwart. Wir bitten um sein Reden und formulieren gegebenenfalls die Frage nochmals.
- Wie lange soll die Stille dauern? Ich bitte Gott jeweils, wenn ich selber so weit bin, er möge mir sagen, wann ich mit „Amen" abschließen kann.
- Für den anschließenden Austausch und den Umgang mit den empfangenen Eindrücken braucht es viel Sorgfalt und Weisheit. Hier die wichtigsten Punkte:
  - Für den Austausch gehen wir davon aus, dass sich auch im Klienten in dieser Zeit etwas abgespielt hat (evtl. entstand nur ein Gefühl ...). Falls er sagt, er habe nichts empfangen, ermutigen wir ihn, sein inneres Erleben doch auszudrücken, oder wir fragen nach.
  - Wer soll im Austausch beginnen zu berichten? Meistens der Klient; aber auch hier sollten wir uns innerlich leiten lassen. Wir wollen die Eindrücke zuerst so stehen lassen, wie sie empfangen worden sind; wir verzichten auf eine Harmonisierung; die Spannung scheinbarer Widersprüchlichkeit wollen wir aushalten. Es ist eine große Hilfe für das Verstehen der Eindrücke, wenn wir sie grundsätzlich als göttliche *Angebote* verstehen.
  - Nun geht es um die Auswertung. Auch hier fragen wir zuerst den Klienten: Was hat Sie angesprochen, wo haben Sie beim Zuhören eine innere Bestätigung erlebt; welche Zusammenhänge und Übereinstimmungen sehen Sie? Dann kann auch der Seelsorger seine Zusammenschau ausdrücken.
  - Eindrücke, die wir nicht einordnen können, sollten im Gebet an Gott zurückgegeben und „entsorgt" werden, damit der Klient ihnen nicht mehr weiter nachhängt.

- Wenn Gott uns einen Rat gibt oder ein Angebot macht, verlangt dies unsererseits einen Schritt oder eine Handlung. Damit das Empfangene in eine freiwillige Gebets-Entscheidung auf der Gesinnungsebene münden kann, müssen wir manchmal die Seele des Klienten einen Weg führen.
- Zuletzt gilt es dann, die Umsetzung auf der Verhaltensebene mit der Kunst der kleinen Schritte zu planen.

Wie mehrere meiner Beispiele gezeigt haben, habe ich mit der Hör-Stille immer wieder ermutigende Erfahrungen gemacht. Gilt das auch für Gespräche mit Menschen, die keine persönliche Gottesbeziehung haben? Redet Gott auch zu ihnen? Hierzu ein Beispiel (Beispiel 47):

> *Es handelte sich um ein einmaliges Paargespräch. Ich war gespannt, ob der Mann, ein Naturwissenschaftler, sich auf meine Arbeitsweise einlassen konnte. Ich wusste, dass er nicht gläubig war. Als das Beziehungsproblem anhand eines konkreten Beispiels offengelegt war, vertiefte ich mit jedem Partner seinen Teil und sagte dann: „Gegenseitig können Sie sich nicht zu Hilfe kommen; Sie brauchen Hilfe von Gott her. Könnten Sie sich vorstellen, dass wir ihn fragen, welches Angebot er Ihnen machen möchte?" Auch der Mann war mit einer Hör-Stille einverstanden. Als wir austauschten, berichtete er einen bildhaften Eindruck; zudem fand er in dem, was Gott seiner Frau und mir geschenkt hatte, Bestätigendes. Als es dann um die im Gebet zu vollziehenden Schritte ging, begann ich wieder mit seiner Frau. Dann fragte ich ihn, ob er ebenfalls etwas umsetzen wolle. Ich war überrascht, wie klar er seinen Entschluss formulierte: „Ja, ich möchte die Sorge um meine Frau abgeben." „Zu Gott hin?" „Selbstverständlich! Wohin denn sonst?" „Und wie möchten Sie das tun?" „Im Gebet!" Ich staunte über die Art, wie persönlich er Gott als Vater ansprach.*
>
> *Später vernahm ich, dass dieses Gespräch im Glauben des Mannes etwas grundsätzlich verändert hatte.*

Vieles, was bisher über den Einbezug des lauten Gebets in der Finalen Seelsorge gesagt oder angedeutet worden ist, soll nun in Übersicht 24 noch in Form einfacher „Richtlinien" zusammengestellt werden. Sie zeigen auf, dass beim Beten die gleiche Grundhaltung zum Tragen kommen sollte wie im Zuhören und Reden: Unser lautes Beten muss Ausdruck der Agape-Liebe zum Klienten sein.

ÜBERSICHT 24
Richtlinien für das Gebet in der Finalen Seelsorge
Verzicht auf Gewohnheiten und Rituale:
Das Gebet soll nicht zu einem Programmpunkt des Gesprächsverlaufs werden. Wir beten nur dann, wenn wir oder der Klient den Wunsch dafür ausdrücken. Der Vorschlag des einen verpflichtet den anderen nicht zum Beten.
Die Grundregel:
Wir wollen auch hier nicht mehr Verantwortung übernehmen, als unbedingt nötig ist. Alles, was der Klient im Gebet selber tun kann, sollten wir nicht übernehmen.
Die Stunde der Wahrheit:
In unserem Gebet wird der Klient erkennen, welches unser Gottesbild ist und was von unserem Glauben in unserem Leben Golddeckung hat. Wir haben Modellcharakter für ihn. Im Gebet des Klienten wird klar, wo er innerlich steht, was er verstanden hat und wozu er wirklich bereit ist.
Förderung des Glaubens und der Eigenverantwortlichkeit:
Wir wollen den Klienten aktivieren, statt ihn zu „bebeten". Schritte im Gebet und andere Gebetszeiten führen wir ein und besprechen sie vorher. Wir können den Klienten auch ermutigen, die Art, wie wir das Gebet in unsere Gespräche einbeziehen, auf seinen Alltag zu übertragen. So kann er lernen, auch im täglichen Leben aus Gottes Angeboten zu leben.
Respekt:
Wir wollen die Ausdrucksform des Glaubens des Klienten respektieren. Wir wollen das aktuelle Maß seines Glaubens annehmen, versuchen aber auch, es auszuweiten. Wir brauchen Geistleitung, um ihn nicht über seine Grenzen hinaus herauszufordern. Wir erwarten von ihm, dass er auch unseren Glauben annehmen und respektieren kann.

Impulse zur Vertiefung:

Das Gebet ist die Grundkompetenz des Seelsorgers.
Was löst dieser Gedanke bei mir aus?

„Herr, lehre mich beten!" – Wo möchte Gott hier bei mir anfangen?

7. Der Seelsorger

Nachdem Sie nun Einblick in die Finale Seelsorge bekommen haben und durch die Beispiele auch etwas davon ahnen, wie packend und bereichernd die Praxis dieses Ansatzes sein kann, schließt sich der Kreis.

Wir kommen noch einmal zurück zum ersten Teil: „Grundentscheidungen“. Dort haben wir davon gesprochen, dass die Antworten auf die Grundfragen, die jede helfende Tätigkeit letztlich bestimmen, von einer doppelten Basis-Entscheidung abhängen[1]: Welchen Platz wollen wir Gott in unserer seelsorgerlichen Arbeit geben und welches soll unsere Stellung darin sein? Ich habe dort auch auf die drei Möglichkeiten für diese unumgängliche Entscheidung hingewiesen:

- Gott soll in der Seelsorge der eigentlich Handelnde sein; uns kommt der Platz des Mitarbeiters zu.
- Wir tragen die Verantwortung für die Seelsorge selbst, erwarten aber Gottes Hilfe und seinen Segen. Dann sind wir bestenfalls Für-Arbeiter Gottes.
- Wir sind Helfer in eigener Regie und rechnen nicht mit Gott.

Falls wir Gott in unsere seelsorgerliche Tätigkeit einbeziehen wollen, geht er mit jedem einen eigenen Weg, um diese Zusammenarbeit zu entwickeln. Eines steht aber fest: Zu irgendeinem Zeitpunkt werden wir vor die Wahl gestellt, welchen Platz wir ihm geben wollen. Dies zeigt sich auch in Gottes Weg mit mir, auf den ich hier nochmals zeugnishaft eingehen möchte. Anschließend werde ich den Unterschied zwischen Mit- und Für-Arbeitern Gottes noch etwas klarer herausarbeiten, damit sich jeder der Grundentscheidung selbst auch stellen kann. Auf das, worauf Mitarbeiter Gottes in ihrem persönlichen Leben dann zu achten haben, gehe ich in den Kapiteln zum Lebensstil, zu Eigenerfahrung und Golddeckung, zum Erlernen der Mitarbeiterkompetenzen und zur Psychohygiene ausführlich ein.

1 Vgl. dazu den Abschnitt 1.2.1., „Gott beruft Menschen“.

7.1. Mein Weg

Bereits im Vorwort habe ich meinen persönlichen Weg in groben Zügen offengelegt[2] und in gewissen Beispielen und Fußnoten ist auch etwas davon zum Ausdruck gekommen. Im Zusammenhang mit dem Thema „Mitarbeiterschaft" möchte ich vertiefter darauf eingehen und bereits erwähnte Details nochmals in die große Linie von Gottes Weg mit mir einordnen. Einerseits mag meine persönliche Geschichte etwas zum Verständnis der Mitarbeiterschaft beitragen; andererseits kann sie im Hinblick auf Ihre persönlichen Entscheidungen Mut machen.

Als ich mit 38 Jahren das Psychologiestudium aufnahm, war mir bewusst, dass gewisse psychologische Theorien im Widerspruch stehen konnten zu den Aussagen der Bibel. So fällte ich gleich zu Beginn eine wichtige Vorentscheidung: Ich würde mich dem Auftrag, *„Prüft aber alles, das Gute haltet fest!"*[3] stellen und das im Studium Vermittelte mit der Bibel als dem *„Wort der Wahrheit"*[4] vergleichen. Wo es zu Widersprüchen käme, würde ich der Bibel und dem, was ich im inneren Zwiegespräch mit meinem Herrn von der Wahrheit Gottes erkennen konnte, mehr Vertrauen schenken als menschlichen Theorien. So sind denn meine Studiennotizen und meine Bücher voll von Randbemerkungen, dem Ergebnis des Prüfens. Dieses hatte – auch dessen wurde ich mir bewusst – sogleich zu geschehen, bevor sich mir diese Theorien einprägten.

Ein nächster Meilenstein meines Weges war die Erfahrung meiner ersten Woche für Gebetsseelsorge. Gegen Ende meiner persönlichen Seelsorgezeit hatte die eine Person des englischen Seelsorgeteams im Gebet einen bildhaften Eindruck, den sie mir mitteilte: Sie sah mich in meinem Büro; zwischen mir und der Hilfe suchenden Person stand ein Tisch; auf diesem stand ein Kästchen mit vielen Schubladen. Sie hatte den Eindruck, das Kästchen müsse weg. Wir verstanden, dass es sich dabei um mein Wissen und meine Erfahrung handelte. So traf ich denn in aller Freiheit eine einschneidende Entscheidung: Ich gab all mein Wissen

2 Um einen Überblick zu gewinnen, ist es sinnvoll, die große Linie nochmals nachzulesen.

3 Paulus in 1Thess 5,21.

4 2Tim 2,15.

und alle bereits gesammelten Erfahrungen an Gott ab, damit er darüber verfügen könne. Ich wollte ganz und allein durch seinen Geist und nicht durch mein psychologisches Wissen, durch therapeutische Regeln und Vorgehensweisen oder durch die bisherigen Erfahrungen geleitet werden. Wenn Gott über all dies verfügte, konnte er es mir zu gegebener Zeit auch wieder in Erinnerung rufen. Wie setzt man eine solch grundsätzliche Entscheidung aber dann um? Die Seelsorger rieten mir zur „geistlichen Medizin“: Ich formulierte meinen Entschluss in drei Sätzen:

- Was du mir nicht sagst, das tue ich nicht.
- Was du mir nicht gibst, das habe ich nicht.
- Was du mir nicht erklärst, das verstehe ich nicht.

Diese Sätze nahm ich wie eine Medizin dreimal täglich ein, und dies während drei Wochen. Dieses tiefe Einprägen führte zu wirklicher Veränderung in der Tiefe.[5]

Mit dieser grundsätzlichen Entscheidung begann dann ein langer Lernweg zur Umsetzung meines Entschlusses, auf dem Gott mich durch seinen Geist als Erinnerer tatkräftig unterstützte. Da ich mich entschlossen hatte, Gott in den Gesprächen die Regie zu überlassen, hörte ich in den Momenten, wo ich begann, die Situation selber an die Hand zu nehmen, in mir eine feine Stimme: „Hindere lige, Manfred!“[6] Wenn ich dies dann tat, konnte ich Gott wieder entspannt als Handlanger zur Verfügung stehen. Es gab vieles zu lernen: Gott mehr zu gehorchen als dem therapeutischen Gewissen, das sich in meiner Ausbildung entwickelt hatte. In dieser dienenden Grundhaltung der Mitarbeiterschaft Gottes zu bleiben. Zu erkennen, wo er im Gegenüber bereits dran war. Das gleichzeitige Zuhören in drei Dimensionen einzuüben.[7] Das innere Zwiegespräch mit Gott durch alles hindurch fortzuführen. Die leeren Hände auszuhalten und immer mehr darauf zu vertrauen, dass Gott die Verantwortung trug und einmalige, kreative Lösungen hatte. Mich im Reden

5 Diese Erfahrung habe ich später auch mit Klienten gemacht: Ein als „geistliche Medizin“ in der gleichen Art eingenommenes Bibelwort bewirkte jeweils eine tiefe Veränderung der Gesinnung.

6 „Lehne dich zurück, Manfred!“ (Wenn ich selber zupackte, saß ich jeweils, zu meinem Gegenüber hin vorgebeugt, vorn auf der Stuhlkante.)

7 Vgl. Abb. 2 in Abschnitt 2.1.4.

und Beten von seinem Geist leiten zu lassen. Menschen und Situationen aus seiner finalen Sicht- und Denkweise zu sehen. Dieser Lernweg ist auch nach 25 Jahren noch nicht abgeschlossen – die Eigenwillig- und Eigenmächtigkeit holt mich immer wieder einmal ein.

Je mehr ich entdeckte, wie der Meister die Dinge sah und anpackte, wie er handelte und was er nie tat, desto größer wurde mein Interesse an Gottes Wort: Ließen sich dort die gleichen göttlichen Wege und Handlungsweisen finden? So wurde mir die tägliche Bibellektüre zur Freude und ich begann, die Texte mit den interessierten Augen des Seelsorgers zu lesen. Dabei machte ich eine meine Erfahrungen in der Finalen Seelsorge bestätigende Entdeckung um die andere; gewisse Schlüsselaussagen begann ich mir zu notieren und häufte so einen reichen Schatz biblischer Erkenntnis an. Zentralen Fragen ging ich mit Hilfe einer Konkordanz quer durch die ganze Bibel nach, so etwa der Frage der finalen Sicht- und Denkweise Gottes oder der Bedeutung des Heiligen Geistes und seiner Gaben; an beiden Themen arbeitete ich je während ca. zwei Jahren. So wurde Gottes Wort für mich zur unerschöpflichen Quelle, in der seine „*Schätze der Weisheit und der Erkenntnis verborgen sind*"[8]; sein Geist hilft uns, sie ans Licht zu fördern und zu verstehen. Auf diese Weise kam es zwischen der Gottes-Erfahrung in der Seelsorge und der Gottes-Erkenntnis durch sein Wort zu einer gegenseitigen Vertiefung und Befruchtung.

Die Erfahrung, dass unser Meister auf unsere Fragen eingehen will, hat mich dazu ermutigt, etwa alle zwei Jahre eine zwei- bis dreitägige Retraite für mich einzuplanen. In dieser Zeit suchte ich Antwort auf Fragen, die sich in meiner seelsorgerlichen Arbeit stellten, und zwar ganz von der Bibel her und aus dem Hören auf Gott heraus. Einmal ging ich aufgrund meiner Misserfolge in der Ehetherapie der Frage nach, wie man denn mit Paaren überhaupt vom Glauben her arbeiten könne. In dieser Klausur schenkte Gott mir einen völlig anderen, neuen Ansatz, in dem Veränderung nicht durch das Bearbeiten der Vergangenheit oder beziehungsmäßiger Probleme, sondern durch sein Wort bewirkt wird.

---

8 Kol 2,3, wo diese Aussage auf Christus, das lebendige Wort, bezogen wird.

Die Erkenntnisse aus der Bibel, das Entdecken immer neuer göttlicher Angebote, das Erleben, wie liebevoll und doch klar Jesus mit mir selber umging, hat bei mir den Wunsch ausgelöst, reich zu werden an eigener Erfahrung mit Gottes Angeboten und Wegen. So machte ich es mir zur Regel, nichts an Klienten weiterzugeben, das ich nicht selber „mit Erfolg" im eigenen Leben ausprobiert hatte. Auf diese Weise entwickelte sich eine Übereinstimmung und Einheit zwischen meinem durch Gott aussortierten psychologischen Wissen, meiner geistlichen Erkenntnis, meinen durch die Erfahrung bestätigten Überzeugungen, meiner seelsorgerlichen Erfahrung und meiner Selbsterfahrung. So gewann ich auch immer mehr Golddeckung im eigenen Leben und Glaubwürdigkeit und Autorität in meiner therapeutischen Arbeit und in meiner Lehrtätigkeit. Wer ich heute bin, wie ich lebe, wovon ich zutiefst überzeugt bin und wie ich seelsorgerlich arbeite, bildet ein für mich nicht mehr auflösbares Ganzes.[9]

Impulse zur Vertiefung:

Wie sieht Gottes Weg mit mir aus? Wofür bin ich besonders dankbar? Wo erkenne ich Gottes Führung?

An welchen Stellen meines Lebens sind eine Bereinigung oder eine Richtungskorrektur nötig?

7.2. Mit- oder Für-Arbeiter Gottes?

Durch die Lektüre der Kapitel 1. bis 6. mit ihren Beispielen und durch die Schilderung meines persönlichen Weges haben Sie intuitiv viel davon erkannt, was es bedeutet, Gottes Mitarbeiter zu sein. Damit Sie aber klar verstehen können, welches die Bedingungen und die Folgen der zu fällenden Grundsatzentscheidung sind, sollen die *Mit*arbeiterschaft und die *Für*arbeiterschaft nochmals miteinander verglichen werden:

---

9 Das Buch *Makarios* ist wohl der klarste Ausdruck dieser Einheit.

- Um *Mit*arbeiter Gottes zu werden, braucht es eine persönliche Berufung in seinen Dienst. Viele Menschen sind kürzere oder längere Zeit mit Jesus umhergezogen, aber einige hat er klar berufen: *„Komm, folge mir nach!“*[10] Was heißt *nachfolgen*? Es bedeutet, auf seinen Ruf antworten; Jesus voraus gehen und den Weg bestimmen lassen; ihn als Lehrer und Modell wählen; in seine Sicht- und Denkweise eintreten; seinen Lebensstil übernehmen; sich nicht mehr auf die eigenen materiellen oder wissensmäßigen Reichtümer verlassen; in Jesu Grundhaltung der Abhängigkeit vom Vater eintreten; ihm freiwillig und aus Liebe dienen, indem man ihm als ganzer Mensch zur Verfügung steht. Um *für* Gott zu arbeiten, bedarf es keiner spezifischen Berufung. Aus unserem Wissen, unseren Gaben und unseren Kräften heraus können wir uns bemühen, etwas in unseren Augen Sinnvolles für Gott zu tun. Wenn wir Gottes Segen über unseren selbst gewählten Werken erbitten, kehren wir allerdings den obigen Satz um und bitten ihn, *uns* nachzufolgen. Dass Gott auch dazu immer wieder bereit ist und unsere Werke in seine Pläne hineinrettet, ist Ausdruck seiner Barmherzigkeit und seiner Gnade.
- *Mit*arbeiter Gottes haben sich entschieden, nur dort Hand anzulegen, wo Gott bereits am Werk ist; sie versuchen, die für sie vorbereiteten Werke zu erkennen und zu tun; sie wollen sie unter der Leitung und in der Begabung durch den Heiligen Geist, in Jesu Autorität und aus Gottes Kraft tun. Entscheidend ist dabei nicht der Erfolg, sondern die Treue im Erfüllen ihres Auftrages. Gottes Urteil *„Recht so, du guter und treuer Knecht!“*[11] genügt ihnen und bedeutet für sie die größte Ermutigung. *Für*arbeiter lassen sich durch eigene Ziele, die Not, andere Menschen oder äußere Umstände bestimmen. Es ist für sie sehr entmutigend, wenn ihre Anstrengungen nicht von Erfolg gekrönt sind. Sie sind auf Lob und Anerkennung von Menschen angewiesen.
- Gottes *Mit*arbeiter vertrauen ihm, überlassen ihm die Hauptverantwortung und lassen ihn über dem ganzen Geschehen Regie führen. So kann er sein direktes Wirken in der betroffenen Person, unseren

10 Mt 19,21 (die Begegnung mit dem reichen Jüngling).

11 Mt 25,21.

Teil als Helfer, den Beitrag anderer Menschen und die Umstände koordinieren; so werden sich viele Dinge zu unserem Erstaunen immer wieder ganz einfach „begeben". Die Last der Mitarbeiter Gottes ist leicht.[12] *Für*arbeiter Gottes müssen alles sorgfältig planen, strategisch vorgehen und versuchen, möglichst viel Kontrolle über das Geschehen zu gewinnen. Sie tragen eine große, oftmals gar die Hauptverantwortung für den Erfolg ihres Handelns und damit eine schwere Last.

Als Nächstes wollen wir versuchen zu verstehen, wie sich das Zusammenspiel zwischen dem Meister und seinen *Mit*arbeitern gestalten kann. Dafür dient uns der biblische Bericht in Apostelgeschichte 10 über die Sendung von Petrus nach Cäsarea zum heidnischen Hauptmann Kornelius als Grundlage. Bitte lesen Sie den Text, damit Sie meine Schlussfolgerungen verstehen und auf das Zusammenwirken mit Gott in der Finalen Seelsorge übertragen können.

- Gott führt im ganzen Geschehen die Regie; er koordiniert alle Ereignisse, auch zeitlich.
- Gott bereitet den Mitarbeiter und den Empfänger auf das Geschehen vor: Petrus durch die Vision des Tuches mit den Tieren, Kornelius durch den Besuch des Engels und dessen Auftrag.
- Gott will durch einen menschlichen Zeugen zu Kornelius reden, nicht durch den Engel, den er zu ihm schickt; dieser gibt Kornelius nur einen Auftrag.
- Gott lässt den Beteiligten die Freiheit. Er geht das Risiko ein, nur zum Ziel zu kommen, wenn beide, der Mitarbeiter und der Angesprochene, Gottes Anstöße aufnehmen. Petrus hätte gute Gründe gehabt, Gottes Auftrag zurückzuweisen, und Kornelius hätte sein Herz gegen Gottes Botschaft durch Petrus verschließen können.
- Gott fordert Petrus heraus, die Grenzen seines Glaubensverständnisses zu überschreiten. Dieser muss sich entscheiden, ob er Gott mehr

12 Vgl. Jesu Aussage in Mt 11,28–30: *„Mein Joch ist sanft, und meine Last ist leicht."*

gehorchen will als den menschlichen Regeln und Gesetzen. Um dies zu wagen, braucht er Mut und Demut.[13]

- Gott behält immer und in allem die Initiative; sie geht nie an den Helfer über. (So fällt etwa der Heilige Geist auf die Zuhörer, bevor Petrus mit seiner Botschaft fertig ist.)
- Gott löst durch den Heiligen Geist in seinem Mitarbeiter aber auch Impulse aus, die das Geschehen dann entscheidend mitbestimmen (vgl. die Erklärung von Petrus in Kapitel 11,16, wie er zum Entschluss gekommen sei, die neuen Gläubigen gleich taufen zu lassen). Es kann Mut brauchen, die göttlichen Impulse umzusetzen (Petrus ahnte wohl, welche Vorwürfe ihn in Jerusalem erwarten würden).
- Die langfristige Bedeutung eines Gehorsamsschrittes oder eines Geschehnisses kann der Mitarbeiter meist nicht abschätzen; Gott offenbart sie ihm auch nicht.[14] Ohne viele Erklärungen abzugeben erwartet Gott von Petrus, dass er einfach tut, was er ihm sagt: *„Zieh mit ihnen, ohne irgend zu zweifeln, weil ich sie gesandt habe!"* (V. 20). Er verzichtet auf Überzeugungsarbeit oder Druck, um den Mitarbeiter zum Gehorsam zu bewegen.
- Von Gott an seinem Werk beteiligt zu werden, hat segensvolle Rückwirkungen auf den Mitarbeiter: Er erstarkt im Glauben, wächst als Person und gewinnt neue, befreiende Erkenntnisse (vgl. die Aussagen von Petrus in Apg 10,15.28.34.45 und 11,17–18).

Die Schlussfolgerungen aus diesem biblischen Bericht lassen sich Punkt für Punkt auf die Finale Seelsorge übertragen. Übersicht 25 fasst das Wichtigste zusammen:

---

13 Eine Definition: Demut ist Gottesfurcht ohne Menschenfurcht.

14 Das in Apg 10 berichtete Ereignis ist heils- und kirchengeschichtlich von zentraler Bedeutung: Die Heiden werden Teil von Gottes Familie; hier verwirklicht sich die Verheißung von Joh 10,16 (vgl. auch Eph 2,13f.).

ÜBERSICHT 25
Wie Gott seine Mitarbeiter in sein Wirken einbezieht:
• Gott behält sich die langfristige Planung, Vorbereitung und Durchführung des Geschehens vor. In allem behält er die Regie.
• Er löst das Geschehen zum richtigen Zeitpunkt aus, setzt seinen Mitarbeiter für konkrete Aufträge ein, leitet ihn bei der Ausführung, gibt ihm die richtigen Worte und schickt ihm die weiterführenden Impulse.
• Gottes Mitarbeiter muss „allzeit bereit" sein, sich aus dem Gewohnten und Aktuellen herausrufen zu lassen, um sich auf ein neues Abenteuer mit Gott einzulassen.
• Gott erwartet von seinem Mitarbeiter, dass er ihm und seinem Reden vertraut und gehorcht, ohne die langfristige Bedeutung des Geschehens zu verstehen.
• Gottes Mitarbeiter braucht Mut und Demut, um sich immer wieder auf Neues und Ungewohntes einzulassen. Gottes Wege sind für ihn oft überraschend.
• Gott führt seine Mitarbeiter nicht in die Überforderung: Er rüstet sie zu, bereitet sie vor, stattet sie durch den Heiligen Geist mit allem aus und mutet ihnen einzelne, konkrete und überschaubare Aufträge zu. Er leitet sie gemäß der *Kunst der kleinen Schritte*.
• Von Gott in sein Wirken einbezogen zu werden, bringt starke Herausforderungen mit sich, aber auch Segen, neue Erkenntnisse und persönliches Wachstum.

Aus dem Bericht in Apostelgeschichte 10 und Übersicht 25 ergibt sich aber auch, dass wir bestimmte Mitarbeiter-Fähigkeiten entwickeln müssen, um für Gott brauchbar zu werden. Mehr dazu unten im Kapitel „Kompetenzen von Gottes Mitarbeitern".

Impulse zur Vertiefung:

Was bin ich: Mitarbeiter oder Fürarbeiter? In welchen Situationen stehe ich in der Gefahr, Gottes Fürarbeiter zu sein?

Was spricht mich an an der Möglichkeit, Gottes Mitarbeiter zu sein?

7.3. Die Entscheidung fällen

Zu Beginn des Buches habe ich darauf hingewiesen, dass es Gott immer wieder an Mitarbeitern fehlt. Dies hat mit seinem Entschluss zu tun, durch Menschen an Menschen zu handeln.[15] Deshalb sucht und beruft er Menschen in seinen Mitarbeiter-Dienst. Und dies könnte nun auch Sie betreffen! Vielleicht haben Sie diesen Ruf durch die Lektüre dieses Buches auch schon vernommen? Jetzt ist der Zeitpunkt gekommen, diese persönliche Grundentscheidung zu fällen.

Zuerst möchte ich aber etwas klarstellen: Wenn Gott uns in seine Mitarbeit beruft, geht es ihm nicht vorrangig um unser Tun; er schickt uns zuerst als seine Gesandten[16], durch die er in der Welt gegenwärtig und erlebbar sein will. Gott beruft uns, „*damit wir etwas* seien *zum Lob seiner Herrlichkeit.*“[17] Es geht ihm zuerst um unser Sein; aus dem rechten Sein entspringt dann das rechte Tun.[18] Deshalb kommen unserem Person-Sein, unseren Grundhaltungen und Wertmaßstäben, unserem geistlichen Wachstum und unserer ganzen Art zu leben große Bedeutung zu für unseren Auftrag. Was wir in der Seelsorge tun, hängt letztlich von dem ab, wer wir sind; deshalb muss unsere Mitarbeiterschaft mit Gott auch unseren Alltag bestimmen. Gottes Wirken durch uns und der Segen, der durch uns zu anderen fließt, sind von unserem Sein abhängig, wie es sich im gewöhnlichen Leben ausdrückt. Andererseits fließt durch unser seelsorgerliches Engagement viel Segen in unser Privatleben zurück; beide Bereiche befruchten sich wechselseitig.

Deshalb wählt Gott, wenn er jemanden in seine Mitarbeit beruft, Menschen aus mit einem Herzen nach seinem Sinn; er geht nicht von äußeren Kriterien oder vorhandenen Gaben aus[19], denn für die Ausführung seiner Aufträge genügen menschliche Begabungen sowieso nicht und er kann begaben, wen er will. Wen Gott beruft, den rüstet er auch zu, und so „*wird er ein Gefäß zur Ehre sein, geheiligt, nützlich dem Haus-*

---

15 Vgl. nochmals Apg 10.

16 Vgl. 2Kor 5,20: „*So sind wir nun Gesandte an Christi Statt.*“

17 Eph 1,12 (LU).

18 Vgl. etwa das Gleichnis vom Baum und den Früchten in Lk 6,43–45.

19 Gott sieht aufs Herz. Vgl. die Berufung des kleinen David zum König in 1Sam 16,1–13.

herrn, zu jedem guten Werk bereitet.“[20] Zudem bereitet er seinen Mitarbeitern die auszuführenden Werke sorgfältig vor und rüstet sie mit dem Heiligen Geist aus, der die Frucht der Liebe in ihnen wirkt, sie leitet und sie mit seinen Gaben beschenkt[21]. Die größten Herausforderungen für Mitarbeiter Gottes bestehen im Verzicht auf das eigenmächtige Wollen, Wissen und Tun und in der Bereitschaft, sich ganz auf die „Torheit“[22] der Wege und Lösungen Gottes einzulassen.

Die klarste Art, wie die Grundentscheidung, sich Gott als Mitarbeiter zur Verfügung zu stellen, in Freiheit vollzogen werden kann, findet sich im Römerbrief. Dort fordert Paulus seine Leser auf, sich Gott mit ihrem ganzen Leben und Sein bedingungslos hinzugeben. Auf den bereits in Abschnitt 1.2.2. zitierten Text wollen wir hier nochmals zurückkommen:

Weil Gott so viel Erbarmen mit uns hatte, rufe ich euch zu:

Stellt euer ganzes Leben Gott zur Verfügung! Bringt ihm euch selbst als lebendiges Opfer dar, an dem er Freude hat. So vollzieht ihr den Gottesdienst, der Gott wirklich gemäß ist.

Passt euch nicht den Maßstäben dieser Welt an. Lasst euch vielmehr im Innersten von Gott umwandeln. Lasst euch eine neue Gesinnung schenken. Dann könnt ihr erkennen, was Gott von euch will. Ihr wisst dann, was gut und vollkommen ist und was Gott gefällt.[23]

In meiner Arbeit bin ich immer wieder zum Punkt gekommen, wo Klienten diesen Schritt tun wollten. Aus dieser Erfahrung heraus möchte ich ein paar Hinweise geben. Es ist ein großer, mutiger Schritt, den Menschen oft erst Jahre nach ihrer Bekehrung tun können, denn sie müssen zuerst Gottes Barmherzigkeit erlebt haben, bevor sie sich so bedingungslos in seine Hände fallen lassen können. Hier die Erfahrung, in der mir dies zum ersten Mal klar bewusst geworden ist (Beispiel 48):

---

20 2Tim 2,21.

21 Vgl. Übersicht 6 in Kapitel 1.6.

22 Siehe Kapitel 1.6., „Lob der Torheit“.

23 Röm 12,1–2 (GN).

Die junge, gläubige Frau stand in einer helfenden Tätigkeit. Sie hatte in ihrer Kindheit mit den Eltern und anderen Bezugspersonen enttäuschende Erfahrungen gemacht, die sie tief verletzt hatten. Nun wollte sie den Schritt von Römer 12,1–2 tun. Als wir das Hingabegebet vorbereiteten, sagte sie unvermittelt: „Ich schaffe es nicht, mich ganz in Gottes Hände fallen zu lassen. Es geht nicht!" Wir gingen ihrer Angst nach: „Ich kenne ihn ja gar nicht." Da wurde mir klar: Bevor man Gottes Erbarmen nicht erfahren hat, kann man sich ihm nicht so bedingungslos hingeben: „Haben Sie Gottes Liebe und Barmherzigkeit in Ihrem Leben denn schon erlebt?" „Nein!" „Möchten Sie diese Erfahrung machen?" Als sie bejahte, schlug ich vor, wir könnten Gott darum bitten. Als sie ihre Bitte ausgedrückt hatte, bat ich noch um das Öffnen ihrer inneren Augen, damit sie Gottes Barmherzigkeit sehen könne. Unsere Abmachung war, dass sie jede Erfahrung mit Gottes Güte und Liebe kurz notieren würde.

Ich war gespannt, als wir nach etwa drei Wochen unser nächstes Gespräch hatten: Sie brachte eine Liste von 42 Erfahrungen mit! „Hat sich Gott in seiner Beziehung zu Ihnen so verändert?" fragte ich. Sie lächelte: „Nein, er ist derselbe geblieben. Aber er hat mir die Augen geöffnet, dass ich seine Barmherzigkeit wahrnehmen konnte." Nun waren die inneren Bedingungen erfüllt, den Hingabeschritt zu vollziehen.

Ihren Entschluss haben meine Klienten im Gebet jeweils etwa so ausgedrückt: „Ich gebe mich dir, Vater, mit allem, was ich bin und habe, hin; ich stehe dir ganz zur Verfügung; du darfst mit mir tun, was dir gefällt." Für einige war es wichtig, gewisse Dinge ausdrücklich in ihre Hingabe einzuschließen und damit auch zu Gott hin loszulassen: ihren Besitz, gewisse Schwächen, Hobbys, ihre Zeit, Begabungen, auf die sie stolz waren, ihr Wissen und Können, gewisse Anrechte usw. Bei Menschen, für die dieser Schritt ein großes Opfer bedeutete, schloss ich in mein Zeugengebet[24] manchmal die Bitte ein, Gott möge sie seine Freude über das große Geschenk, das sie ihm gemacht hatten, spüren lassen.

In Vers 2 von Römer 12 wird angedeutet, welch tiefen Veränderungsprozess die Menschen erleben werden, welche diesen Hingabeschritt

24 Vgl. die Begriffserklärung im Anhang.

tun: Die Umgestaltung ihrer Gesinnung hin zur Christusähnlichkeit, die Veränderung ihres Wertesystems, das Erkennen der Wahrheit, mehr Verständnis für Gottes Willen und Übereinstimmung mit ihm, geöffnete geistliche Augen und Ohren usw. Welche wunderbare Zurüstung für Gottes Mitarbeiter uns in diesem Vers verheißen wird!

Und wenn Sie diesen Schritt jetzt nicht tun wollen? Gott lässt uns immer die Wahl; er sagt uns in seinem Wort aber auch voraus, welches die Konsequenzen sein werden, wenn wir unsere eigenen Wege gehen: Wir bleiben unter dem Gesetz von Saat und Ernte; wir müssen mit Irreführung, Unheil und Verderben rechnen.[25] Aber auch dann ist Gottes „nachlaufende" Gnade so groß, dass er sich um der Menschen willen, die Sie als Für-Arbeiter Gottes in der Seelsorge begleiten werden, auch auf eine Beziehung mit Ihnen einlässt, in der Sie bestimmen und er der Dienende ist.

Impulse zur Vertiefung:

Verschieben Sie die Entscheidung nicht;
machen Sie in Freiheit einen klaren Schritt:
Wofür entscheide ich mich nun?

7.4. Eigenerfahrung und Golddeckung

Dass nach der Entscheidung, sich Gott als Mitarbeiter hinzugeben, ein wichtiger Lernprozess beginnt, das haben wir in Kapitel 1.2. bereits angedeutet; auch habe ich oben über meinen Lernweg berichtet. Durch ein paar Hinweise soll das weite Lernfeld der Professionalität von Gottes Mitarbeitern aber nochmals etwas abgesteckt werden. Am Anfang sind wir einem Lehrling zu vergleichen, der alles von seinem Meister lernen muss: Was er tut und wie, in welcher Abfolge, welche Ziele er verfolgt, wie er Situationen einschätzt, welches seine Lösungen sind, wie er denkt, welche Qualitätsansprüche er hat usw. Dazu kommen dann aber noch

25 Ein paar eindrückliche Bibelstellen: Spr 1,29–31; 3,5–8; Jes 47,10–11; Jer 17,5–8; 1Kor 1,18–21.25–29.

all die Fähigkeiten, die wir in unserem Leben vielleicht noch gar nie entwickelt haben: Gottes Stimme hören, ihn am Werk sehen, uns freiwillig in sein Handeln einordnen, uns ihm unterordnen, uns auf seine überraschenden, kreativen Wege und Lösungen, die unserer Erfahrung und Logik oft entgegengesetzt sind, mutig einlassen, zielorientiert denken, um Menschen ringen, ohne Druck zu machen, sie frei lassen und bedingungslos lieben.

Der auf die Entscheidung folgende Lernprozess hat zwei wichtige Ziele: das Erlernen und Einüben der Mitarbeiterkompetenzen, denen wir uns im folgenden Kapitel zuwenden werden, und den Gewinn von Eigenerfahrung, die zur Golddeckung in unserem eigenen Leben führt.

Auf die Bedeutung der Eigenerfahrung haben wir schon mehrfach hingewiesen. Durch diese gewinnen wir in dem, wo wir anderen helfen wollen, Golddeckung[26] im eigenen Leben. Es ist eigentlich selbstverständlich: Was ich nur weiß, selber aber nicht tue, kann ich niemanden lehren. Und was in meinem Leben keine Golddeckung hat, wird mein Gegenüber nicht überzeugen.

Was dies für uns als Seelsorger heißt, möchte ich an einem Bild von Paulus aufzeigen: Er vergleicht unser Leben mit einem Langstreckenlauf aufs Ziel hin, der Berufung zum ewigen Leben:

> *„Nicht dass ich es schon erlangt hätte oder schon vollkommen wäre! Ich jage ihm aber nach, und vielleicht ergreife ich es, da auch ich von Christus Jesus ergriffen worden bin.*
>
> *Liebe Brüder und Schwestern, ich bilde mir nicht ein, dass ich selbst es ergriffen hätte, eins aber tue ich: Was zurückliegt, vergesse ich und strecke mich aus nach dem, was vor mir liegt. Ich richte meinen Lauf auf das Ziel aus, um den Siegespreis zu erringen, der unserer himmlischen Berufung durch Gott in Christus Jesus verheißen ist.“*[27]

Als Helfer müssen wir selber auf der Rennbahn laufen, um andere in ihrem persönlichen Lauf hilfreich begleiten zu können. Je besser wir

---

26 Vgl. die Begriffserklärung im Anhang.

27 Phil 3,12-14 (NZH).

Gott, seine ewige Berufung und seine Angebote kennen, je stärker wir durch die Liebe zu ihm für unseren Lauf motiviert sind, je besser wir mit den zu überwindenden inneren Hindernissen umgehen gelernt haben, je mehr das Ziehen Jesu in unserem Leben zum Tragen kommt, je ermutigender unser Vorankommen ist, desto besser werden wir anderen Läufern zu Hilfe kommen können. Golddeckung haben bedeutet also nicht, dass ich das Ziel schon erreicht habe, sondern dass ich mit all meiner Kraft darauf zu laufe.

Um die seelsorgerliche Eigenerfahrung geht es auch Jesus, wenn er sagt:

> *„Wie wirst du zu deinem Bruder sagen: Erlaube, ich will den Splitter aus deinem Auge ziehen; und siehe, der Balken ist in deinem Auge? Heuchler, zieh zuerst den Balken aus deinem Auge! Und dann wirst du klar sehen, um den Splitter aus deines Bruders Auge zu ziehen.“*[28]

Wer keine Eigenerfahrung besitzt im Beseitigen seiner Balken, sich selber also nicht helfen kann, und anderen seine Hilfe anbietet, den bezeichnet Jesus als Heuchler. Der gibt in seinem Reden und Handeln vor, etwas zu sein, was er gar nicht ist. Wer sich um eigene Balken gekümmert und dabei Gottes Hilfe erlebt hat, weiß, dass es Geduld und Ausdauer braucht, um einen Balken zu entfernen; er hat an sich selber gelernt, was er an sein Gegenüber weitergibt. So wird er auch barmherziger. Zudem ist er durch die eigene Erfahrung motiviert: der Eingriff hat Entlastung bewirkt. Er sieht die Not des anderen klarer; er weiß, worum es geht und worauf zu achten ist, und so wird er seine Arbeit behutsam und mit Sorgfalt tun.

Was bedeutet Jesu Aufforderung, wenn wir sie auf uns als Seelsorger übertragen? Zuerst einmal, dass wir lernen müssen, final-seelsorgerlich mit uns selbst umzugehen.[29] Dann aber auch, dass wir die unseren Klienten oft als viel zu einfach erscheinenden Wege, die Gott uns anbietet[30], selbst auch beschritten haben. Aus meiner langjährigen Praxis weiß ich,

---

28 Mt 7,4–5.

29 Mehr dazu in Kapitel 6.6., „Auf sich selber achten und Psychohygiene“.

30 So etwa „ablegen - anziehen“. Siehe in Kapitel 1.4., „Gottes Wege“.

wie wichtig es ist, dass wir, wenn wir von Gottes Angeboten und Wegen reden und unser Gegenüber uns stirnrunzelnd und ungläubig ansieht, sagen können: „Ich habe es ausprobiert. Es funktioniert wirklich!" Ich habe es mir zur Regel gemacht, alles, was ich als göttliches Angebot oder als Weg des Glaubens erkannt habe, zuerst in meinem eigenen Leben umzusetzen, bevor ich es in der Finalen Seelsorge an andere weitergebe.

Welches sind nun die Aspekte des finalen Ansatzes, wo wir ermutigende Eigenerfahrungen gewinnen sollten? Hier einige Hinweise:

- Das biblische Menschenverständnis[31] auf uns selbst und auf die uns nahestehenden Menschen anwenden.
- Gottes finale Denk- und Sichtweise für die uns betreffenden Lebensereignisse, für unsere Person und unsere Entwicklung erkennen und annehmen. Auch unsere Nächsten mit Gottes Hoffnungsblick sehen lernen.
- Wege finden, um uns von Gottes Liebe stillen zu lassen und seinen Trost zu erfahren. Was wir selbst empfangen haben, wird dann wieder zu einer Quelle für andere werden.[32]
- Auch die anderen Angebote Gottes[33] ernstnehmen und für sich selber annehmen lernen; im Alltag daraus leben. Dabei können wichtige Erfahrungen gemacht und seelsorgerliche Kompetenzen entwickelt werden: Seine Seele bei der Hand nehmen und sie einen Weg führen lernen (z.B. für die Vergebung[34]); Entscheidungen als Gebetsschritte formulieren (z.B. Sorgen abwerfen); seinen Entschlüssen im Alltag treu sein lernen und Rückfälle sofort bearbeiten[35]; die ermutigende Erfahrung machen, dass ich in von Gott geschenkter *„Neuheit des Lebens wandeln"*[36] lernen kann; mit Dank „begießen", was Gott Neues gepflanzt hat.

---

31 Vgl. das Kapitel 2.1. mit Übersicht 7 und Abb. 2.

32 Siehe Röm 5,5 (randvoll ausgegossen); 2Kor 1,3–4; Joh 7,37–38.

33 Siehe Übersicht 3 in Abschnitt 1.3.1.

34 Siehe Übersicht 4 in Abschnitt 1.3.2.

35 Vgl. Abb. 5 in Kapitel 3.3.

36 Röm 6,4

- Auch die Wege[37], die Gott für uns bereitgestellt hat, ernst nehmen und beschreiten lernen. Wenn es um grundlegende Veränderungsschritte auf der Gesinnungsebene geht[38], machen wir andere wichtige Erfahrungen: Uns im Glauben und Vertrauen auf Gottes einfache, ganz final ausgerichteten Wege einlassen; klare Schritte auf der Gesinnungsebene tun; unsere Gebetsentscheidungen mit der *Kunst der kleinen Schritte* im Alltag umsetzen; das ermutigende Mitwirken des Heiligen Geistes erfahren; den Domino-Effekt erleben, dass die Umsetzung in ein bis zwei Bereichen genügt, um das ganze Verhalten zu verändern; die Freude erleben, in einem Bereich Gottes Geschenk der Neuschöpfung in Besitz genommen zu haben.
- Die Realitätsrelevanz der Erlösung und des göttlichen Angebotes der Neuschöpfung an sich selber erfahren. Die Möglichkeiten auskundschaften, wie wir portionenweise in sie eintreten können.
- Gottes Wirken an uns, sei es *unter dem Strich* oder *mit* unserem Beitrag, im eigenen Leben erfahren. Beim Veränderungsprozess der Heiligung[39] bewusst mitwirken.
- Den Prozess der Veränderung und seine Etappen selbst erleben; aus der eigenen Erfahrung die Grundregeln[40] ableiten können.

Impuls zur Vertiefung:

Eigenerfahrung: Womit beginne ich, um zunehmend Golddeckung zu gewinnen?

---

37 Siehe Übersicht 5 in Kapitel 1.4.

38 Als biblisches Beispiel: *„Jetzt aber legt auch ihr das alles ab: Zorn, Wut, Bosheit… Zieht nun an als Auserwählte Gottes, als Heilige und Geliebte: herzliches Erbarmen, Güte, Demut …“* (Kol 3,8.12).

39 Vgl. die Begriffserklärung im Anhang.

40 Vgl. Übersicht 11 in Kapitel 3.4.

7.5. Der Lebensstil der Sohn- oder Tochterschaft

Zu jeder Berufung gehört auch ein Lebensstil. Ohne im Alltag entsprechend zu leben, können wir das Ziel unserer Berufung nicht erreichen.[41] Dies gilt auch für in die Finale Seelsorge berufene Mitarbeiter Gottes. In den ganz alltäglichen Dingen müssen wir unserem Herrn zur Verfügung stehen, ihn kennen und immer mehr lieben lernen, die für die Zusammenarbeit mit ihm wichtigen Kompetenzen einüben, in den vorbereiteten Werken wandeln und im Kleinen treu sein lernen. Die Art und Weise, wie wir in unserem Alltag leben, das ist unser Lebensstil. Wie sieht unser Lebensstil jetzt aus? Wie sieht der Lebensstil der Mitarbeiter Gottes aus? Jesus bietet sich uns als Modell an; von ihm können wir den Lebensstil der Söhne und Töchter Gottes lernen; dies soll unser Lebensstil werden.

Wie hat Jesus, der Sohn des Vaters und vollkommene Mitarbeiter, sein alltägliches Leben gelebt? Die Evangelien vermitteln uns einige wichtige Hinweise:

- Er hat die beste Zeit des Tages mit dem Vater verbracht.[42] Vor einer wichtigen Entscheidung verbrachte er gar die ganze Nacht im Zwiegespräch mit ihm.[43]
- Er lebte in den vorbereiteten Werken und erkannte, wozu der Vater ihn an diesem Tag beauftragen wollte.[44] In seinen Gesprächen ließ er sich vom Heiligen Geist leiten und war auf dessen Gaben angewiesen.[45]

---

41 Um dies aufzuzeigen, weist Paulus in 1Kor 9,25 auf die Athleten hin: *„Jeder aber, der kämpft, ist enthaltsam in allem; jene freilich, damit sie einen vergänglichen Siegeskranz empfangen, wir aber einen unvergänglichen."*

42 *„Frühmorgens, als es noch sehr dunkel war, stand er auf und ging hinaus und ging fort an einen einsamen Ort und betete dort."* (Mk 1,35; die Verbform deutet eine wiederholte Handlung an.)

43 Siehe z. B. Lk 6,12-13.

44 Zu Zachäus sagte er: *„Zachäus, steig eilends herab! Denn heute muss ich in deinem Haus bleiben"* (Lk 19,5).

45 Vgl. das Gespräch mit der Samariterin am Brunnen in Joh 4,1–26. Dass die Frau bereits fünf Männer gehabt hatte, konnte ihm nur der Heilige Geist offenbaren.

- Er ließ den Vater Regie über sein Leben führen, tat, was er jetzt gerade als richtig erkannte, und so begaben sich wichtige Dinge auf einfache Weise.[46]
- Er lebte in der Freiheit: In seinen Entscheidungen und Handlungen ließ er sich nicht durch seine Gefühle bestimmen, auch nicht durch seine Jünger oder andere Menschen; nur vom Vater ließ er sich beauftragen und tat die Dinge zu seiner Zeit.[47]
- Nach Abschluss seines Tagwerkes verbrachte er wieder Zeit mit dem Vater.[48]

Was Jesus uns vorgelebt hat, wollen wir nun auf unser Leben übertragen. Wenn wir den Lebensstil eines Mitarbeiters Gottes zu umschreiben versuchen, formulieren wir ein Ziel, vom dem wir im gelebten Alltag wahrscheinlich noch weit entfernt sind, das wir aber anstreben wollen.

Aus der ganzen Freiheit der Sohn- oder Tochterschaft heraus so zu leben, gelingt nicht jeden Tag; aber nach dem Ziel, in diesem Lebensstil zu wachsen, können wir uns ausstrecken. Die Tage, in denen wir so leben können, sind durch ein Gefühl des Friedens, des Glücks und der Dankbarkeit geprägt, das in der Bibel durch das Wort „makarios“ umschrieben wird: „*Wer in das vollkommene Gesetz der Freiheit hineingeschaut hat und dabei geblieben ist, indem er nicht ein vergesslicher Hörer, sondern ein Täter des Werkes ist, der wird in seinem Tun glückselig (makarios) sein.*“[49] Gott will alles für seine Mitarbeiter tun, dass sie so leben und in ihrem Alltag *makarios* sein können.[50]

In Übersicht 26 stelle ich die Haupt-Merkmale des Lebensstils unserer Berufung nochmals zusammen und gebe auch Bibelstellen an:

---

46 So etwa bei der Berufung des Petrus in Lk 5,1–11.

47 Dies zeigt sich beispielsweise, als er vom Tod seines Freundes Lazarus erfährt (Joh 11,1–16).

48 Z. B. nach der Speisung der Fünftausend: Mt 14,23.

49 Jak 1,25.

50 Mehr dazu in *Makarios*: „Der Lebensstil der Söhne und Töchter“ und „Der Alltag“.

ÜBERSICHT 26
Der Lebensstil der Söhne und Töchter Gottes
• Die beste Zeit des Tages mit dem Vater verbringen; seine Seele stillen (Ps 131,2) und seinen Geist ernähren (vgl. Mt 4,4).
• Sich Gott für diesen Tag hingeben, um etwas zu sein zu seiner Ehre (vgl. Eph 1,12). Er soll seine Werke durch uns tun und die Menschen durch uns lieben können.
• In den von Gott vorbereiteten Tag eintreten (vgl. Ps 139,16); durch den Tag hindurch im inneren Zwiegespräch mit ihm bleiben (vgl. 1Thess 5,17) und alles in Gebet verwandeln (vgl. Phil 4,6f).
• Uns vom Heiligen Geist von einem vorbereiteten Werk zum anderen leiten lassen (vgl. Röm 8,14; Eph 2,10); jedes Werk hat seinen richtigen Zeitpunkt, eine angemessene Ausführungsweise und einen Endpunkt. Auch Zeiten der Ruhe und der Entspannung gehören zu den vorbereiteten Werken. Vollbrachte Werke können wir dem Meister abgeben; er bringt sie zurecht.
• Bitten, wenn es uns an Weisheit, Verständnis, Kreativität, Befähigung, Effizienz, Kraft oder Konzentration fehlt (vgl. Mt 7,7–11).
• Ein geordnetes inneres Leben führen; die innere Befindlichkeit wahrnehmen und klären; nichts anstehen lassen; Verletzendes verdauen und aus der Vergebung leben.
• Vor Entscheidungen das innere Zwiegespräch mit Gott suchen, ihn in der Stille um Rat oder um die Offenbarung seiner Pläne bitten (vgl. dazu Jak 1,5).
• Am Abend den Tag mit allem Erlebten sorgfältig durchgehen und Gott zurückgeben; den morgigen Tag bewusst ablegen (vgl. Mt 6,34); uns für die Nacht unter Gottes Schutz stellen und um sein Werk an uns unter dem Strich bitten (vgl. dazu Ps 127,2).

Impulse zur Vertiefung:

Welches sind die Merkmale meines jetzigen Lebensstils?

In welchem Aspekt des Lebensstils der Söhne/ Töchter möchte ich als nächstes wachsen?

7.6. Auf sich selbst achten und Psychohygiene

Zum Lebensstil der Mitarbeiter Gottes gehört auch folgender Auftrag:

„Gib acht auf dich!“[51]

Diesen Rat gibt Paulus dem Timotheus, der in einer Hirten-Verantwortung stand. Wenn wir als finale Seelsorger nicht Gefahr laufen wollen, durch die Last und Not der Hilfesuchenden erdrückt zu werden, uns vom Negativen anstecken zu lassen und durch unseren großen Einsatz auszubrennen, müssen auch wir uns diesem Auftrag stellen. Gott wacht zwar über seinen Mitarbeitern, aber wir haben auch unseren Beitrag zu leisten. Welches könnte unser Teil sein? Hierzu ein paar Stichworte, die wir in der Folge genauer ausführen werden: Die besondere Situation der Mitarbeiter Gottes, Eigenverantwortlichkeit, Gottes Ratschläge für innere Stabilität, Beziehungshygiene durch Verdauen und Vergeben und die Psychohygiene des Helfers.

7.6.1. Die privilegierte Situation der Mitarbeiter Gottes

Im Vergleich zu anderen seelsorgerlichen oder therapeutischen Richtungen sind Mitarbeiter Gottes bedeutend geringerem Stress ausgesetzt: Die Grundannahmen, die zum finalen Ansatz gehören[52], schaffen das größte Maß an Entlastung, das in einer helfenden Tätigkeit denkbar ist. Da Gott in der Finalen Seelsorge der eigentlich Handelnde ist, tragen seine Mitarbeiter nur eine beschränkte Verantwortung; sie können auf Gottes Lösungen vertrauen und in Gottes Kraft in einem vorbereiteten Werk stehen. So entsteht im Vergleich zu anderen Ansätzen eine geringere Belastung und damit auch weniger Stress. Trotz ihrer privilegierten Situation müssen sich auch finale Seelsorger dem Auftrag der inneren Hygiene stellen und auf sich achten lernen.

Zuerst aber nochmals zu Gottes Teil: Wir haben einen Herrn, der in seiner Liebe über uns wachen, uns aber auch reinigen und vor dem Un-

---

51 1Tim 4,16 (NZH).

52 Vgl. die Einführung zu Teil I. und die Übersichten 1 und 2.

nützen bewahren will. Dies kommt in folgenden zwei Bibeltexten zum Ausdruck[53]:

Gott spricht zu seinem Knecht:

„In Gerechtigkeit habe ich, der Herr, dich gerufen, und ich ergreife deine Hand, und ich behüte dich.“

Im Gleichnis vom Weinstock und der Rebe sagt Jesus:

„Ich bin der wahre Weinstock, und mein Vater ist der Weinbauer. Jede Rebe an mir ..., die Frucht bringt, reinigt er, damit sie noch mehr Frucht bringt.“

Wir dürfen also darauf vertrauen, dass Gott auch in diesem Auftrag die Hauptverantwortung trägt: Er ist unser Wächter, unser Beschützer und unser Pfleger, der dafür sorgen will, dass wir *viel Frucht* bringen. Aber Gottes bewahrendes und reinigendes Wirken durch seinen Geist müssen wir wollen, uns ihm aussetzen und seine Impulse dann auch ernst nehmen und befolgen. Gottes gnädiges Handeln an uns ist mit einem Auftrag verbunden: *„Reinigt euch, die ihr die Geräte des Herrn tragt!“*[54] Als Mitarbeiter Gottes in der Finalen Seelsorge tragen wir die „Geräte des Heils“. Im Sinne des Auf-uns-Achthabens und der seelischen und geistlichen Hygiene müssen wir also Verantwortung für uns selbst übernehmen. Das wichtigste Ziel dieser Bemühungen bleibt, dass wir für Gott viel Frucht bringen, *„die bleibt“* und Bestand hat bis in die Ewigkeit hinein.

7.6.2. Eigenverantwortlichkeit

Bevor wir einzelne Aspekte dieses Auftrages uns selbst gegenüber ansehen, wollen wir eine Voraussetzung aufzeigen, ohne die wir ihn nicht erfüllen können: Eigenverantwortlichkeit. Darunter verstehe ich die Bereitschaft, für alles, was ich bin und tue, hundertprozentig die Verantwortung zu übernehmen: für meine Gedanken, meine Gefühle (z. B.

53 Jes 42,6 und Joh 15,1–2 (NZH).

54 Jes 52,11.

auch meinen Mangel an Liebe), meine spontanen Reaktionen, meine Motive, meine Handlungen, meine Gesinnung, meine Wertmaßstäbe, meine Überzeugungen, meine Theorien usw. Beim Lesen merken Sie schon: Das ist ein mutiger Schritt! Aber: Wer sonst könnte denn dafür die Verantwortung übernehmen?

Die Bereitschaft zur Eigenverantwortlichkeit bedeutet letztlich aber auch: Ich akzeptiere, dass ich begrenzt und unvollkommen bin, oft nicht weiß, was ich tue und welche Konsequenzen mein Handeln hat, immer wieder schuldig werde und von Gott Vergebung brauche. Da Jesu Tod am Kreuz das Problem unserer Schuld gelöst hat und Gott uns gerne vergibt, können wir es wagen, in unsere Eigenverantwortlichkeit einzutreten und Tag für Tag aus Gottes Gnade zu leben. Nun können wir eigenverantwortlich über uns selbst zu wachen beginnen: Wir können darauf verzichten, unsere Schuld auf andere abzuschieben oder uns mit mildernden Umständen herauszureden; stattdessen können wir unsere Schwachheit und unser Versagen schonungslos zu uns nehmen und Gott dafür um Vergebung bitten. Eigenverantwortlichkeit gehört zum Zielbild Gottes für seine Söhne und Töchter; sie ist Ausdruck von Reife und Erwachsensein und bedeutet letztlich, schuld-fähig zu werden.[55]

7.6.3. Gottes Ratschläge für innere Stabilität

Damit wir die Verantwortung uns selbst gegenüber wahrnehmen können, hat Gott, der genau weiß, was uns gut tut und das Leben fördert und was uns schadet und das Leben gefährdet, uns mancherlei Ratschläge für Frieden und innere Stabilität gegeben. Sein Wort steckt voll davon. Einige, die mir besonders wichtig scheinen, habe ich in der untenstehenden Übersicht 27 zusammengestellt.[56] Wer Gott vertraut und sich selbst liebt, sollte diese göttlichen Ratschläge befolgen. Sie haben eine prophylaktische Wirkung und bewahren uns vor selbst verursachter Belastung und vor Stress. Sie ermöglichen uns ein Leben im Frieden Gottes und führen im Heute immer wieder zu *makarios*-Erfahrungen.

---

55 Vgl. dazu in *Makarios*: Eigenverantwortlichkeit.

56 Alle Texte: ZH.

ÜBERSICHT 27
Gottes Ratschläge für Frieden und innere Stabilität
Jeder Tag hat genug an seiner eignen Plage. Mt 6,34
Gott rät uns, ganz im Hier und Jetzt zu leben; dies gilt für das Schwere und die Lasten, aber auch für die Freuden. Gott gibt die Kraft für das, was von ihm her in einen Tag hinein gehört (vgl. Psalm 139,6). So können wir ihm im Heute ganz zur Verfügung stehen.
Ich habe meine Seele gestillt und beruhigt. Ps 131,2
Das Leben zu bewältigen braucht Kraft; unsere Seele hat den „Treibstoff" Liebe nötig. Wer nur von der Liebe lebt, die er von Menschen empfängt, muss immer wieder aus seinen Reserven leben. Um nicht auszubrennen, gilt es, Wege zu entdecken, wie wir uns täglich von Gott stillen lassen können.
Saget allezeit Gott, dem Vater, ... Dank für alles! Eph 5,20
Dankbare Menschen sind glückliche Menschen. Wer weiß, dass alles Gute von Gott kommt, der findet in jedem Tag unzählige Anlässe, um Gott für seine Güte zu danken.
Alle eure Sorge werfet auf ihn, denn er sorgt für euch. 1Petr 5,7
Gott sorgt für uns; unsere Sorgen nützen nichts und hindern uns zudem, ganz im Heute zu leben. Deshalb rät uns Gott, sie auf ihn zu werfen. Dies ist ein aktives Handeln: Wir formulieren unsere Sorge und entscheiden uns dann, ihn für uns sorgen zu lassen.
Wir rühmen uns auch der Trübsale, ... weil die Liebe Gottes ausgegossen ist in unsere Herzen durch den Heiligen Geist. Röm 5,3–5
Trübsale sind Nöte und Bedrängnisse, die wir uns nicht wünschen. Wie kann man sich ihrer dann rühmen? Das Erleben der Liebe Gottes und die Erfahrung, dass Gottes Liebe und Macht uns alles zum Besten dienen lässt (Röm 8,28), macht uns dazu bereit, den Weg durch die Not an seiner Hand Etappe um Etappe zu gehen (vgl. die Verse 3–5).

7.6.4. Beziehungshygiene

Ein weiterer wichtiger Auftrag heißt: Beziehungshygiene durch Verdauen und Vergeben. Die Beziehung zum Klienten steht im Zentrum unserer helfenden Tätigkeit. Wenn der Klient uns wirklich autorisiert, müssen wir kaum mit Angriffen und verletzenden Bemerkungen von ihm rechnen. Aber da gibt es ja auch die Standortbestimmungen, wo der Klient uns sagen darf, wo er sich nicht wohl fühlt in der Beziehung; da sind die Momente, wo er Widerstand leistet, sich verweigert, uns nicht vertraut; da sind schuldverschiebende Äußerungen, die uns verletzen können; und da sind vielleicht auch noch der Ehepartner des Klienten und dessen Angehörige, die enttäuscht sind, dass wir ihre Erwartungen und Aufträge nicht erfüllen wollen. So gibt es in einer helfenden Beziehung, auch unter guten Bedingungen, immer wieder etwas zu verdauen. Wie viel mehr aber dann, wenn uns das Gegenüber nicht autorisiert[57], uns infrage stellt oder es gar zu einem Abbruch kommt[58].

In den seelsorgerlichen Kontakten gibt es also immer wieder Ereignisse, die wir bearbeiten müssen, damit unsere Beziehung zum Klienten wieder bereinigt ist und die Liebe zu ihm erneut fließen kann. Wenn wir es nicht wahr haben wollen, dass gewisse Dinge uns verletzt haben, oder sie verdrängen, wird sich dem Klienten gegenüber eine immer dickere Glaswand aufbauen. Eines Tages stellen wir dann fest, dass uns die Liebe zu ihm abhanden gekommen ist. Es ist deshalb sehr wichtig, dass wir die inneren Stacheln wahrnehmen und möglichst umgehend entfernen lernen. Wie kann das geschehen? Hier habe ich viel vom Verdauungsapparat unseres Körpers gelernt. Er hat die erstaunliche Fähigkeit, die Nahrung so auszusortieren, dass die Giftstoffe aus unserem Körper ausgeschieden werden und nichts, was zum Aufbau dienen kann, verloren geht. Wenn wir das Verdauungs-Gleichnis auf die einseitige Bereinigung einer Beziehung übertragen, ergeben sich folgende Schritte:

- Wahrnehmen und anerkennen, was sich in mir abspielt.
- Mein Herz vor Gott ausschütten (vgl. Ps 62,9).
- Aussortieren der verschiedenen Anteile des gefühlsmäßigen Chaos.
- Zerstörerische Gefühle[59] abgeben.

---

57 Eine Klientin, selber Psychologin, hat mir einmal gesagt: „Herr Engeli, Sie sind nicht der Mann des ersten Augenblicks!“ Immer wieder wollte sie auf die Meta-Ebene entwischen, indem sie etwa sagte: „Das haben Sie recht geschickt angepackt“ oder Ähnliches. Eine ältere Dame meinte einmal: „Von so einem jungen Schnaufer soll ich mir etwas sagen lassen?“

58 Vgl. in Abschnitt 4.6.2.

59 Z. B. Selbstmitleid, Minderwertigkeit, Scham, Bitterkeit, Hass, Rachegelüste usw.

- Die Beziehung einseitig bereinigen, indem ich meinem Gegenüber vergebe.[60]
- Die eigene Schuld vor Gott anerkennen und Vergebung dafür empfangen.
- Ungute Haltungen und Verhaltensweisen ablegen; die der Neuschöpfung gemäßen anziehen.
- Mich mit dem, was geschehen ist, und seinen Konsequenzen versöhnen.

Ob es für den Klienten sinnvoll und wichtig ist, dass wir ihm unser Erleben im nächsten Gespräch oder bei der kommenden Standortbestimmung mitteilen, sollten wir je mit unserem Herrn klären und uns von ihm auch zeigen lassen, wie wir dabei vorzugehen haben. Eines ist aber gewiss: Als Seelsorger müssen wir einen Weg kennen, wie wir die Beziehung zu den Klienten einseitig bereinigen können, ohne auf deren Einsicht oder eine Entschuldigung angewiesen zu sein. Auf jeden Fall gilt: Wir können ein Ereignis erst dann mit dem Klienten besprechen, wenn wir es selbst schon bearbeitet und verdaut und die Beziehung unsererseits bereinigt haben.

7.6.5. Geistliche und seelische Hygiene

Nach den bisher erwähnten Aspekten, die nicht nur für Seelsorger Gültigkeit haben, wenden wir uns nun einigen spezifischen Gefahren zu, gegen die der Helfer sich durch geistliche und seelische Hygiene zu schützen wissen sollte:

Wertezerfall:
Als Helfer sind wir immer wieder mit Ausnahmesituationen und mit Menschen konfrontiert, die außerhalb der gesellschaftlichen Normen und der Ordnungen Gottes leben. Das Wissen um ihre Geschichte, das Mitgefühl für ihre Not und unser Auftrag der Barmherzigkeit können dazu führen, dass sich unsere Wertvorstellungen unmerklich verschieben und wir immer kompromissbereiter werden. Deshalb brauchen wir

60 Vgl. Übersicht 4 in Abschnitt 1.3.2.

eine tiefe Verankerung im Wort Gottes und in geistlicher Gemeinschaft als Schutz gegen den Verlust der normativen und ethisch-biblischen Ausrichtung unserer Arbeit. Als Gottes Mitarbeiter wollen wir von ihm lernen, was es heißt, gleichzeitig barmherzig und der Sünde[61] gegenüber kompromisslos zu sein. Gottes Gnade hat immer das Ziel, einen Menschen zurückzuführen in seine Ordnungen, weil er dort den Frieden findet.[62]

Seelische Ansteckung:
Viele körperliche Krankheiten sind ansteckend. Dies gilt auch für gewisse seelische Übel, v. a. dort, wo wir selber gefährdet sind. Es ist wichtig, dass wir schon die ersten Anzeichen wahrnehmen, wenn unsere Seele im Kontakt mit der Not eines Klienten in den Strudel des Unguten gerät. Dann wird es wichtig, dass wir uns vor und nach den Kontakten mit diesem Menschen im Gebet „reinigen“: Nichts Ungutes soll von ihm auf uns übertragen werden; deshalb bitten wir Gott nach dem Gespräch, er möge uns von jeder negativen Rückwirkung reinigen. Wir dürfen aber auch darum bitten, dass Gott den Klienten gegen alles Ungute schützt, das von uns ausgeht.

Verlust der „rettenden Distanz“:
In der Beziehung zum Klienten müssen wir die rettende Distanz wahren. Wenn wir ihm zu nahe kommen, können wir ihm nicht mehr helfen. Wir wollen also darüber wachen, dass wir uns nicht mit ihm verhaken, sei es durch Identifikation mit seinem Schicksal, indem wir uns mit ihm solidarisieren oder gegen Dritte verbünden, indem wir mit ihm kämpfen und ungute Überzeugungsarbeit leisten oder indem wir den Retter spielen und ihn von uns abhängig machen. Es gilt also, darüber zu wachen, dass wir klar abgegrenzt bleiben, auch wenn wir uns ganz auf den Klienten einlassen und uns beim Zuhören in seinen inneren Bezugsrahmen versetzen.[63]

---

61 Vgl. die Begriffserklärung im Anhang.

62 Vgl. Jesu Haltung in der Begegnung mit der Ehebrecherin (Joh 8,3–11).

63 Vgl. Beispiel 45 in Abschnitt 6.5.2.

Mangel an Liebe:
Mit einem Klienten weiter zu arbeiten, wenn uns die Liebe zu ihm abhanden gekommen ist, schafft großen Stress. Wenn wir uns bewusst werden, dass es uns an Liebe fehlt, müssen wir etwas unternehmen. Dafür stehen uns verschiedene Möglichkeiten offen: Die Frucht des Geistes (Gal 5,22) in uns wachsen lassen, uns in Gottes Kleiderschrank bedienen, um Liebe bitten usw.[64]

Verlust der Hoffnung:
Auch der Mangel an Hoffnung schafft Stress. Wenn wir keine Hoffnung mehr für einen Klienten haben, können wir nicht mehr mit ihm arbeiten. Auch hier dürfen wir um Gottes Hoffnungsblick bitten, uns in Gottes Kleiderschrank bedienen und für die Ausweitung unserer Hoffnungskapazität beten.

Persönliche Versuchbarkeit:
Zu all dem kann es persönliche Schwächen geben, deren wir uns bewusst sein sollten, wie etwa Passivität oder Überengagement, Menschendienerei oder Überheblichkeit, Stolz oder Minderwertigkeit, Besserwisserei, der Drang, immer wieder seine Kompetenz beweisen zu müssen usw. Was können wir hier tun? Solche Haltungen können wir im Gebet ablegen und die zur Neuschöpfung gehörige Haltung in Besitz nehmen. Dann können wir den Heiligen Geist als Wächter einsetzen und ihn bitten, uns jedes Mal zu warnen, wenn wir in Gefahr stehen, wieder ins alte Gleis zurückzufallen. Hier wird noch einmal klar, wie das Wachen Gottes über seinen Mitarbeitern mit dem zusammenwirken kann, was wir für uns selbst an Schritten tun können.

Impulse zur Vertiefung:

Wie sehr achte ich auf innere Hygiene und Gottes Ratschläge für seelische Stabilität?

Welche Schutzvorkehrungen möchte ich treffen?

---

64 Vgl. Übersicht 22 in Abschnitt 6.5.1.

7.7. Kompetenzen für Gottes Mitarbeiter

Es ist offensichtlich und wurde vielfach erwähnt, dass wir gewisse Mitarbeiter-Kompetenzen entwickeln müssen, um für Gott brauchbar zu werden. Welche Voraussetzungen müssen dafür im Mitarbeiter erfüllt sein? Um welche Kompetenzen handelt es sich? Wie können sie erworben werden? In Übersicht 28 stelle ich das bisher bereits Gesagte nochmals klar zusammen:

ÜBERSICHT 28, TEIL 1
Kompetenzen für Gottes Mitarbeiter
Was zur Mitarbeiterschaft gehört
• Unser Leben Gott zur Verfügung stellen (Röm 12,1–2).
• Dem Heiligen Geist Raum geben, damit er seine Frucht in uns schaffen kann (Gal 5,22); sich nach seinen Gaben ausstrecken (1Kor 12,4–11).
• Aus Gottes Wort leben (Mt 4,4); es als Schatz in sich tragen (Mt 13,52); sich ihm aussetzen, sich von ihm zurechtbringen lassen (2Tim 3,16–17).
• Treue üben im Kleinen (Mt 25,21).
• Durch Trübsale stark werden und wachsen in der Hoffnungskapazität (Röm 5,3–5).
• Was wir lehren, muss im persönlichen Leben und Alltag Golddeckung haben (Röm 14,22).
• Unsere Seele leiten lernen (vgl. z. B. Phil 4,4–7); auf uns selber achthaben (1Tim 4,16); in der Zucht leben (2Tim 1,7); Gottes Ratschläge für Psychohygiene befolgen (vgl. Übersicht 26).
• Uns nach Wachstum und Veränderung ausstrecken; wachsen in der Heiligung (1Thes 5,23).
• Reiche Eigenerfahrung sammeln mit Gottes Wegen, seinen Angeboten und der Realität der Neuschöpfung.

Wie wir lernen können
• Wir können Jesu Gesinnung „anziehen“ (Röm 13,14; Phil 2,5).
• Gott als Modell wählen (Eph 5,1); von Jesus lernen (Mt 11,29).
• Uns durch den Heiligen Geist lehren lassen (Joh 14,26).
• Von guten menschlichen Vorbildern lernen (Phil 3,17).
• Gottes Schätze der Weisheit und Erkenntnis suchen (Kol 2,3).
• Gott fragen, wenn wir etwas nicht verstehen und es uns an Weisheit mangelt (Jak 1,5–8).
• Tun, was Gott uns aufträgt, und das Vollbrachte unter Gottes zurechtbringende Gnade bringen (Lk 17,10).
Was Gottes Mitarbeiter lernen müssen
• Freiwillige Unterordnung in allem unter Gottes Handeln und Wirken (wie Jesus: Joh 5,19–20).
• Gottes Ehre suchen, nicht die unsere (Joh 7,18).
• Gott gehorchen, statt Menschen zufriedenzustellen (Apg 5,29).
• Gottes Reden hören, ernst nehmen und ausführen (Joh 10,27).
• Gottes Weisheit mehr vertrauen als menschlichem Wissen und unserer Erfahrung; den „Auf-dein-Wort-hin-Glauben“ entwickeln (vgl. Petrus: Lk 5,5).
• Wachsen in der Verfügbarkeit und Brauchbarkeit für Gott (2Tim 2,21); in der Lenkbarkeit durch den Heiligen Geist (Röm 8,14).
• Wachsen im Glauben und in der Hoffnungskapazität; zu Christus hin wachsen (Eph 4,15).
• Das innere Zwiegespräch mit Gott entwickeln; innerlich online bleiben.
• Gottes finale Denk-, Sicht- und Vorgehensweise übernehmen (Jes 43,18–19; Phil 2,12-14).
• Uns nach Gottes bedingungsloser, kompromissloser und freilassender Agape-Liebe ausstrecken (1Kor 13,4–7).
• Das Erbe der gottgeschenkten Kreativität empfangen und entfalten.

ÜBERSICHT 28, TEIL 2
Spezifische Kompetenzen für die Finale Seelsorge
• Gleichzeitig in allen drei Beziehungsdimensionen zuhören (vgl. Abb. 2).
• Zu Herzen reden (Lk 8,15); Tiefgang und Zielgerichtetheit anstreben durch wenig Worte (Mt 5,37; 12,36); uns im Reden durch den Heiligen Geist führen lassen (vgl. Mt 10,20).
• Zuhören aufgrund der 3 Fragen: Erkennen, wo Gott in einem Menschen am Werk ist; was diesen Menschen zutiefst bewegt; wie weit er heute gehen kann.
• Die Seele des Gegenübers einen Weg führen (Jes 57,14–15).
• Veränderung auf der Gesinnungsebene anstreben; zu Schritten im Gebet führen (Eph 4,22-24); die Umsetzung im Alltag ermöglichen mittels der Kunst der kleinen Schritte.
• Geistgeleitet seelsorgerlich beten (Eph 6,18).
• Über unsere geistliche, seelische und beziehungsmäßige Hygiene wachen.
• Verdauen, verarbeiten; aushalten lernen, dass wir auch mit Gott zusammen manchmal nicht zum Ziel kommen.

Wir haben ebenfalls schon darauf hingewiesen, dass die für die Finale Seelsorge nötigen Kompetenzen im Alltag gelernt und eingeübt werden müssen. (Vgl. dazu Übersicht 29.)

ÜBERSICHT 29

Alltagstraining zum Erlernen der Mitarbeiterkompetenzen

In der Freundschaft mit Gott leben:

Im Alltag die Erfahrung der Freundschaft mit Gott machen (vgl. 2Mo 33,11): Zeit mit ihm verbringen; ihn empfangen, wenn er anklopft; für ihn verfügbar sein; auf seine Wünsche eingehen usw.

Das Zwiegespräch mit Gott pflegen:

Das Zwiegespräch mit dem immer anwesenden Freund pflegen: Über alles mit ihm austauschen; ihm unsere Fragen stellen; seine Antworten und seinen Rat empfangen.

Geistleitung erleben:

Dem Heiligen Geist Raum geben; seine Impulse ernst nehmen und unter seiner Leitung sogleich umsetzen (Röm 8,14).

Leben aus Gottes Angeboten (Übersicht 3):

Zwei Angebote auswählen und diese annehmen und darin leben lernen.

In den vorbereiteten Werken wandeln (Eph 2,10):

Was wir nach Gottes Willen tun sollen, ist für uns vorbereitet; diese Werke erkennen, zum richtigen Zeitpunkt in sie eintreten und sie unter Führung des Heiligen Geistes ausführen.

Den Lebensstil der Sohnschaft pflegen (Übersicht 26):

Jesus in seinem Lebensstil nachfolgen lernen (auch die obigen Punkte gehören dazu).

Sich Gott als Mitarbeiter zur Verfügung stellen:

Sich Gott in alltäglichen Beziehungen als Mitarbeiter zur Verfügung stellen; wir üben folgende 2 Fragen ein: Was bewegt die Person zutiefst? Wo ist Gott in ihr am Werk?

Online bleiben:

Sich in wenigen ausgewählten Kontakten und Gesprächen zum Ziel setzen, ununterbrochen im inneren Kontakt bzw. Zwiegespräch mit Gott zu bleiben.

In Gottes finale Sicht- und Denkweise eintreten:
Sich in ausgewählten Situationen folgende Fragen stellen: Welches ist Gottes Ziel für diese Person? Welches könnte ihr nächster Schritt ins Neue sein?
Durch Korrektur weiterwachsen:
Dem Meister in einer kurzen täglichen Standortbestimmung das Recht geben, uns in unserem Beziehungs-Verhalten zu korrigieren und herauszufordern. Zwei Etappen: 1. Selbst-Evaluation. 2. Frage an den Meister, wo er uns korrigieren oder herausfordern möchte.

Weil all unser seelsorgerliches Handeln dort verankert ist und es uns um Golddeckung im persönlichen Leben geht, ist der Alltag mit all seinen Gelegenheiten und Beziehungen das ideale Übungsfeld, um Erfahrungen in der Zusammenarbeit mit Gott zu machen und die dafür wichtigen Kompetenzen einzuüben. Dies kann als sorgfältige Aufbauarbeit im Sinne des *Treppenbaus* geschehen.[65] Die weiter oben umschriebene Grundsatzentscheidung nach Römer 12,1–2 bildet das Fundament, auf dem die Aufbauarbeit geschehen kann. Wir müssen beachten, was für die Treppenbau-Arbeit gilt: Jede Stufe sollte gesichert sein, bevor wir fortfahren; und jeder neue Lernschritt ist unter Beibehaltung der früheren einzuüben. Nur so werden sich überdauernde neue Gewohnheiten aufbauen. Zum Einüben einer Stufe sollte mindestens ein Monat angesetzt werden.

Übersicht 29 gibt Hinweise, in welcher Reihenfolge die Stufen eingeübt werden könnten. Ich kann mir aber auch vorstellen, dass ein Seelsorger im Zwiegespräch mit Jesus seine ganz eigene Aufbaureihe zusammenstellt. Möglicherweise genügt es, einfach einmal die ersten drei Stufen festzulegen und diese treu einzuüben; vielleicht stellt sich dann auch hier der Domino-Effekt der Gnade ein.

65 Vgl. dazu Abb. 10 in Abschnitt 5.3.3.

Impulse zur Vertiefung:

Wie steht es um meine Mitarbeiter-Kompetenzen für die Zusammenarbeit mit Gott?

Legen Sie im Zwiegespräch mit Jesus die ersten drei Trainingsstufen fest.

8. Weiterwachsen

Weiterwachsen ist etwas Schöpfungsgemäßes. Gott scheint in alles Geschaffene eine natürliche Wachstumstendenz gelegt zu haben. Dies gilt auch für den Menschen: Es gibt etwas in uns, das sich nach vorne ausstreckt, auf ein Ziel zustrebt, das final ausgerichtet ist; wir wollen als Person weiterwachsen. Heißt das, dass wir keinen Beitrag zu leisten haben, damit dies geschieht? Unsere Erfahrung lehrt uns, dass es ohne unseren Teil zu Stillstand und Rückschritt kommt. Dies bestätigt sich auch in der Seelsorge: Wenn das *Schwungrad der Veränderung* nicht mehr weiterdreht, kehren die Menschen in frühere Haltungen und Verhaltensweisen zurück. Wer nicht weiterwächst, fällt zurück.

Worin besteht unser Beitrag, damit wir als Person weiterwachsen? Zuerst nur darin, dass wir das, was wir als richtig erkannt haben, umsetzen; dies zu tun, macht uns *makarios.*[1] Wir können uns aber auch nach Wachstum ausstrecken. Paulus verwendet dafür das oben zitierte Bild des Wettlaufes auf Gottes Ziel zu[2]; mit Kraft weiterlaufen bedeutet weiterwachsen. Diese Beiträge sind sowohl für unser persönliches Wachstum als auch für unser Wachstum als Seelsorger wichtig.

Daraus ergeben sich für das Weiterwachsen in der seelsorgerlichen Kompetenz zwei Möglichkeiten, wobei die zweite auf der ersten aufbaut:

1) Das „natürliche“ Weiterwachsen ergibt sich daraus, dass wir das als richtig Erkannte und Übernommene in der Seelsorge-Praxis umzusetzen versuchen. Wie in jedem Lernprozess wird es Rückfälle ins alte Gleis und Misserfolge geben. Wenn wir diese aber bearbeiten und an unserem Entschluss festhalten, werden wir daran weiterwachsen und das Neue wird sich schärfen und entwickeln. So wird sich das Wachstum auf natürliche Weise ergeben.
2) Für das „gezielte“ Weiterwachsen bedarf es einer bewussten und ehrlichen Auseinandersetzung mit unserem seelsorgerlichen Tun. Diese

1 Deshalb sagt Jesus in Joh 13,17 (NZH): „*Wenn ihr das wisst – selig seid ihr, wenn ihr es tut.*“

2 In Phil 3,12.

besteht einerseits in der Selbst-Reflexion, über die ich im Kapitel „Die vier Formen der Supervision“ mehr sage. Andererseits zeigt sie sich in der Fähigkeit, gewisse Regelmäßigkeiten wahrzunehmen, vorläufige Schlussfolgerungen zu ziehen und sich Fragen zu stellen. Wenn wir diesen Fragen dann in einer persönlichen Retraite mit unserem Herrn nachgehen, werden wir neue Erkenntnisse gewinnen.[3]

Neben unserem menschlichen Beitrag zum Weiterwachsen geschieht das Entscheidende aber auch hier wieder durch Gottes Wirken. Der oben erwähnte Text von Paulus zeigt Gottes überwältigenden Beitrag auf: Jesus Christus hat uns ergriffen und zieht uns aufs Ziel zu. Dies gilt für Gottes Mitarbeiter in ganz besonderer Weise: Gottes Geist treibt sie liebevoll und hartnäckig an[4]; wenn wir auf ihn hören, können wir nicht stehen bleiben. Weiterwachsen ist ein finaler Prozess. Es geht dabei um Wachstum hin zu Christus, dem Haupt, und damit um größere Verfügbarkeit für ihn.[5] Wenn wir wachsen in der Erkenntnis Gottes, werden wir mehr Frucht bringen.[6] Unser Wachstum liegt Gott also sehr am Herzen; es verherrlicht ihn. Dies zeigt sich auch in der Art, wie Gott seine Mitarbeiter aus- und weiterbildet.

8.1. Kontinuierliche Zurüstung

Gott weiß, wenn er einen Menschen in die Mitarbeit beruft, dass er Gottes Werke nicht aus eigener Kraft und aus seinen Möglichkeiten heraus tun kann. Deshalb ist es ganz gewiss: Wen Gott beruft, den rüstet er auch zu.

Beim Lesen der biblischen Berufungen fällt auf, dass Gott seine zukünftigen Mitarbeiter keine spezifische Ausbildung im heutigen Sinne absolvieren lässt. Durch person- und charakterbildende Erfahrungen bereitet er sie langfristig auf ihren Dienst vor; die spezifische Zurüstung

3 Vgl. Kapitel 7.1., „Mein Weg“.

4 Vgl. Röm 8,14 (NZH).

5 Vgl. Eph 4,15.

6 Vgl. Kol 1,10.

und der Erwerb der nötigen Kompetenzen geschehen dann aber oft erst nach der Berufung gemäß dem Prinzip „Learning by doing". Gottes Zurüstung ist also Aus- und Weiterbildung in einem; sie ist ein kontinuierlicher, nie abgeschlossener Prozess, der in der Zusammenarbeit mit Gott immer weitergeführt wird. Zurüstung durch Gott ist immer ein die ganze Person verändernder Wachstumsprozess, durch den dann aber auch die fachliche Kompetenz wächst.

Zurüstung ist Gottes Sache. Da sie aber ein Lernprozess ist, geschieht sie nicht gegen unseren Willen oder ohne unseren Beitrag. Worin dieser bestehen könnte, haben wir oben und in früheren Kapiteln bereits mehrfach aufgezeigt. Im Sinne eines Überblicks greife ich die wichtigsten Aspekte hier nochmals auf. Einige davon erwähne ich nur kurz und verweise auf bereits Gesagtes; andere aber sollen vertieft werden. Hier zuerst die Hinweise auf die bereits erwähnten menschlichen Beiträge zum Wirken Gottes in uns:

- Die Motivation, der für einen Lern- und Veränderungsprozess große Bedeutung zukommt.[7] Motive kann man wählen. Die für Wachstum in der seelsorgerlichen Kompetenz stärksten Motive sind: Dankbarkeit für das Privileg der Mitarbeiterschaft mit Gott; sich aus Liebe zu Gott nach größerer Brauchbarkeit für ihn, Heiligung und Christusähnlichkeit ausstrecken; im seelsorgerlichen Tun seine Ehre suchen.
- Die Treue unserer Grundentscheidung gegenüber, Gottes Mitarbeiter zu sein. Weil diese unserer menschlichen Natur zuwider läuft, wird es immer wieder zu Rückfällen in die alten Gleise der Eigenmächtigkeit kommen. Diese gilt es jedes Mal konsequent zu bearbeiten.
- Der Lebensstil der Sohnschaft im Alltag.[8] Hier, im Kleinen, gilt es, in der Abhängigkeit von Gott zu leben und in den vorbereiteten Werken zu wandeln. Hier können wir lernen, im inneren Zwiegespräch mit Gott zu bleiben und uns vom Heiligen Geist leiten zu lassen.

---

7 Vgl. Übersicht 10 (Erläuterungen zu Punkt 1.) in Kapitel 3.3. und die Begriffserklärung zu „Motiv, Motivation".

8 Vgl. Übersicht 26 in Kapitel 7.5.

Ein weiterer Beitrag zu Gottes Wirken in uns ist das bewusste Modelllernen, zu dem uns Jesus einlädt.[9] Einerseits können wir uns fragen: Wie macht Jesus es mit mir, wie geht er mit mir um? Wie tröstet er mich, wie lockt und ermutigt er mich, wie fordert er mich heraus? Wie führt er mich zu wachstümlicher Veränderung? Andererseits können wir in der Seelsorge sein Handeln an den Hilfesuchenden beobachten: Wie kommt er ihnen zu Hilfe? Wie erlöst er sie aus unlösbaren Situationen und Teufelskreisen? Welche Rolle spielt dabei der Glaube? Wie setzt Gott seine einmaligen und seine biblischen Angebote dabei ein? Wie schenkt er den Betroffenen *„das Wollen und das Vollbringen"*[10]? Welche Reihenfolge lässt sich für die Schritte der Veränderung feststellen? Wie entsteht durch die einzelnen Entscheidungen auf der Gesinnungsebene dauerhaftes Wachstum usw.? Um von Gott als Modell zu lernen, müssen wir sein Handeln geistlich beobachten können.[11] Um die dafür nötige geistliche Wahrnehmungsfähigkeit dürfen wir bitten. Bei diesem Lernprozess kommt uns der Heilige Geist zu Hilfe, der uns *„alles lehren"* und uns *„in alle Wahrheit führen"* will.[12]

Ein besonders wichtiger Beitrag zu Gottes Zurüstung besteht darin, dass wir Gottes Wort täglich lesen, es uns im inneren Zwiegespräch durch den Heiligen Geist aufschließen lassen, es in den Fragen, die sich uns stellen, zu Rate ziehen und uns ihm aussetzen. Hier die wichtigsten Aspekte, wie Gott uns durch sein Wort zurüsten will:

- So wie wir Menschen besser verstehen lernen, wenn wir ihnen zuhören, so entsteht auch Gotteserkenntnis durch das Lesen seines Wortes. Je besser wir unseren Meister aber kennen, desto mehr lieben wir ihn, sind uns des Privilegs der Mitarbeit umso bewusster und haben das Bedürfnis nach mehr Zurüstung und größerer Brauchbarkeit für

9 Vgl. die Ausführungen zu Mt 11,29–30 in Kapitel 1.2.

10 Siehe Phil 2,13 (LU).

11 Vgl. dazu Ps 123,2: *„Wie die Augen der Knechte auf die Hand ihres Herrn, wie die Augen der Magd auf die Hand ihrer Gebieterin, so sind unsere Augen gerichtet auf den Herrn, unseren Gott."*

12 Joh 14,26 und 16,13.

ihn. Ihn besser kennen heißt auch, ihn als Modell besser nachahmen[13] und ihm gemäß handeln können.

- Durch das Lesen der Bibel entsteht in uns ein wachsender Schatz an biblischen Worten, an die der Heilige Geist uns in den Gesprächen dann erinnern kann. Wenn dazu noch die durch die Gaben des Geistes im Moment vermittelten Erkenntnisse kommen, werden wir, wie Jesus sagt, zu einem guten „*Schriftgelehrten …, der aus seinem Schatz Neues und Altes hervorbringt.*“[14]
- Gottes Wort ist zudem eine in uns wirksame und uns verändernde Kraft: Es ernährt unseren Geist, es erweckt und stärkt unseren Glauben. Es stellt unsere Theorien und Überzeugungen auf Gottes Prüfstand, bringt sie zurecht, richtet uns aus und prägt Gottes Maßstäbe, Werte und Gesinnungen in uns aus. Es rüstet uns also zu, „*damit der Mensch Gottes richtig sei, für jedes gute Werk ausgerüstet*“.[15]
- Auch seine Zusage, uns Weisheit zu schenken, wenn wir darum bitten[16], erfüllt Gott mithilfe seines Wortes. Dies habe ich selber oft erfahren: Nur mit der Bibel und einer Konkordanz ausgerüstet, bin ich jeweils bedrängenden Fragen aus der Praxis der Finalen Seelsorge nachgegangen. In diesen Retraiten von zwei bis drei Tagen versuchte ich, mich beim Aufschlüsseln der mitgebrachten Frage vom Heiligen Geist führen zu lassen, dafür relevante Bibelstellen zu suchen und diese im inneren Zwiegespräch mit Gott zu verstehen, die Schlussfolgerungen als neue Erkenntnisse zu formulieren und dann für die Praxis der Seelsorge nutzbar zu machen.[17] Wenn wir uns daran erinnern, dass letztlich Christus selber das Wort ist, so gilt für Gottes Wort wirklich, dass in ihm „*alle Schätze der Weisheit und Erkenntnis verborgen sind*“.[18] Der Heilige Geist kommt uns gerne zu Hilfe, um sie

---

13 In Eph 5,1 schreibt Paulus: „*Seid nun Nachahmer Gottes als geliebte Kinder!*“

14 Mt 13,52.

15 2Tim 3,17. Siehe zu den aufgezählten Wirkungen: Mt 4,4; Röm 1,16; Hebr 4,12.

16 Jak 1,5.

17 Siehe oben in Kapitel 7.1., „Mein Weg“.

18 Kol 2,3.

ans Licht zu fördern; Gott hat ein Interesse daran, dass seine Mitarbeiter an Erkenntnis reich werden.

Einer weiteren Möglichkeit, wie wir durch Gott zugerüstet werden können, wenden wir uns im nächsten Kapitel unter dem Stichwort „Supervision" zu.

Impulse zur Vertiefung:

Wie erlebe ich Gottes kontinuierliche Zurüstung?

Wo könnte ich ansetzen, um meinen Beitrag zu seiner Zurüstung zu erhöhen?

8.2. Die vier Formen der Supervision

Das Bewusstsein der großen Verantwortung, die mit einer seelsorgerlichen Tätigkeit verbunden ist, und das Bedürfnis weiterzuwachsen führen zum Wunsch nach einem Gegenüber, vor dem wir unser Tun verantworten können. Wir können unsere Verantwortung vor vier Instanzen tragen: Vor uns selber, indem wir unser Tun überprüfen; vor Gott, unserem Meister; vor einer Intervisionsgruppe; vor einem persönlichen Supervisor. Diese vier Arten von Supervision decken je andere Bedürfnisse ab und ergänzen sich. Für die ersten zwei Arten, denen große Bedeutung für das weitere Wachstum in der seelsorgerlichen Kompetenz und die Zurüstung durch Gott zukommt, sollte nach jedem Gespräch Zeit eingeplant werden.

Damit uns Supervision zur Hilfe werden kann, müssen wir uns der eigenen inneren Prozesse im Seelsorge-Geschehen bewusst werden: Welche Gedanken, Fragen, Emotionen, Zwiegespräche mit Gott, innere Begründungen für Weichenstellungen, Vermutungen bezüglich der Lösung usw. haben mein Reden und Handeln im Gespräch bestimmt? Es ist wichtig, dass sich in uns ein möglichst genau registrierender „Gesprächs-Fahrtenschreiber" entwickelt, der es uns dann ermöglicht, unser inneres Erleben und den Gesprächsverlauf zu rekonstruieren und unser Tun zu überprüfen. Die Entwicklung der inneren Selbstwahrnehmung gehört zur Zurüstung, die Gott seinen Mitarbeitern schenken will; deshalb dürfen wir ihn auch darum bitten.

8.2.1. Intravision und Supravision

Als erstes wenden wir uns nun den zwei Arten von Supervision zu, die grundlegend und unumgänglich sind und zur Gesprächs-Nacharbeit gehören. Die Gesprächsnotizen schreiben wir erst anschließend.

Im ersten Teil der Nacharbeit geht es um die Selbst-Evaluation, um *Intravision*. Es braucht Mut und Demut für eine ehrliche Selbstbeurteilung. Anhand folgender Fragen kann man sich Rechenschaft geben über sein Erleben und Handeln: Wie geht es mir jetzt gerade? (Eventuell ist es dann nötig, gemäß Psalm 62,9 zuerst das Herz vor Gott auszuschütten, bevor man weiterfährt.) Wie ist es mir während des Gesprächs ergangen? Welche Momente waren besonders schwierig? Wie bin ich damit umgegangen? Wo habe ich den Eindruck, versagt zu haben, und brauche Vergebung? Wo bin ich nicht sicher, ob ich richtig oder falsch gehandelt habe? Wofür kann ich dankbar sein, worüber mich freuen? Welche Schlussfolgerungen ziehe ich für das nächste Gespräch? Gibt es Knackpunkte, wo ich nicht weiterkomme und Gott um Weisheit bitten sollte? Gibt es Dinge in meinem Verhalten, die Korrektur oder Klärung brauchen?

Als zweites geht es nun um die Evaluation des Gesprächs mit dem Meister, um *Supravision*.

Dafür sind die Bereitschaft und der Wunsch nötig, von Gott Korrektur zu bekommen. Im Bitten um seine Rückmeldung und im Hörenden Gebet stelle ich mich der höchsten fachlichen Autorität. Dies geschieht im Zwiegespräch mit meinem Meister, als dessen Mitarbeiter ich das Gespräch geführt habe: Was möchtest du mir über unsere Zusammenarbeit sagen? Hast du dein Ziel durch mich erreicht? Wo willst du mich weiterführen oder herausfordern?

Mit Gott kann ich auch die offenen Fragen aus der Intravision klären und für Versagen und Schuld Vergebung empfangen. Wenn Gott mir ungute Muster oder Verhaltensweisen aufzeigt, kann ich Schritte im Gebet tun. So wachse ich weiter. Zuletzt kann ich das vollbrachte Werk dem

Meister zurückgeben, ihm für das Gute danken, um sein Zurechtbringen bitten, die Konsequenzen des Gesprächs unter seine Herrschaft stellen und ihm die Hilfe suchende Person anvertrauen. Welche Entlastung das doch bringt!

8.2.2. Intervision und Supervision

Nun kommen wir zu den zwei Arten von Supervision, für die wir menschliche Gegenüber nötig haben. Da wir in der Inter- und der Supervision neben Korrektur v. a. Ermutigung und Hilfestellung empfangen wollen, um im finalen Ansatz auf Kurs zu bleiben und zu wachsen, benötigen wir dafür – ganz besonders am Anfang – Gegenüber, welche die gleiche Grundhaltung (sich als Mitarbeiter Gottes verstehen) und die gleiche Arbeitsweise (aufgrund von Gottes Angeboten final arbeiten) haben; sonst entsteht dadurch mehr Infragestellung als Hilfe und Verwirrung statt Klärung. Solange ein Seelsorger keine Intervisionsgruppe findet, in der alle in der gleichen, final ausgerichteten Weise arbeiten, und keinen erfahrenen Supervisor kennt, der ihn im finalen Ansatz begleiten kann, sollte er sich auf die Intra- und Supravision beschränken. Wenn man in der finalen Arbeitsweise dann einmal gefestigt ist, kann daneben auch der Austausch mit Helfern, die einen anderen Ansatz vertreten, bereichernd sein.

Worum es in der *Intervision* geht, und wie die Treffen einer Intervisionsgruppe gestaltet werden können, möchte ich am Beispiel der regionalen Gruppen aufzeigen, die in den Kursen für Finale Eheseelsorge[19] zur Ausbildung gehören. In diesen Gruppen geht es um gegenseitige Ermutigung und um Hilfestellung für die Praxis des finalen Ansatzes; dies ist ihr erstes und eigentliches Ziel. Jede Gruppe bestimmt ein Leiter-Ehepaar, das über der Einhaltung der Linie des finalen Ansatzes wacht und darauf achtet, dass die Gruppenzeiten dem eigentlichen Ziel gemäß gestaltet werden. Daneben soll aber auch Raum sein für persönlichen Austausch, die Fürbitte füreinander und die Pflege freundschaftlicher Beziehungen.

19 Informationen dazu im Anhang.

Die dem finalen Ansatz gemäße Form der Intervision hat sich in den Kursen für Finale Eheseelsorge entwickelt. Ihr Hauptmerkmal ist das gemeinsame Hören auf Gott. In einem Treffen sollte es Raum für zwei bis drei Fallsituationen geben. Das Vorgehen für die Bearbeitung einer Situation besteht normalerweise aus folgenden Schritten:

- Das Ehepaar, das eine Situation vorbringen will, gibt der Gruppe knappe und gezielte Informationen über das Hilfe suchende Paar, z. B.: Alter und Ehealter, 1. oder 2. Ehe, Anzahl und Alter der Kinder, Berufstätigkeit, Bedeutung des Glaubens für den Mann bzw. die Frau, Besonderheiten (z. B. erschwerende Umstände), Informationen über die Vorarbeit (Anzahl Gespräche, Rhythmus, wichtige Themen, Fortschritte, Krisen usw.). Die Gruppe darf nachfragen, wenn ihr für die Hör-Stille Informationen fehlen.
- Das Seelsorger-Ehepaar formuliert die Frage, die es für diese Ehesituation auf dem Herzen hat. Es ist wichtig, gegebenenfalls nachzufragen, bis die Frage sauber geklärt ist. Wir wollen nur mit den Fragen vor Gott kommen, die die Seelsorger wirklich beschäftigen.
- Mit der herausgearbeiteten Frage nimmt sich die Gruppe nun Zeit fürs Hören auf Gott. Es ist dabei wichtig, nicht über die gestellte Frage hinaus zu gehen und in der Stille etwas von Gott empfangen zu wollen (statt über die Frage nachzudenken). Damit uns dies leichter fällt, legen wir eigene Gedanken und Lösungen vorher bewusst ab.
- Nun werden die von Gott empfangenen Eindrücke gesammelt. Hierbei gelten folgende Spielregeln:
  - Wir gehen nicht über das Empfangene hinaus.
  - Wir geben nur das weiter, wozu wir den inneren Auftrag haben; negative Eindrücke behalten wir zurück.
  - Wir verzichten darauf, unsere Eindrücke an die bereits mitgeteilten anzupassen.
  - Die Eindrücke werden weder analysiert noch diskutiert.
  - Die Seelsorger notieren die Eindrücke, damit sie diese mitnehmen und zu Hause dann in Freiheit prüfen können: Was spricht sie an? Was möchten sie dem betroffenen Ehepaar mitteilen?

- Nun folgt eine Zeit der Fürbitte für die Seelsorger, das Hilfe suchende Ehepaar, die weitere Seelsorgearbeit und weitere, die Situation betreffende Anliegen.
- In einem späteren Gruppentreffen macht das Seelsorger-Ehepaar eine Rückmeldung.

Bei der letzten Form, der *Supervision*, geht es um persönliche oder Gruppen-Supervision durch einen Ausbilder in Finaler Seelsorge oder einen gemäß des finalen Ansatzes arbeitenden Supervisor. Supervisoren sollten Golddeckung haben im Lebensstil der Sohnschaft und väterliche Ermutiger sein. Sie brauchen reiche praktische Erfahrung in der Praxis der Finalen Seelsorge.

Impuls zur Vertiefung:

Wie kann meine seelsorgerliche Kompetenz durch Intra- und Supravision gefördert werden?

8.3. Wissen und Abhängigkeit von Gott

Bei Weiterbildungen und Seminaren habe ich von Laien, die sich nach mehr Wissen und therapeutischer Kompetenz sehnten, immer wieder gehört: „Für dich ist es viel einfacher, Manfred; du hattest wenigstens etwas loszulassen, um leere Hände zu bekommen und dich von Gott abhängig zu machen. Für uns aber, die wir gar nichts haben, ist das viel schwieriger." Ich musste ihnen recht geben. So mag es auch vielen anderen Einsteigern gehen.

Dass und wie ich mein Wissen im Gebet losgelassen habe, habe ich im Kapitel 7.1. (Mein Weg) beschrieben. Danach habe ich mich in den Gesprächen ehrlich bemüht, mich weder durch meine Erfahrung noch durch mein Wissen leiten zu lassen. Ist mir dieses doch manchmal zu Hilfe gekommen? Ich bin dieser Frage nachgegangen und habe folgende Feststellung gemacht:

Gewisse Kenntnisse – v. a. mein Wissen über die Symptome psychischer Störungen – haben mich in bestimmten Situationen vor Verwirrung, Hoffnungslosigkeit und falschen Schlüssen bewahrt. Sie haben es mir erlaubt, das Erleben der Person richtig einzuordnen und an dem weiterzuarbeiten, was von Gott her mein Auftrag war. Zur Veranschaulichung komme ich hier auf ein bereits berichtetes Beispiel zurück (Beispiel 39 in Kapitel 5.4.) und füge dann noch ein zweites an (Beispiel 49 und 50):

Wenn ich Fräulein C. aufgrund eines Anrufes von Sr. S. wieder eingeladen hatte, berichtete sie mir am Anfang jeweils, wie Angst machend es in ihrer Wohnung wieder zugehe: bedrohliche Klopfbotschaften von der Nachbarin oben; Gerüche von Schwefel vom Treppenhaus her; böse, beobachtende Blicke und Überwachung durch bestimmte Hausbewohner, die ein Komplott gegen sie schmiedeten; ihre Gewissheit, dass Abhörgeräte installiert worden seien usw. Dann wusste ich aufgrund meiner Kenntnisse, dass es sich um die Symptome einer schizophrenen Episode handelte. Dies bewahrte mich davor, ihr Maßnahmen gegen die schlimmen Mitbewohner oder einen Brief an die Hausverwaltung vorzuschlagen. Es konnte auch nicht darum gehen, sie von der Unbegründetheit ihrer Halluzinationen zu überzeugen. Vielmehr galt es zu erkennen, welche schwierige Erfahrung den Schub ausgelöst hatte, diese mit ihr seelsorgerlich zu bearbeiten und den Schub so abzukürzen.

In der Arbeit mit einer manisch-depressiven Frau kam es immer wieder auch zu Paar- und zu Einzelgesprächen mit ihrem Mann, der für das Zusammenleben mit seiner Frau meine Hilfe suchte. Ein Thema, das den Mann beschäftigte, war der Umgang mit dem für ihn nicht verständlichen sexuellen Verhalten seiner Frau: In den depressiven Phasen wies sie ihn apathisch zurück; in den manischen Phasen fraß sie ihn fast auf und bedrängte ihn so, dass er sich nachts in ein Zimmer einschließen musste, um etwas Ruhe zu finden. Auch hier kamen mir meine Kenntnisse zu Hilfe: Ich wusste, dass es sich dabei um mit ihrer Störung verbundene Symptome handelte und es sinnlos wäre, in einem Paargespräch die sexuelle Beziehung bearbeiten zu wollen.

Um Ihnen diesbezüglich eine kleine Hilfestellung zu bieten, füge ich im Anhang eine für Laien gedachte knappe Zusammenstellung über die wichtigsten Symptome gewisser Störungen bei.

Auch therapeutisch ausgebildete Fachleute mit einem Psychologiestudium kommen immer wieder in Situationen, in denen sie ihr Wissen im Stich lässt. Dies habe ich selber mehrfach erlebt. Das in Kapitel 5.4. berichtete Beispiel (Beispiel 38) macht deutlich, wie treu Gott in diesen Situationen ist und wie genau er uns führt. Aus diesen Erfahrungen heraus möchte ich einige Hinweise geben, wie wir in der Finalen Seelsorge mit Situationen umgehen können, in denen wir Phänomenen begegnen, die wir nicht einordnen können:

- Wenn in einem seelsorgerlichen Prozess ungewöhnliche Verhaltensweisen oder Symptome auftreten, verzichten wir darauf, das „Problem" sofort anpacken zu wollen, und suchen zuerst das innere Zwiegespräch mit unserem Meister darüber.
- Ein nächster Schritt könnte darin bestehen, das ungewohnte Verhalten mit dem Klienten zu erkunden: Kennt er dieses Verhalten? Wie ordnet er es ein? Welche Auswirkungen hat es auf ihn? Ist er deswegen bei jemandem in Behandlung? Welche Abklärungen sind schon getroffen worden, welche stehen noch aus? Nimmt er Medikamente ein? Erwartet er, dass wir diese Problematik in unsere seelsorgerliche Arbeit einbeziehen?
- Falls dem so ist, bedarf es von Seiten des Seelsorgers einer klaren Überzeugung, dass die Arbeit an dieser Symptomatik Teil von Gottes Auftrag ist.[20]
- Im Hinblick auf die Aufnahme der seelsorgerlichen Arbeit an dieser Symptomatik können wir Gott im gemeinsamen Hören mit dem Klienten um Hinweise, Leit-Bilder und klare Weisungen bitten.[21]
- In diesen „Blindflug-Situationen" sind regelmäßige und klare Standortbestimmungen aus dem hörenden Gebet von sehr großer Wichtigkeit.

Und hier nun meine Schlussfolgerungen: Psychologisch-therapeutisches Wissen ist für die Praxis der Finalen Seelsorge nicht unabdingbar nötig. Je umfangreicher dieses aber ist, desto mehr bringt es die Gefahr

20 Dieser müsste im Hören auf Gott also nochmals überprüft werden.

21 Vgl. dazu und zum Folgenden wieder Beispiel 38.

mit sich, dass wir uns aus Gottes Abhängigkeit herauslösen und unseren Platz als Gottes „Handlanger“ verlassen. Andererseits können uns Kenntnisse in gewissen Situationen davor bewahren, dass wir uns verwirren und entmutigen lassen oder in der Hilflosigkeit versinken. Wenn es uns in diesen Situationen aber gelingt, uns umso stärker in die Abhängigkeit von Gott zu begeben, wird er uns klar und sicher führen, auch ohne das Entlastung schaffende Hintergrundwissen. Wie weit unser Vertrauen zu Gott reicht und wie viel Sicherheit durch Wissen wir nötig haben, hängt von uns als Person und unseren Erfahrungen mit Gott ab. Es gibt in dieser Frage also keine objektiv richtige Antwort.

Impulse zur Vertiefung:

Wie viel Sicherheit durch Wissen brauche ich?

Wie weit kann ich Gott vertrauen? Welches könnte hier der nächste Wachstumsschritt sein?

8.4. Vom Wert der Ausbildungen

Immer wieder wird gefragt: Gibt es eine Ausbildung für Finale Seelsorge? Nein, zurzeit gibt es dafür kein eigentliches Ausbildungs-Angebot. Die Kurse für Finale Eheseelsorge, die ich für Ehepaare entwickelt habe und die nun vom Verein *LiSa Eheatelier* angeboten werden[22], liegen aber ganz auf der Linie der Finalen Seelsorge. Eine Ausbildung in Finaler Eheseelsorge ist zurzeit die beste zur Verfügung stehende Einführung in den finalen Ansatz. Zudem: Wer gelernt hat, mit Ehepaaren zu arbeiten, der kann auch Einzelpersonen begleiten; das Umgekehrte gilt aber nicht.

Auf die Frage, ob sie eine therapeutische oder seelsorgerliche Ausbildung machen sollten, habe ich Menschen immer wieder dazu ermutigt. Dies aber immer unter der Bedingung, dass sie nach deren Abschluss bereit wären, alles Gewonnene wieder an Gott abzugeben, um sich als

22 Informationen dazu im Anhang.

seine Mitarbeiter erneut ganz von ihm abhängig zu machen und sich durch seinen Geist leiten zu lassen. Seine Reichtümer nachher wieder loszulassen ist aber nicht ganz so einfach, wie Jesu Begegnung mit dem reichen Jüngling zeigt.[23]

Weshalb ich zu diesem kompromisslosen Verzicht auf menschliches Wissen und Können rate, habe ich in der Einleitung zu Teil 2. bereits dargelegt. Deshalb genügen hier einige knappe Hinweise: „*Meine Gedanken sind nicht eure Gedanken, und eure Wege sind nicht meine Wege, spricht der Herr.*“[24] Dieses Wort weist darauf hin, dass Gott seine Ziele mit seinen eigenen und nicht mit menschlichen Mitteln erreichen will. Das hat damit zu tun, dass er für die Menschen schon alles vollbracht hat und es ihm nicht an Kreativität mangelt, um sie auf einmaligen Wegen in die Neuschöpfung hinein zu führen. In dieser kompromisslosen Einstellung hat auch Jesus seinen Dienst getan: Er hat auf alle Anleihen bei der menschlichen Weisheit verzichtet und nur weitergegeben und getan, was er vom Vater gehört und empfangen hatte.

Wenn Menschen im Hinblick auf eine Ausbildung meinen Rat gesucht haben, habe ich immer wieder zu einer „weltlichen“ Ausbildung geraten. Weshalb? Bei nichtchristlichen Ansätzen ist es klar, mit welcher Sorgfalt wir alles an Gottes Wort zu prüfen haben, was uns vermittelt wird.[25] Christliche Seelsorgeausbildungen bestehen aber oft aus einem Gemisch von biblischen Aussagen und Theorien und Techniken, die den verschiedensten therapeutischen Ansätzen entstammen. Die Vermischung von Gottes Wegen mit menschlichen Methoden erschwert das auch hier unbedingt nötige Prüfen und Aussortieren[26] außerordentlich.

Bevor Sie sich auf eine Ausbildung einlassen, sollten Sie den darin vermittelten Ansatz mittels der Fragen, die in Übersicht 1 zusammengestellt sind, überprüfen.[27] Die Antworten werden die Grundlinien der in der Ausbildung vermittelten Therapie- oder Seelsorge-Richtung offen-

---

23 Mk 10,17–22. Die Schwierigkeit des Loslassens gilt auch für wissens- und erfahrungsmäßigen Reichtum.

24 Jes 55,8. „Wege“ könnte man auch mit „Methoden“ übersetzen.

25 Vgl. in Kapitel 7.1., „Mein Weg“.

26 Vgl. 1Thess 5,21. Der Auftrag des Prüfens gilt auch gegenüber christlicher Lehre.

27 Sie lassen sich auf jeden Ansatz anwenden, ob christlich oder weltlich.

legen. Bei weltlichen Therapien ist es zudem wichtig, das Leben und das Menschenbild des Begründers etwas zu kennen und zu überprüfen, ob keine okkulten oder esoterischen Praktiken eingesetzt werden. Weitere wichtige Fragen könnten sein: Wie viel Wert wird auf das Wissen und wie viel auf die innere Haltung des Helfers gelegt? Wird die helfende Tätigkeit völlig von der Person des Helfers und seinem Leben losgelöst oder wird in der Ausbildung Wert auf inneres Wachstum der Auszubildenden gelegt? Wird von den Helfern Golddeckung im persönlichen Leben erwartet?

Vor allem Suchen aber sollten sie dem Meister, dessen Mitarbeiter sie sein wollen, die grundlegende Frage vorlegen: „Ist es von dir, Vater, ein für mich vorbereitetes Werk, eine Ausbildung zu machen? Und wenn ja: Welche?"

Impuls zur Vertiefung:

Machen Sie im Blick auf die Ausbildungs-Frage eine Standortbestimmung im Zwiegespräch mit Ihrem Herrn.

Nachwort

Der Kreis schließt sich: Im Vorwort habe ich Sie ins Thema *Gottes Angebote – Final ausgerichtete Seelsorge* eingeführt; nun möchte ich mich wieder von Ihnen verabschieden. Ich tue es in einer zu meinem Ansatz passenden Form: in einem Bild.

Durch die Lektüre dieses Buches haben Sie sich mit mir zu einer Entdeckungsreise durch einen prachtvollen, mit viel Liebe und Kreativität angelegten Garten aufgemacht. Gott hat ihn ausgedacht und angelegt. In meiner langen seelsorgerlich-therapeutischen Arbeit hat er mich dort hineingeführt. Er hat mir die Vielfalt der Blumen, Sträucher und Bäume gezeigt; immer wieder habe ich mit Erstaunen Neues entdeckt. Er hat mich auf den verschiedensten Wegen durch seinen Garten geführt und erleben lassen, dass seine Kreativität immer wieder Neues schafft. Er hat mich auch etwas erkennen lassen vom weisen Bauplan und dessen tiefer innerer Richtigkeit. Meine persönliche Entdeckungsreise ist noch nicht zu Ende. Aber was ich bisher gefunden hatte, hat mich so beeindruckt und überzeugt, dass ich mich dazu entschlossen habe, auch andere Menschen in diesen Garten zu führen.

Auf unserem gemeinsamen Weg haben Sie auch viel über mich erfahren. Wenn man seinen Gästen Anteil geben will an der Freude und Begeisterung über das, was man ihnen zeigt, und ihnen durch die Führung einen persönlichen inneren Weg ermöglichen will, muss man als Führer etwas von sich preisgeben. Wenn ich an gewisse Führungen denke, die ich selbst erlebt habe, weiß ich aber auch, wie lieb einem solche Führer werden und dass man ihnen manche Unvollkommenheit gerne vergibt. Ich hoffe, dass dies für Sie auch gilt.

Die Führung geht nun zu Ende. Sie wissen über mich nun mehr, als ich über Sie weiß. Ich hoffe, dass meine Dankbarkeit und Freude über diesen Garten und meine Liebe zu seinem Schöpfer und Gestalter sichtbar geworden sind. Ich hoffe aber vor allem, dass einige der Teilnehmer unserer Entdeckungsreise den Ruf des Schöpfers des Gartens gehört haben, in ihrer seelsorgerlichen Tätigkeit unter seiner direkten Führung den Garten weiter zu erkunden. Wenn Sie sich darauf einlassen, wird es

Ihnen ergehen wie mir: Der Garten Gottes wird nicht mehr nur der Ort sein, wo Sie arbeiten, er wird Ihre Heimat werden, in der Sie leben.

Bevor ich mich von Ihnen verabschiede und Gott, dem Schöpfer des Gartens, anvertraue, ist es mir noch ein Anliegen, dass die gemeinsame Reise Ihnen als Person zum Segen gesetzt sein möge, ob Sie nun den Garten von Gottes Neuschöpfung als finaler Seelsorger weiter erkunden oder nicht. Wenn Sie sich beim Lesen auf die inneren Prozesse, Gottes Reden und sein Wirken eingelassen haben, werden Sie bereichernde neue Erfahrungen gemacht, Veränderungen in Ihrer Gottesbeziehung erlebt, in gewissen Dingen eine neue Sicht entwickelt und viel Segen empfangen haben; dessen bin ich gewiss. Wenn Sie ein Lese-Tagebuch geführt haben, lohnt es sich, es nun nochmals durchzugehen und die für Sie wichtigen Schlussfolgerungen aus der Lektüre dieses Buches zu ziehen. Auch über der Lektüre dieses Buches soll gelten:

… und vergiss nicht, was er dir Gutes getan hat.[1]

Und nun verabschiede ich mich von Ihnen, indem ich Gottes Segen über Ihnen erbitte:
Der Herr möge Sie segnen und Ihnen alles Gute, das Sie empfangen haben, bewahren.
Was er Ihnen geschenkt hat, soll sich zu Ihrer Freude und zu seiner Ehre mehren und weiter entfalten.
Er möge Sie vielen Menschen zum Segen setzen.
Durch das Gute, das er anderen durch Sie tut, sollen sie zurück gesegnet sein.

Und der Friede Gottes, der alles Verstehen übersteigt, wird Ihr Herz und Ihre Gedanken bewahren in Christus Jesus.[2]

1 Ps 103,2 (NZH).

2 Nach Phil 4,7 (NZH).

Anhang

Begriffserklärungen

(Die Begriffserklärungen beanspruchen keine objektive Gültigkeit. Sie umschreiben, mit welcher Bedeutung ich die Begriffe verwende.)

Allparteilichkeit	Die Fähigkeit, jeder beteiligten Person gerecht zu werden; der Verzicht auf einseitige Parteinahme. Am Kreuz hat Jesus Christus allparteilich gehandelt: Er ist sowohl für das Opfer als auch für den Täter gestorben.
Angebote Gottes	Sie sind Ausdruck der Gnade Gottes, der durch Jesus Christus Erlösung bewirkt hat (vgl. Übersicht 3). Angebote muss man annehmen. Wer dies immer wieder tut, tritt schrittweise in seine Neuschöpfung ein.
Bekehrung	Bewusste Hinwendung eines Menschen zu Jesus Christus: Er nimmt ihn als Herrn an und wird mit dem Heiligen Geist beschenkt. Nun kann er in die Erlösung, die Neuschöpfung und die Sohnschaft eintreten (vgl. Übersicht 8).
Beratung	Ein Problemlösungsansatz, in dem der Berater den Ratsuchenden mithilfe seiner Erfahrung und seines Wissens in seinen Eigenbemühungen unterstützt. Es geht dabei um die Optimierung der Ressourcen des Klienten. Beratung vertraut auf die menschlichen Möglichkeiten.
Bindung	Bedeutung in der Seelsorge: Ungute Abhängigkeit von einer Person, einem Ort oder einer bestimmten Erfahrung (Sucht). Sie ist aus eigener Kraft nicht zu brechen; aus Bindungen braucht es Erlösung im Namen Jesu (vgl. Übersicht 3 und 23).
Chronifizierung, chronisch	Der Übergang von einem akuten in einen schleichenden Verlauf einer Krankheit oder

	Störung. Je länger der chronische Zustand schon andauert, desto geringer sind, menschlich gesehen, die Heilungs-Chancen.
Coaching	Betreuung einer Person, meist im beruflichen oder sportlichen Bereich. Coaching vertraut auf die eigenen Möglichkeiten des Betreuten.
Dämonen (vgl. Okkultes)	
Depression (vgl. Übersicht 30 im Anhang)	
Domino-Effekt der Gnade	Wenn man Dominosteine parallel in eine Reihe stellt, kann man durch das Anstoßen des ersten alle zu Fall zu bringen. Dieses Bild drückt aus, dass die Umsetzung einer Entscheidung auf der Gesinnungsebene in einem, zwei kleinen Bereichen genügt, um ihn überall wirksam zu machen. So ermöglicht Gottes Gnade dem Menschen Veränderung.
Echtheit	Wenn der Seelsorger mit sich selbst eins ist, kann er echt, d. h. ganz er selbst sein. Dies ist die Voraussetzung dafür, den Klienten verstehen und bedingungslos annehmen und mit Gott in Verbindung sein zu können.
Eheperson	Beim Eheschluss von Mann und Frau schafft Gott die Eheperson; sie hat einmalige, persönliche Züge und soll sich in Gottes Bild hinein entfalten. Sie findet ihren Ausdruck in der Ehebeziehung. Beim Tod eines Partners stirbt sie. In der Finalen Eheseelsorge arbeiten wir an ihrer Entwicklung.
Festlegung	Bedeutung in der Seelsorge: Eine über sich selbst oder durch eine andere Person ausgesprochene, ungute Aussage, welche negative Erwartungen bewirkt und eine das Gute verhindernde Macht ausübt. Sie kann im Gebet rückgängig gemacht oder gebrochen werden.
Finalität, final	Aufs Ziel ausgerichtet, vom Ziel her bestimmt. Gottes Sicht- und Denkweise ist final: Er sieht den Menschen von der Neuschöpfung und seiner Bestimmung zur Gottesebenbildlichkeit her; Finalität ist die Logik der Gnade.

	Gott zieht uns aufs Ziel hin, der ewigen Gemeinschaft mit ihm. Der menschliche Beitrag: die finale Ausrichtung (vgl. Phil 3,12–14).
Finale Seelsorge	Mitarbeit am Handeln Gottes in einem Menschen. Das Vertäuen auf die Neuschöpfung und die Angebote Gottes erlaubt ein zielgerichtetes Arbeiten auf der Gesinnungsebene. Die Schritte des Klienten im Gebet und die Umsetzung im Alltag bewirken wachstümliche Veränderung.
Fragen, die drei	Beim Zuhören richten sie die Wahrnehmung des Seelsorgers auf die für die finale Gesprächsführung wichtigen Informationen aus: Was bewegt den Klienten jetzt gerade zutiefst? Wo ist Gott im Klienten bereits am Wirken? Wie weit kann der Klient heute gehen? (Vgl. dazu 6.3.2.)
Geist des Menschen	Der Teil unserer Person, der nach Gottes Ordnung unsere Seele liebevoll führen und über unseren Leib wachen sollte; er sollte über unseren Willen verfügen. Er ist Gottes Brückenkopf in uns; hier wohnt der Heilige Geist; mit ihm glauben wir, erkennen Gott und dienen ihm.
Geistsorge	Mitarbeit beim Wirken Gottes, der den Geist des Klienten heilen und stärken will, damit er seinen Auftrag in der Person erfüllen kann. Oft besteht Geistsorge nur in betender Unterstützung des Wirkens Gottes.
Gesinnung	Der erkennbare Ausdruck der Haltung des Herzens (vgl. Abb. 4). Die Gesinnung ist der tiefste bewusst veränderbare Teil der Person. Weil unser Verhalten von hier aus bestimmt wird, setzt Gottes Veränderung auf der Gesinnungsebene an; hier arbeiten wir in der Finalen Seelsorge.
Gesprächs-Fahrtenschreiber	Die Fähigkeit der Wahrnehmung und Speicherung der inneren Prozesse, welche die Gesprächsführung des Seelsorgers bestimmen.

	Sie bildet die Voraussetzung für die Intra- und die Supravision.
Gesprächspsychotherapie	Ein durch Carl Rogers begründeter humanistischer Therapie-Ansatz. Er ist non-direktiv und person- bzw. klientenzentriert. Durch das Beziehungsangebot des Therapeuten sollen die eigenen Wachstums-Möglichkeiten des Klienten freigesetzt werden.
Golddeckung	Die Übereinstimmung zwischen dem, was der Seelsorger vertritt, und dem, was er im Alltag lebt. Was durch unser Leben nicht abgedeckt ist, ist wie wertloses Papiergeld: der Klient nimmt es uns nicht ab.
Heiligung	Das uns auf Gottes Ziel, die Neuschöpfung, hin verändernde Wirken des Heiligen Geistes (vgl. Abb. 3). Obwohl viel davon *unter dem Strich* geschieht, sollen wir uns danach ausstrecken (vgl. Phil 2,12–13).
Hör-Stille, hörendes Gebet	Aufgrund von Gottes Angebot (Jak 1,5) suchen wir mit dem Klienten zusammen immer wieder Gottes Leitung, Rat und Hilfe. In einer Hör-Stille kommt Gott direkt zum Zuge; er kann zum Klienten sprechen und ihm seine Angebote machen. (Vgl. dazu 6.6.4.)
Humanismus, humanistisch	Von der Kultur der Antike beeinflusstes Menschenverständnis: Der Mensch trägt das Potential in sich, sich selbst zu helfen; er bedarf also keines Erlösers. Alle psychotherapeutischen Ansätze gehen von dieser Sicht aus; in der Therapie soll dieses Potential freigesetzt werden.
Intervision (vgl. bei Supervision)	
Intravision (vgl. bei Supervision)	
Kausalität, kausal	Die auf dem Gesetz von Ursache und Wirkung aufbauende Logik. Medizin und Psychotherapie sind dem kausalen Denken verpflichtet: Sie sind rückwärts gerichtet und fragen nach den Ursachen; Heilung und Veränderung sollen durch deren Behebung bewirkt werden.

Ko-Evolution	Die gemeinsame Entwicklung der Ehepartner. Gott entfaltet sie aufeinander zu; sie verändern sich durch den Austausch und das gemeinsam Erlebte; sie entwickeln sich aneinander (Reaktionen des anderen, Reibung und Konflikte, Abgrenzung, bedingungslose Liebe).
Kongruenz (vgl. Echtheit)	
Konzept, konzeptuelles Arbeiten	So arbeitet Gott. Konzepte sind Bilder und Gleichnisse, welche das Herz ansprechen (vgl. Übersicht 21). Sie erlauben dem Klienten das tiefe, intuitive Erfassen des göttlichen Zieles und lassen den Weg dorthin erkennen; sie zeigen auf, wo Veränderungsschritte nötig sind.
Kunst der kleinen Schritte	Die Art, wie Schritte auf der Gesinnungsebene umgesetzt werden können (vgl. Beispiel 18): Wir beginnen mit einem eng begrenzten Bereich des Verhaltens, in dem die Umsetzung gelingen kann. Nach ein, zwei weiteren Bereichen setzt der *Domino-Effekt der Gnade* ein.
Leidensgewinn	Die Fähigkeit des Menschen, aus Leiden Gewinn zu ziehen. Beispiele: Leiden verschafft Zuwendung; Schwäche gibt Anrecht auf Sozialhilfe. Den Leidensgewinn loszulassen ist die Voraussetzung für die Heilung.
makarios	Griechisch für „glücklich". Die höchste Form des Glücks in der Bibel: Von Gott gesegnet und durch die Gemeinschaft mit ihm zufriedengestellt sein. Dies innere Erleben ist unabhängig von den äußeren Umständen.
Meilenstein	Freiwillig gefällter Entschluss des Klienten, durch den eine grundlegende Haltungsänderung bewirkt wird. Wichtige Veränderungsziele werden oft durch eine Abfolge von Meilenstein-Schritten erreicht (vgl. Abb. 7).
Mitarbeiter Gottes	In der Finalen Seelsorge stellt sich der Helfer Gott zur Verfügung, damit dieser durch ihn handeln kann. Nach dem Vorbild Jesu (vgl. Joh 5,19–20) ordnet er sich in allem Gottes Wirken unter und bleibt in den vorbereiteten Werken (vgl. Eph 2,10). Gott begabt seine

	Mitarbeiter mit dem Heiligen Geist und rüstet sie in der Zusammenarbeit weiter zu.
Motiv, Motivation	Beweggrund für das Handeln. Die Motivation entscheidet darüber, wie viel Veränderung Gott bei einem Menschen bewirken kann. Starke Motive: Liebe zu Gott, der Wille zur Heiligung, Brauchbarkeit für ihn.
Neuschöpfung	Mit Jesus Christus hat Gott einen Neuanfang gemacht (vgl. Übersicht 9): Er ist der Adam einer neuen Menschheit von Söhnen und Töchtern Gottes. Durch das Annehmen von Gottes Angeboten kann der Mensch schrittweise zu dem werden, der er in Jesus Christus bereits ist. Finale Seelsorge ist Geburtshilfe in die individuelle Neuschöpfung hinein.
Okkultes	Verborgenes; die Kräfte und Mächte der Finsternis unter der Herrschaft Satans. Zu ihnen gehören auch die Dämonen, die in Menschen wohnen und sie manipulieren wollen. Bei gläubigen Menschen ist eine Lossprache ein juristischer Akt, in dem wir Jesu Sieg über die Mächte der Finsternis (vgl. Kol 2,15) durchsetzen.
Ordnungen Gottes	Die von Gott zum Schutz des Lebens und der Beziehungen verordneten Regeln (z. B. die zehn Gebote) und Strukturen (z. B. die Familien-Ordnung). Darin zu leben, schafft Frieden und Segen.
Perpetuierung, Gesetz der	Das seit dem Sündenfall wirksame Prinzip, dass wir das Ungute von Generation zu Generation weitergeben. Worin wir als Opfer gelitten haben, werden wir selbst zu Tätern (vgl. Beispiel 11). Jesu Erlösung befreit uns von dieser Gesetzmäßigkeit.
Professionalität	Eine Tätigkeit nach den Regeln der Kunst ausüben. Gott ist der Meister aller Kunst, auch der seelsorgerlichen. In der Finalen Seelsorge strecken wir uns nach der Professionalität von Gottes Mitarbeitern aus, ihm in der Haltung

	und der Handlungsweise ähnlich zu werden (vgl. Eph 5,1).
Psychiatrie	Teilgebiet der Medizin. Es befasst sich mit der Systematik, den Ursachen, den Verlaufsformen und der Behandlung psychiatrischer Krankheiten. Beispiele: Depression, Schizophrenie (vgl. Übersicht 30 im Anhang).
Psychohygiene	Sorge für die Erhaltung der seelischen und geistlichen Gesundheit, für die Bewahrung des inneren Gleichgewichts. Gott weiß, was seinen Geschöpfen gut tut, und teilt es uns in seinem Wort mit (vgl. Übersicht 27).
Psychopharmaka	Medikamente, die das Erleben und das Verhalten seelisch leidender Menschen positiv verändern. Sie sind Teil der psychiatrischen Therapie. Sie sind wie Krücken: Sie schaffen Erleichterung, sie heilen aber nicht.
Psychosomatik	(vgl. Übersicht 30 im Anhang)
Psychotherapie	Die Behandlung psychischer Störungen und psychosomatischer Leiden mittels therapeutischer Gespräche. Es gibt eine Vielzahl von Ansätzen und therapeutischen Schulen. Alle sind humanistisch ausgerichtet.
Schizophrenie	(vgl. Übersicht 30 im Anhang)
Schwungrad der Veränderung	Eine gleichnishafte Umschreibung dafür, dass Gott uns auf sein Ziel zu zieht und dem Menschen den Wunsch nach Wachstum ins Herz gelegt hat. Das Stocken des normalen Entwicklungsprozesses schafft Leiden; dann suchen Menschen Hilfe. Durch die seelsorgerlichen Gespräche soll das Schwungrad wieder in Gang gesetzt werden.
Seelsorge	Ein Hilfsangebot auf der Grundlage des christlichen Glaubens und mit Einbezug der göttlichen Angebote und des Gebets. In der persönlichen Beziehung des Klienten zu Gott liegt das stärkste Veränderungspotential der Seelsorgearbeit. Seelsorger sind „*Hirten und Lehrer*“ (Eph 4,11).

Sucht	(vgl. Übersicht 30 im Anhang)
Sünde	Sünde ist Zielverfehlung und verstößt gegen Gottes Liebesgebot; sie hindert das Leben, das Gott schafft, und zerstört Beziehungen; sie bewirkt immer Leiden und Not. Deshalb hasst Gott die Sünde. Jesus Christus hat die Sünde durch seinen Tod am Kreuz überwunden: Er erlöst uns aus dem Sündigen-Müssen, bezahlt den Preis für unsere Schuld und versöhnt uns mit Gott. Vergebung ist ein Schlüssel-Angebot Gottes; den anderen vergeben ein Grundauftrag des Menschen.
Supervision	Ehrliche Auseinandersetzung mit seinem helfenden Tun unter Einbeziehung kompetenter Gegenüber. In der Finalen Seelsorge unterscheiden wir vier Arten: Intravision (die Selbst-Evaluation eines Gespräches), Supravision (das Zwiegespräch mit dem Meister), Intervision (Fall-Arbeit in einer Gruppe) und Supervision (mit einem Supervisor).
Supravision	(vgl. bei Supervision)
Unter dem Strich	Gottes heilendes Wirken in der Tiefe unserer Person ohne unseren bewussten Beitrag. Viel davon geschieht in der Nacht (vgl. Beispiel 13).
Verhaltenstherapie	Auf der experimentellen Psychologie basierender humanistischer Ansatz. Durch Programme und Methoden sollen das Verhalten, das innere Erleben und die Denkweise des Klienten verändert werden.
Zeugengebet	Mit und vor Zeugen vollzogene Entschlüsse haben Kraft. Deshalb bestätigt der Seelsorger als 2. Zeuge die Gültigkeit der Gebets-Entscheidung des Klienten vor der sichtbaren und der unsichtbaren Welt.
Zucht	Die Fähigkeit, seine eigene Seele zum Guten zu führen und im Guten zu bewahren. Ohne Zucht verlieren wir unsere Freiheit (vgl. 1Kor 6,12) und unsere Liebesfähigkeit (vgl. Gal

5,22). Der Heilige Geist will uns zur Zucht befähigen (vgl. 2Tim 1,7).

Zungengebet — Eine der Gnadengaben des Heiligen Geistes (vgl. 1Kor 12,10). Sie dient der inneren Auferbauung des Seelsorgers und richtet ihn ganz auf Gott aus. Sie öffnet den Kanal für Gottes Reden und Wirken durch ihn.

ÜBERSICHT 30

Symptome einordnen

Depression

Eine seelische Störung, die verschieden schwer ausgeprägt sein kann: von der depressiven Verstimmung bis zur totalen Antriebslosigkeit. Typische Symptome: Eine depressive, niedergedrückte Stimmung, ein Morgen-Tief, Energielosigkeit, Angst, Schlafstörungen und Einengung der Gedanken und Gefühle auf bestimmte Themen. So z.B. übermäßige Schuldgefühle, Angst vor Erkrankung oder Verarmung, der Eindruck, versagt zu haben und wertlos zu sein. Oft sind Depressionen auch verbunden mit vermindertem Appetit, verminderter sexueller Aktivität und evtl. Selbstmordgedanken.

Bei der bipolaren Form folgt auf ein depressives Tief ein manisches Hoch. Die Manie ist mit gehobener Stimmung, Antriebssteigerung, starker sexueller Aktivität, vermindertem Schlaf, beschleunigtem Denken und Reden sowie Selbstüberschätzung verbunden.

Die Depression kann medikamentös behandelt werden.

Schizophrenie

Diese psychische Erkrankung ist durch Störungen des Denkens, der Wahrnehmung, des Gefühlslebens, des Willens und der Persönlichkeit gekennzeichnet. Trotz normaler Intelligenz und intaktem Bewusstsein verlieren diese Menschen den Kontakt mit der Realität; eine fremdartige, oft bedrohliche Welt tut sich auf. Dies findet seinen Ausdruck in bestimmten Symptomen: Halluzinationen (z.B. Stimmenhören, Geruchshalluzinationen), Wahnideen (z.B. Verfolgungswahn, Vergiftungsideen) und Körperhaltungsstörungen (z.B. Erstarrung des Körpers, körperliche Erregung oder stereotype Bewegungen).

Die verschiedenen Formen der Schizophrenie können medikamentös behandelt werden.

Sucht

Sucht ist die zwanghafte Befriedigung eines Bedürfnisses, die zu einer psychischen und physischen Abhängigkeit führt. Die Befriedigung hebt den unerträglichen Zustand innerer Spannung, Leere o.ä. nur vorübergehend auf; dieser wiederholt sich dann in gesteigerter Form, so dass es zur Befriedigung einer wachsenden Dosis des Suchtmittels bedarf. Die Suchtgefährdung ist Ausdruck einer sich selber gegenüber schwachen Persönlichkeit, oft auch verbunden mit Selbstmitleid und -Unehrlichkeit. Jedes Bedürfnis kann zur Sucht entarten: Essen, Trinken, Sexualität, Sammeln, Kaufen usw.; die Suchtmittel sind meist austauschbar (z.B. Rauchen und Essen). Im engeren Sinne umschreibt man v.a. den zwanghaften Missbrauch von Rauschmitteln (Alkohol, Drogen, Arzneimittel usw.) als Sucht.

Psychosomatische Störungen

Bestimmte körperliche Störungen sind auf die fehlende Fähigkeit der Seele zurückzuführen, gewisse innere Konflikte zu lösen. So kommt es zu körperlichen Symptomen, für die kein organischer Grund gefunden werden kann. Wenn z.B. die Seele gewisse Erfahrungen nicht „verdauen“ kann und dies dem Körper überlässt, kann der Verdauungstrakt erkranken (Magengeschwür, Dickdarmentzündung). Es ist aufschlussreich, welches Organsystem erkrankt: Herz und Kreislauf, die Atmungsorgane, oberer und unterer Verdauungstrakt, Hauterkrankungen, das Immunsystem o.a. Psychosomatisch kranke Menschen sind keine Simulanten; ihre Seele braucht Hilfe, damit ihr Körper wieder zur Ruhe kommen kann.

Verzeichnis der Abbildungen

Verzeichnis der Übersichten

Finale Eheseelsorge
Ehewochen und Ausbildungskurse
LiSa Eheatelier

Finale Eheseelsorge

Wenn Ehepaare Hilfe suchen, brennt das Haus. Durch festgefahrene Beziehungsmechanismen, Bedingungen, Rechtsansprüche und eskalierende Konflikte sind die Partner so ineinander verhakt, dass die Ehe zum Gefängnis geworden ist; und wo es keine Freiheit mehr gibt, geht die Liebe verloren. Die Paare brauchen zuerst Entflechtung und ein neues Eheverständnis, das Entlastung und Hoffnung schafft. Hier kommt dem Konzept des Gott-Ehe-Dreiecks große Bedeutung zu. Es zeigt den Partnern auf, dass Gott aktiven Anteil an ihrer Ehe haben möchte: Er will für beide das erste Gegenüber sein, die Einheit bauen und die Partner mit Liebe beschenken.

Bereits im ersten Gespräch sollte sich vor den Hilfe suchenden Paaren ein Weg in die Zukunft öffnen, damit sie wieder Hoffnung schöpfen können. Wie kann das möglich werden? Im Suchen nach einer Antwort hat Dr. Engeli in der Arbeit mit Paaren eine lösungsorientierte, vorwärtsgerichtete Arbeitsweise entwickelt, die Finale Seelsorge. Die gute Nachricht von Gottes Geschenk der Neuschöpfung – dass Gott Angebote und individuelle Lösungen bereithält – bringt Entlastung, eröffnet den Partnern neue Perspektiven und gibt ihnen wieder Mut. Zum Grund-Konzept des Gott-Ehe-Dreiecks kamen bald weitere dazu, welche entflechtend wirken und konkrete Wege zur Gestaltung der Beziehung aufzeigen. So kommt das Schwungrad der Veränderung oft schon durch wenige Gespräche in Gang.

Ehewochen und Ausbildungskurse für Finale Eheseelsorge

Als Referent bei Aus- und Weiterbildungen für Seelsorger machte Dr. Engeli dann die Erfahrung, dass auch interessierte Laien seinen Ansatz verstehen und übernehmen konnten. So entwickelte er einen Ausbildungskurs für Finale Eheseelsorge. Nach seiner Pensionierung bildete er Paare aus den ersten Kursen, die seinen Ansatz in der Eheseelsorge praktizierten, zu Mitarbeitern aus und führte mit ihnen zusammen in Deutschland und der Schweiz weitere Kurse für Finale Eheseelsorge durch. Die wachsende Gruppe von Mitarbeiter-Ehepaaren übernimmt bei den Schulungen und bei der Weiterentwicklung der finalen Arbeitsweise immer mehr Verantwortung.

In den Kursen für Finale Eheseelsorge wird der Inhalt dieses Buches auf die Arbeit mit Paaren übertragen. Die besonderen Herausforderungen der Ehearbeit, die beziehungsmäßige und seelsorgerliche Komplexität des Vierergesprächs und die größere Verantwortung der Seelsorger bedingen aber weitere Themen und das Erlernen zusätzlicher Kompetenzen. Die Kurse dauern 1 ½ Jahre und bestehen aus 13 Wochenenden (oder 4–6 längeren Blöcken) und einer doppelt geführten Praxiswoche, in der die Paare Gespräche mit Ehepaaren von außen führen. Neben der biblischen Grundlegung des finalen Ansatzes kommt dem Erlernen der nötigen Kompetenzen, dem Lernen vom Modell und dem Einüben der Gesprächsführung in Gruppenzeiten und durch Live-Gespräche hohe Bedeutung zu. Die durch Offenheit, Annahme und Ermutigung geprägte Kursatmosphäre bewirkt bei den Teilnehmern auch persönliche Entfaltung und Vertiefung der Gottesbeziehung. Wie die Rückmeldungen zeigen, ist der Kurs vielen Ehepaaren zu einem großen Segen geworden.

Das der Finalen Eheseelsorge zugrundeliegende Eheverständnis wird in den „LiSa Ehewochen“ vermittelt, dem Grund-Baustein der Ausbildung. Diese Seminare stehen aber allen Ehepaaren offen, die in ihrer Beziehung wachsen oder sich auf irgendeine Art von Ehearbeit vorbereiten möchten. Für Paare in einer akuten Ehekrise ist die Woche nicht geeignet. Die teilnehmenden Paare erleben in dieser Woche Heilung und Entfaltung, indem sie das Vermittelte auf die eigene Ehe anwenden. Die Teilnahme an einer LiSa Ehewoche ermöglicht den Paaren anschließend die Anmeldung für einen Ausbildungskurs in Finaler Eheseelsorge.

Der Verein LiSa Eheatelier

2005 wurde der Verein „LiSa Eheatelier“ gegründet. Er setzt es sich zum Ziel, durch Seminare, Ausbildungskurse und die Vermittlung von Seelsorge-Ehepaaren für Hilfe suchende Paare dazu beizutragen, dass die Ehe wieder zum Ort des Segens, der Liebe und der Entfaltung werden kann. Gott will Ehen heilen und stärken, damit sie in unserer Gesellschaft „Licht und Salz“ sein können (siehe Mt 5,13–16). Diese Zielsetzung drückt sich im Namen „LiSa“ aus.

Der Verein führt im ganzen deutschen Sprachraum LiSa Ehewochen durch, immer häufiger in Zusammenarbeit mit christlichen Werken, Instituten oder Gemeindeverbänden. Er organisiert auch die auf den Ehewochen aufbauenden Ausbildungskurse für Finale Eheseelsorge. Den ausgebildeten Paaren bietet der Verein die Mitgliedschaft, die Teilnahme an einer regionalen Intervisionsgruppe und regelmäßige Weiterbildungstage und -Wochen an.

Der Verein LiSa Eheatelier hat einen französischsprachigen Zweig: „LiSa – Sel & Lumière“. Auch im französischen Sprachgebiet werden LiSa Ehewochen und Ausbildungskurse für Finale Eheseelsorge durchgeführt.

Informationen und Kontakt

Informationen zum Eheverständnis und zur Finalen Eheseelsorge:

Dr. Manfred Engeli, *Finale Eheseelsorge* (3. Auflage). Scesaplana Verlag, Seewis 2011. ISBN 978-3-9523310-0-2

Im selben Verlag: *„Final“ Marriage Conunselling* (2. Auflage). ISBN 978-3-9521992-5-1 / *Consulenza Matrimoniale Finalizzata.* ISBN 978-3-9521992-9-9

Informationen zu den geistlichen Grundlagen:

Manfred Engeli, *Makarios – Der Weg, ein glücklicher Mensch zu werden* (2. Auflage). Neufeld Verlag, Schwarzenfeld 2011. ISBN 978-3-86256-019-6

Französische Übersetzung: *Makarios ou En route vers le bonheur* (4e édition), Editions Je Sème, Genève 2008. ISBN 2-940330-08-5

Kontakt zum Verein LiSa Eheatelier und Informationen über die Kursangebote:
Verein LiSa Eheatelier, CH-3612 Steffisburg, www.lisaeheatelier.ch, info@lisaeheatelier.ch

Kontakt zum französischsprachigen Zweig: www.lisa-sel-lumiere.ch, info@lisa-sel-lumiere.ch